DIREITO E ECONOMIA DAS TELECOMUNICAÇÕES

Arthur Barrionuevo
Pedro Dutra

DIREITO E ECONOMIA DAS TELECOMUNICAÇÕES

EDITORA SINGULAR

São Paulo
2013

D598 Direito e economia das telecomunicações. / Pedro Dutra, Arthur Barrionuevo, Celso Campilongo e Cláudio Ribeiro de Lucinda. São Paulo: Singular, 2013.
220 p.

ISBN: 978-85-86626-67-8

1. Direito econômico, Brasil. 2. Direito das telecomunicações, Brasil. 3. Telecomunicação, regulação, Brasil. 4. Telecomunicação, investimento, Brasil. 5. Agência reguladora, Brasil. 6. Agência Nacional de Telecomunicações (Brasil) (Anatel). 7. Telecomunicações Brasileiras (Telebrás). 8. Plano Geral de Metas de Competição (PGMC). 9. Internet, regulação, Brasil. 10. Televisão a cabo, Brasil. I. Dutra, Pedro. II. Barrionuevo, Arthur. III. Campilongo, Celso. IV. Lucinda, Cláudio Ribeiro de.

CDU: 346:347.836(81)

Revisão: Paola Morsello
Diagramação: Microart
Capa: Aeroestudio

Editora Singular

Tel/Fax: (11) 3862-1242
www.editorasingular.com.br
singular@editorasingular.com.br

Sumário

ANATEL PÚBLICA[1]

PEDRO DUTRA

Sumário: 1. ANATEL e a defesa do interesse público: 1.1 Publicidade; 1.2 Divulgação de dados do mercado; 1.3 Prestação de contas; 1.4 Participação social - 2. ANATEL e o princípio da publicidade - 3. O desafio da ANATEL.

1. ANATEL e a defesa do interesse público

A defesa do interesse público, que faz o objeto da regulação, é árdua, pois persegue uma fórmula de crua simplicidade: busca o consumidor - cujo universo consiste no interesse público - maior e melhor oferta de serviços ou produtos, a menor preço. Nesse contexto, a ação de uma agência reguladora é um desafio permanente, a desdobrar-se em duplo e simultâneo enfrentamento: de um lado, interesses privados, em sua maioria versados por empresas de expressivo poder econômico - daí a razão de existir a regulação; e, de outro, na resistência ao assédio político-partidário de diferentes esferas do poder sobre o curso ordinário da sua ação, em especial em sociedades como a nossa, onde a cultura da regulação técnica independente ainda não se afirmou.

Em seus dez anos de existência, a ANATEL enfrenta a si própria - ou seja, os efeitos de suas ações e omissões ao longo desse período - e resiste às pressões externas que muitas vezes se abatem sobre os órgãos reguladores. As suas ações e omissões, pode a ANATEL espontaneamente aperfeiçoá-las e cumpri-las, ao contrário do que ocorre no plano externo, em que a ela não cabe reagir diretamente, socorrendo-a as forças voltadas à defesa do interesse público, quando essas estas encontram um fator que as mobilize para enfrentar interesses político-partidários que afligem a regulação técnica independente.

Hoje, mais do que nunca, vivo o desejo da sociedade por uma regulação aberta, parece-nos indicado apontar medidas ao alcance direto da ANATEL, capazes de contribuir para o aperfeiçoamento da sua ação regulatória, que é, também, o objetivo permanente de seu corpo técnico.

1. Publicado na *Revista de Direito de Informática e Telecomunicações*, ano 3, n. 5, jul.-dez. 2008.

Não se trata de reorganizar administrativamente a ANATEL, de lhe redefinir cargos e funções sob novas denominações ou de alinhar planos e metas de trabalho, e, menos ainda, da edição de normas infralegais, mas de adotar medidas diretas de fortalecimento da atuação da ANATEL, em seus planos interno e externo.

As medidas a seguir sugeridas podem ser promovidas por meio de atos administrativos cuja expedição e execução dependem da iniciativa da direção superior da ANATEL, pois todos esses atos já se acham previstos em Lei - normas legais e infralegais - e encerram-se em sua esfera de competência.

1.1 Publicidade

Franquear as ações ordinárias da ANATEL, a começar pelas reuniões de seu Conselho Diretor; a agenda de seus principais dirigentes; e a vista, às partes e terceiros interessados e seus respectivos representantes e patronos, dos processos administrativos em curso na Agência.

Em outras palavras, as reuniões ordinárias do Conselho da ANATEL passariam a ser abertas ao público, indistintamente; a elas poderiam assistir das partes diretamente e terceiros interessados, a imprensa, integrantes de outros órgãos públicos, profissionais de todas as áreas atuantes e interessados no mercado sob jurisdição da ANATEL, estudantes, etc.

A agenda de seus conselheiros, superintendentes e procurador-geral seria feita pública. Não há forma mais nítida de expor à sociedade o tratamento isonômico dado pela Agência aos seus diversos e distintos - em porte econômico, sobretudo - jurisdicionados.

A vista aos autos dos diferentes processos administrativos em curso na Agência e o acesso, eletrônico e claro, ao andamento deles seria franqueada, prontamente, àqueles habilitados na forma da Lei. A vista dos autos pode ser disciplinada de forma a não turbar o andamento dos feitos, em prejuízo da função ordinária da agência. Igualmente, o tempo e a forma de manifestação das partes e de terceiros pode ser disciplinada para igual fim.

Hoje o andamento processual é apresentado no sítio da ANATEL de forma incompreensível:

Origem:	Destino:	Movimentado em:	Recebido em:
CMLCE	PRC	16/07/2008 10:02:11	16/07/2008 11:26:19
CMLC	CMLCE	04/06/2008 16:01:31	04/06/2008 16:03:27
SCM	CMLC	04/06/2008 14:19:07	04/06/2008 15:59:53

1.2 Divulgação de dados do mercado

Só a ANATEL é capaz de reunir o conjunto de dados de mercado, isto é, os dados relativos à atuação das empresas nos diversos segmentos de mercado sob sua jurisdição, uma vez que essas empresas provem ordinariamente esses dados à Agência para que ela possa cumprir a sua função regulatória.

São dados ditos de mercado porque são os números da atuação pública de empresa que explora atividade econômica essencial ao consumidor, atividade regulada. A defesa do interesse público, que determina a regulação de tal atividade econômica, desvela, por si, os dados da empresa que a explora nessa condição, à exceção daqueles dados cuja divulgação cause dano irreparável à empresa.

A divulgação sistemática pela ANATEL dos dados do mercado de telecomunicações, que ela recolhe rotineiramente, permitirá a todos os agentes públicos e privados, e ao consumidor também, terem um retrato fiel do mercado e assim poderem defender os seus interesses, sem assimetrias de informação que os desigualem e em consequência reduzam-lhes a capacidade de exercer as suas funções e os seus direitos.

O direito à livre concorrência, assegurado a todo consumidor e a todo agente econômico, e a sua promoção obrigatória pela ANATEL; o direito à prestação continuada, atualizada tecnologicamente e a preços módicos, assegurada a todo usuário de serviços públicos; e a proteção aos direitos do consumidor não podem ser devidamente exercidos sem que esses figurantes tenham pleno acesso aos dados do mercado de telecomunicações, no qual contratam ou prestam serviços.

Em uma palavra, são esses dados elementos essenciais à defesa do interesse público e do interesse privado, ambos versados no âmbito da ANATEL. Esta não prestando – fazendo-o presto, pronto, à vista de todos – o conjunto desses dados, subtrai aos titulares do interesse público e dos interesses privados meios essenciais à defesa desses interesses. A ANATEL, a que incumbe velar pelo interesse público, ao utilizar os dados aos quais só ela tem conhecimento, causa insegurança ao mercado e suscita-lhe descrédito, sobretudo se esses dados forem utilizados na decisão de questões complexas.

Não por outra razão, a redução da assimetria de informações é um dos objetivos maiores da defesa da livre concorrência, da regulação eficiente de mercados e da afirmação dos direitos do consumidor.

1.3 Prestação de contas

Assim como é indispensável aos agentes administrativos, aos agentes econômicos e ao consumidor terem acesso aos dados de mercado que a ANATEL ordinariamente coleta, para que possam cumprir, no caso dos agentes da administração pública, a sua função regulatória, e, no caso dos agentes econômicos privados e do consumidor, pela mesma forma, exercer os seus direitos, a divulgação pela ANATEL dos dados relativos ao seu desempenho dará aos seus jurisdicionados e ao consumidor a possibilidade de melhor conhecer-lhe a função regulatória, avaliá-la e aperfeiçoá-la por meio de comentários e sugestões.

Do ponto de vista da ANATEL, a prestação ordinária de contas, em um relatório anual em que se achem detalhados todos os planos da sua atuação – a sua função preventiva, repressiva, normativa, entre outras –, a ela irá conferir uma maior autoridade não apenas na fundamentação de seus atos, mas também na reivindicação dos meios indispensáveis à melhor execução de suas funções junto aos Poderes Executivo e Legislativo e, sobretudo, junto à sociedade.

A finalidade do relatório de atividades não é apenas alinhar as ações do órgão administrativo que o elabora; alinhar tais atividades é um dos meios para que o órgão preste contas à sociedade do cumprimento de sua função legal. Isto é, se as atividades desempenhadas deram cumprimento ao dever legal cometido ao órgão. Em uma palavra, se as ações empreendidas deram execução a Lei.[2]

Note-se, ainda, que o acesso aos dados do mercado de telecomunicações e a publicação de relatório detalhado de suas atividades pela ANATEL, e mesmo aos debates travados nas sessões de seu Conselho Diretor, formam material indispensável à ação dos órgãos de defesa da concorrência, a saber, à função preventiva e repressiva do CADE ao decidir sobre atos de concentração e infrações à ordem concorrencial. Igualmente, ao controle externo da ANATEL, exercido pelo Judiciário e pelo Legislativo, este inclusive por meio do Tribunal de Contas da União, e, não menos significativo nos dias atuais, à ação do Ministério Público e dos órgãos institucionais de defesa do consumidor.

1.4 Participação social

As três medidas acima, uma vez aplicadas, aumentarão a participação (e, portanto o controle) social sobre a ANATEL no curso da sua função regulatória. Quando a agência reguladora se abre ao público, a ele informa os dados relativos ao mercado sob sua jurisdição e a ele presta contas, ela engaja o pú-

2. Nos termos da LGT: "Art. 19. À Agência compete adotar as medidas necessárias para o atendimento do interesse público e para o desenvolvimento das telecomunicações brasileiras, atuando com independência, imparcialidade, legalidade, impessoalidade e publicidade, e especialmente: [...] XXVIII – elaborar relatório anual de suas atividades, nele destacando o cumprimento da política do setor definida nos termos do artigo anterior".

blico na sua ação imediata, que tem o próprio público por destinatário. Então, o público colabora diretamente com o exercício da função regulatória que a ele se destina, e assim torna-se aliado da agência reguladora, fortalecendo-a interna e externamente, reforçando-lhe a independência técnica.

A participação social é aumentada significativamente por algumas ações específicas, além das acima citadas, e de entre elas ressalta o instrumento da consulta pública, desde que complementado pela resposta às sugestões encaminhadas à Agência no âmbito de tais consultas. Além do prazo suficiente ao exame da matéria posta em consulta, que obrigatoriamente deve relacionar-se ao significado social da medida planejada pela ANATEL, faz-se necessário que a agência dê resposta às sugestões antes de agir, disciplinando a matéria que submeteu ao debate público.

É indispensável disciplinar o prazo de exposição em consulta pública, conforme a repercussão social da medida projetada.

O quadro a seguir mostra inexistir uma devida correlação entre prazo aberto à consulta pública e relevância social da medida planejada.

Início	Fim	Duração (dias)	Descrição
16/09/2005	16/01/2006	122	Alterações na Regulamentação do Serviço Móvel Pessoal - SMP
04/09/2006	06/11/2006	63	Regulamento Geral de Portabilidade
27/12/2007	15/02/2008	50	Proposta de Alteração no Regulamento de Sanções Administrativas (PADOs)
17/06/2008	01/08/2008	45	Proposta de Revisão do Plano Geral de Outorgas – PGO de Serviços de Telecomunicações prestado no regime público, aprovado pelo Decreto 2.534, de 2 de abril de 1998, na forma do Anexo a esta Consulta Pública

Se o prazo aberto à consulta pública não atender à relevância do tema que lhe faz objeto, a consulta pública transforma-se em uma mera formalidade e esgota-se sem que sejam alcançados os resultados visados, resultando no insulamento da Agência em relação à sociedade.

2. ANATEL e o princípio da publicidade

A publicidade, a que a administração pública está sujeita, é hoje associada à noção de transparência. Mas, em verdade, transparência é qualidade do que é público; no caso, qualidade que a ação da administração deve guardar.

Faz-se transparente o órgão que divulga seus atos, que expõe a sua ação, isto é, age aberto ao público. Falar em transparência é, portanto, falar do que é público – e ao público é, como devido, divulgado.

Não é o órgão, ou o agente, que atribui publicidade a seus atos: é a Lei, que diz públicos os atos da administração. Assim a regra do artigo 37 da Constituição Federal, ao elevar e fixar a publicidade em princípio regente da administração pública.[3]

A publicidade imanta a administração pública em toda a sua extensão, por onde ela se prolonga. A Lei, executada, faz cessar o paradoxo de uma administração pública que não divulgue seus atos – administração pública não pública, não transparente. A redundância em falar de publicidade, de transparência, em relação à administração pública dá a medida do desentendimento sobre a natureza da publicidade, de sua fonte e de seu valor político.

Sobre esse ponto,

> "Publicidade é a qualidade do que é público, do ato ou fato tornado público.[4] Público é o que pertence ao povo,[5] em oposição ao privado, guardado do público.[6] Nos regimes democráticos, a limitação do poder do Estado apoia-se na noção de que o povo é o titular do poder estatal – ele detém o poder soberano, e não o Estado".

Essa noção é, todavia, recente na experiência brasileira, e a sua afirmação normativa não a fixou plenamente ainda:

> ""Na ordem jurídica brasileira, dissemos, a Constituição Federal de 1934 explicitou esta noção ao afirmar que todos os poderes emanam do povo, e em nome dele são exercidos (artigo 2.º), fórmula que a Carta seguinte, que estruturou o regime ditatorial de 1937, reduziu, o poder político emana do povo e é exercido em nome dele, mas que a Carta seguinte, de 1946, repôs, precisando-lhe a forma: todo o poder emana do povo, e em nome dele será exercido. PONTES DE MIRANDA ao comentá-la, registrou a titularidade

---

3. "Art. 37. *A administração pública direta e indireta* de qualquer dos Poderes da União, dos Estados, do Distrito Federal e dos Municípios *obedecerá aos princípios de* legalidade, impessoalidade, moralidade, *publicidade* e eficiência."

4. Laudelino Freire, Publicidade, *Grande e novíssimo dicionário da língua portuguesa*, Rio de Janeiro, A Noite, 1943, v. IV, p. 4194.

5. Cf. Público, *Grande e novíssimo dicionário brasileiro* cit., v. IV, p. 4086; Public, *Oxford English dictionary – the compact edition*, Oxford, Oxford University Press, 1971. p. 720.

6. Cf. C. T. Onions (ed.). Public, *The Oxford English dictionary of etymology*, London, Oxford, Clarendon Press, 1966, Private, p. 711.

do poder estatal no povo, para dizer que desse poder, assim identificado, emanam todas as decisões que caracterizam preceitos constitucionais de onde tiram autoridade todos os poderes de legislação, de execução e de judicatura'.[7] O legislador constitucional de 1988 buscou a mesma linha de seu antecessor de 1946, tendo em conta reagir, como aquele fizera em relação ao regime de 1937, ao regime ditatorial a que a Carta de 1967/1969 deu forma, ao dizer, todo poder emana do povo e em seu nome é exercido; assim, a atual Constituição estatui: 'todo o poder emana do povo, que o exerce por meio de representantes eleitos ou diretamente, nos termos desta Constituição'.

Porém, a experiência, e em especial a brasileira recorrentemente exposta a assaltos autocráticos, mostra que a identificação formal da titularidade do poder estatal no povo e o desdobramento desse poder nas funções legislativa, executiva e judiciária que devem ser exercidas em seu nome – em seu interesse – não bastam à realização objetiva do estado democrático – à afirmação do estado democrático de direito referido no artigo 1.º da atual Constituição Federal. É necessário que no estado democrático de direito o poder estatal seja exercido publicamente – na plenitude do dia,[8] visível ao povo, ao seu titular, sem dele ocultar nem se fazer oculto, como lembra BOBBIO.[9] Para tanto, é indispensável que os atos estatais sejam dados a conhecer ao público, sejam, divulgados – a eles seja dada publicidade".

A elevação da publicidade a princípio regente da administração pública – sem dúvida um paradoxo – fez-se necessária, como dito, em razão da experiência política brasileira; esse o motivo do legislador constitucional:

> "Advertido de que a tradição autoritária da política nacional projeta-se sobre a administração pública distanciando-a do público, o legislador brasileiro elevou a publicidade dos atos da administração a um de seus princípios regentes, nos termos do artigo 37, da Constituição Federal".[10]

O primeiro Conselho Diretor da ANATEL caminhou em sentido contrário ao devido – e ao esperado. Negou divulgação à ação – pública – da Agência. E assim criou o fato de um injustificável insulamento da Agência. Distanciou-a do público, ergueu-a voltada a si mesma.

---

7. Francisco Cavalcanti Pontes de Miranda, *Comentários à Constituição de 1946*, 2. ed., São Paulo, Max Limonad, 1953, v. 1, p. 309.
8. "Au grand jour", na feliz expressão de Maurice Joly, citada por Norberto Bobbio em *O futuro da democracia*, 7. ed., São Paulo, Paz e Terra, 2000, p. 41, nota 15.
9. Idem, A democracia e o poder invisível. In: *O futuro da democracia* cit., p. 107.
10. Pedro Dutra, A CVM e o dever de guardar sigilo, *Livre concorrência e regulação de mercados*, Rio de Janeiro: Renovar, 2003, p. 140.

Hoje, como dito acima, a ANATEL defronta-se com a herança de um decênio, e nela a questão da publicidade, da transparência das suas ações, sobrepõe-se às demais a enfrentar, porque está à base de todas elas.

Ao desafio próprio de toda ação reguladora – é ínsito à sua natureza – veio justapor-se, perversamente, esse a vencer fruto de um equívoco que ora pesa sobre a Agência: o silêncio, o insulamento.

Dois fatores, um interno e outro externo, determinam a preeminência da publicização – da transparência – da Agência sobre as demais questões. No plano interno, a complexidade da prestação dos serviços de telecomunicações, dominada por dois fatores a serem necessariamente conciliados: a evolução tecnológica e a afirmação da concorrência, a única forma concreta de beneficiar o consumidor.

A convergência tecnológica, a garantia do acesso competitivo às redes públicas (dadas em concessão), as redes alternativas são, sem dúvida, dados de uma nova realidade, sempre cambiante como a que se desdobra no mercado de telecomunicações. Porém, essa realidade há de se conformar com outra realidade, não estática, mas não volátil, porque sedimentada em dados da experiência provada, qual seja a defesa da concorrência e de seus postulados.

Não se promove a defesa da concorrência sem a efetiva prevenção e repressão ao abuso do poder econômico. Este pode se dar em mercados mais ou menos dinâmicos, estes últimos naturalmente mais suscetíveis àquelas práticas, e nos quais a defesa da concorrência é mais complexa e, portanto, exige mais rigor e apuro.

O mercado de telecomunicações, sem dúvida, hoje reclama à ANATEL essa conciliação entre admitir uma nova realidade ditada pelo avanço tecnológico e a prevenção à concentração e ao abuso do poder econômico que nele ocorra ou possa ocorrer.

Esse desafio, tal a sua dimensão atual, está posto não apenas à ANATEL, mas à sociedade também, na medida em que esta volta a sua atenção à ação da Agência – afinal, é a sociedade, são os consumidores que a formam, os contratantes dos serviços de telecomunicações regulados pela ANATEL.

No plano externo, o mundo assiste a uma brutal – em sua dimensão e efeitos perversos – omissão regulatória; a mais insidiosa, porque devida à omissão do agente regulador em seu dever de informar ao público, em seu silêncio, ante a sonegação de dados cuja divulgação ele, agente regulador, não poderia consentir ter sido sonegada ao público.

Não só a falta de publicidade é causa de falha regulatória, por certo. Mas esta sobreleva às demais, também expressivas. O silêncio consentido, quando afinal vieram à tona os fatos que, com a omissão do regulador, haviam sido sonegados ao público, transformou-se em um pesadelo, empobrecendo os poupadores, desbaratando a ordem econômica, que agora reguladores desnorteados tentam rearticular, mas já cientes de que os danos serão duradouros.

Não há mais dúvida de que a regulação deve ser feita sobre princípios indisputáveis, fixados pela experiência acima de correntes ideológicas, e de que um desses princípios irremovíveis é o da ampla publicidade, da transparência dos órgãos reguladores. Esta é uma certeza que se formou na sociedade com a mesma velocidade com que a crise econômica está dizimando boa parte da poupança mundial.

Nesse cenário onde exigências internas e externas se somam, expressas por forças sociais de intensidade poucas vezes vista, como agir a ANATEL senão publicamente, na plenitude do dia, expondo os seu atos, debatendo, à frente do público, o teor deles? Consultando-o, e, quando caso, chamando-o em audiência. Oferecendo-lhe os números todos, as informações todas do mercado, cujos fatos - decorrentes da ação de prestadores, aquisições ou condutas deles - requeiram a decisão da ANATEL, decisão a afetar o conjunto de consumidores, a sociedade, admitindo-o como espectador do próprio ato decisório.

Como, ao contrário, assim não proceder a ANATEL? Sob qual pretexto? Qual regra jurídica a excepcionar - em caráter permanente - o dever da publicidade?

3. O desafio da ANATEL

As medidas acima devem ser aplicadas por todos os órgãos de intervenção do Estado na economia, em especial agências reguladoras e órgãos de defesa da concorrência, pois estes atuam rentes ao interesse econômico direto do cidadão, para o defender. Alguns desses órgãos já as aplicam, pois tais medidas já estão previstas nas normas que lhes disciplinam a atuação, a partir da regra constitucional que fixa os princípios regentes da administração pública, entre eles o da publicidade.

O dinamismo do mercado de telecomunicações, as inovações tecnológicas que o dominam, e o dever legal de nele ser promovida e defendida a concorrência pela ANATEL exigem-lhe uma função regulatória ativa e pronta. Esse é o verdadeiro desafio posto à ANATEL. O passo necessário no momento será a ANATEL atualizar e refinar os seus próprios meios de atuação, tornar-se efetivamente pública, e assim se aproximar mais da sociedade, que é a destinatária da sua ação cotidiana, e, crescentemente, vê a Agência como um órgão capaz de garantir os seus interesses.

Felizmente, a resposta a ser dada pela ANATEL está ao alcance dela. Só depende de sua ação pronta.

A ANATEL precisa caminhar desassombradamente com a sociedade. Mais do que nunca, a sociedade reclama a regulação ativa e aberta dos mercados.

O CONTROLE DA CONCENTRAÇÃO DE PODER NO MERCADO DE TELECOMUNICAÇÕES[1]

PEDRO DUTRA

Sumário: 1. Os fatos – 2. O Direito: 2.1 A defesa da livre concorrência: prevenção e repressão; 2.2 Mercado regulado e a livre concorrência; 2.3 O controle de poder econômico no mercado de telecomunicações; 2.4 A notificação de ato de concentração; 2.5 Requisitos legais à aprovação de ato de concentração pela ANATEL – 3. Conclusão.

1. Os fatos

Os atos de integração econômica – ditos correntemente atos de concentração – firmados entre empresa ou empresas[2] atuantes no mercado de telecomunicações são notificados à ANATEL e, por intermédio desta, ao CADE, nos termos das leis a reger a atuação desses dois órgãos de intervenção do Estado na economia – Lei Geral de Telecomunicações (Lei 9.472/1997) e Lei de Defesa da Concorrência (Lei 8.884/1994), respectivamente.[3]

A ANATEL analisa o ato de concentração a ela notificado e expede o que denominou "anuência prévia"; a seguir, emite um parecer sobre os aspectos concorrenciais do ato de concentração e o envia ao CADE.

Esse regime dual, de fases distintas e estanques, foi estabelecido pela ANATEL. Aos signatários do ato de concentração são exigidas duas notificações, em separado, à Agência: uma, para o fim de requerer anuência prévia ao

1. Publicado na *Revista de Direito de Informática e Telecomunicações – RDIT*, ano 4, n. 7, jul.-dez. 2009.
2. Os figurantes do ato de concentração podem ser empresas atuantes no mercado de telecomunicações, ou apenas uma delas, sendo a outra, nesse caso, entrante no mercado em causa.
3. Art. 97 da LGT e art. 54 da Lei 8.884/1994.

ato de concentração; outra, para o fim de haver o parecer concorrencial emitido pela ANATEL e por ela a ser enviado ao CADE.[4]

No ato que denominou anuência prévia, analisa a ANATEL os aspectos diretamente relacionados à prestação de serviços de telecomunicações; no parecer concorrencial emitido posteriormente à anuência prévia - com largo intervalo - sob esse ângulo analisa a ANATEL os efeitos irradiados a partir do ato de concentração, a recaírem sobre o mercado de telecomunicações.

Com a remessa do parecer concorrencial que faz ao CADE, a ANATEL dá por encerrada a análise do ato de concentração a ela submetido. Recebido o parecer concorrencial da ANATEL, só então inicia o CADE a análise desse mesmo ato de concentração, decidindo a seguir aprová-lo, ou não, ou aprová-lo impondo condições compensatórias, nos termos da Lei de Defesa da Concorrência.

Esse regime estabelecido pela ANATEL para análise dos atos de concentração a ela e ao CADE notificados - a este último por seu intermédio -, com trâmites e decisões distintos do Conselho Diretor da ANATEL - uma relativa à anuência prévia, outra relativa ao parecer concorrencial -, decisões largamente diferidas no tempo e a encerrar-se antes de o CADE decidir sobre o mesmo ato de concentração, suscita a indagação se está esse regime conforme a LGT, em especial seu art. 97, o que a seguir procuraremos responder.

2. O Direito

2.1 A defesa da livre concorrência: prevenção e repressão

O legislador elevou a livre concorrência a princípio constitucional a reger a ordem econômica[5] e, desdobrando-o, estipulou, no mesmo texto constitucional, que a Lei reprimirá o abuso do poder econômico que vise à "dominação dos mercados, à eliminação da concorrência e ao aumento arbitrário dos lucros".[6] A lei é a de n. 8.884/1994, cujo objeto é a prevenção e a repressão

4. Art. 3.º, § 1.º, da Resolução 76/1998.

5. "Art. 170. A ordem econômica, fundada na valorização do trabalho humano e na livre iniciativa, tem por fim assegurar a todos existência digna, conforme os ditames da justiça social, observados os seguintes princípios: [...] IV - livre concorrência; [...]."

6. "Art. 173. Ressalvados os casos previstos nesta Constituição, a exploração direta de atividade econômica pelo Estado só será permitida quando necessária aos imperativos da segurança nacional ou a relevante interesse coletivo, conforme definidos em lei. [...] § 4.º A lei reprimirá o abuso do poder econômico que vise à dominação dos mercados, à eliminação da concorrência e ao aumento arbitrário dos lucros."

ao abuso do poder econômico nos mercados de bens e serviços. Reprimem-se as condutas abusivas e, portanto, infrativas – cartel, venda casada, imposição de condição de compra, recusa de venda, venda abaixo do custo etc. – e previne-se a concentração de poder econômico, sob a forma de ato de integração do poder econômico – ato de concentração – que possa prejudicar a livre concorrência.

Ou seja, no ordenamento jurídico nacional a defesa da livre concorrência é feita na forma da Lei e consiste na repressão e prevenção ao abuso do poder econômico verificado nos mercados de bens e serviços que importe na "dominação dos mercados, à eliminação da concorrência e ao aumento arbitrário dos lucros".

Toda empresa atuante em mercado de bens ou serviços, pelos quais se reparte a atividade econômica, dispõe de poder econômico de mercado – toda empresa consiste um centro de poder econômico. Quando dois ou mais centros de poder deslocam-se e passam a formar um único centro, ou passam a agir articulados entre si, em ambos os casos por meio de negócio jurídico que os integre – aquisição, fusão, incorporação, pareceria, *joint venture*, contrato de longa duração, etc. –, o poder econômico de mercado, antes disperso, concentra-se.

Poder é a capacidade de o agente agir valendo-se dos meios a sua disposição; recursos financeiros, matérias-primas, tecnologia, etc. vertidos à sua atividade econômica, exercida no mercado em que atua. Esse poder é manejado no mercado onde o seu titular o exerce. A mensuração desse poder identifica a latitude possível de seu exercício e singulariza a ação do seu titular, da empresa que o detém. Elevado esse poder, o seu manejo atrairá a atenção do órgão de defesa da concorrência (e do regulador, no caso de mercado regulado, tal o de telecomunicações), assim como ato de concentração que firme essa empresa em posição dominante no mercado onde atua. Nesta última hipótese, exerce o CADE (e a ANATEL, quando o ato de concentração tem lugar no mercado de telecomunicações) o controle da concentração de poder de mercado.

2.2 Mercado regulado e a livre concorrência

Devido à natureza de determinados serviços e bens, a sua produção e oferta só são economicamente viáveis em regime de monopólio, ou de oligopólio fechado. Deixada livre a ação da empresa monopolista, ou em posição dominante incontrastada, inexistindo concorrência a ela oposta, a experiência mostra que ela abusará do poder incontrastado de que dispõe. A regulação, isto é, a edição de regras especiais a disciplinar a atividade econômica em mercados onde inexiste concorrência – é o caso dos mercados monopólicos – ou de baixa ou nenhuma concorrência – é o caso dos oligopólios fechados – surge como forma extrema de intervenção do Estado na economia, para prevenir o abuso do poder econômico em mercado estruturalmente a ele propenso.

A ação regulatória voltou-se inicialmente à fixação de preços, meio direto de impedir o lucro arbitrário das empresas monopolistas, a pesar abusivamente sobre o consumidor, inteiramente dependente de seu único prestador ou fornecedor.[7] Progressivamente, o regulador alargou a sua atuação, exigindo à empresa regulada a expansão de sua oferta, o cumprimento de índices de qualidade e continuidade em sua prestação ou produção de bens. O avanço tecnológico transformador verificado em determinados mercados, em especial no de telecomunicações, aliado à crescente sofisticação da análise econômica e à extensão e ao aprimoramento das garantias jurídicas conferidas ao consumidor, visto hoje como sujeito de direitos específicos no plano econômico, redirecionou a ação regulatória. Nesse novo contexto, a promoção e a defesa da livre concorrência em mercados regulados foram inscritos pelo legislador na ação regulatória ordinária, que assim não mais se limita a fixar preços, a estabelecer metas de qualidade e universalidade e a ditar políticas ao mercado, mas deve, sem relegar essas funções, visar sobretudo à promoção e à guarda da livre concorrência no mercado sob sua jurisdição.[8]

A concorrência é a disputa entre ofertantes de bens e serviços pela preferência do consumidor. Será livre se o abuso do poder de mercado a afetá-la for reprimido e prevenido. Como visto, reprime-se conduta anticoncorrencial de empresa (e de dirigente seu) fazendo-a cessar e impondo ao infrator san-

7. "Historicamente, dois fatores determinaram a regulação de mercados e a criação de órgãos reguladores especiais: a incapacidade de a dinâmica dos mercados frustrar o abuso do poder econômico cometido pelos agentes neles atuantes, exibam ou não os mercados situações monopólicas, e assim a impossibilidade real de os mercados por si regularem-se; e a incapacidade de o poder executivo, a partir de órgãos de sua estrutura tradicional – presidência da república, ministérios, departamentos, secretarias, etc. –, promover a regulação sob critérios exclusivamente técnicos – isto é, na forma da Lei, estreme de injunções políticas – e com razoável celeridade" (Pedro Dutra, Concorrência em mercado regulado: a ação da ANP. In: *Livre concorrência e regulação de mercados:* estudos e pareceres. Rio de Janeiro, Renovar, 2003, p. 271-272).

8. "The promotion of competition – by removing artificial restrictions on entry, making resources equally available to potential entrants, and restructuring the existing industries – is the most effective means of maximizing consumer benefits and curbing monopoly power. Stricter competition policy is preferable to rate-of--return regulation, efficiency audits and related forms of government 'nannying'" (M. E. Beesley, *Privatization, regulation and deregulation*, 2. ed., London, Routledge, 1997, p. 40).

ção pecuniária e penal (a dirigente seu).[9] Previnem-se os efeitos irradiados de ato de concentração, a se projetarem no mercado relevante onde teve lugar (ou em mercado a eles conexo), ordenando-se a desconstituição do ato, ou o aprovando sob condição ou aprovando-o, porque nesse caso tais efeitos não serão nocivos ao mercado – esse será capaz de absorvê-los, em sua dinâmica competitiva ordinária.

A promoção da concorrência dá-se, primariamente, pela sua guarda: reprimido e prevenido o abuso do poder econômico que a restringe e a pode eliminar, a dinâmica do mercado competitivo ativa-a ordinariamente. Esse processo não ocorre, todavia, em mercados privatizados, naqueles onde monopólios e oligopólios foram desfeitos e o mercado, aberto à iniciativa privada – e à concorrência. Neles não se instala a concorrência com a simples chegada de diferentes empreendedores. É necessário, em graus distintos, conforme o mercado em causa, a edição de medidas de estímulo à concorrência, desde as estruturais até às conjunturais. As primeiras acham-se no desenho que o legislador traçou e o regulador executou, integral ou parcialmente, do mercado aberto à concorrência: demarcação de áreas geográficas; número de empresas nelas atuantes; estrutura tarifária; classificação de serviços, entre outras. As medidas conjunturais, em maior número, são tomadas pelo regulador por meio da edição de regras infralegais que, em sua maioria, têm propósito inibitório ou repressivo de condutas abusivas: para evitar a recusa ou imposição de condições para compartilhamento de infraestrutura essencial, discriminação de preços, *price squeeze*, venda casada, ação concertada etc.

Mas, como ensina a experiência recente, não cabe ao regulador apenas promover a concorrência, dever, à conta da sua natureza, temporário e a esgotar-se quando esta se instale por um nível o qual a sua própria dinâmica (sempre guardado e prevenido o abuso do poder econômico, note-se) fará crescer.[10]

Atento à evolução da experiência regulatória, o legislador brasileiro inscreveu entre as funções essenciais da ANATEL a de prevenir e reprimir o abuso do poder econômico. Poderia ele haver restrito a ação da ANATEL à promo-

9. Cf. art. 2.º da Lei 8.137/1990.

10. Como registrou precisamente Marcos Juruena Villela Souto: "A regulação é ativa e busca, especialmente pela via normativa, conduzir o setor regulado a um cenário de ampla competição, criando o mercado onde ele não existe (em decorrência do prévio monopólio) e preservando-o e estimulando-o onde já haja algum grau de amadurecimento dos agentes econômicos em atividade" (Marcos Juruena Villela Souto, *Direito administrativo regulatório*, Rio de Janeiro, Lumen Juris, 2002, p. 111).

ção da concorrência no mercado de telecomunicações e deixado a prevenção e a repressão ao abuso do poder verificado ou a ocorrer nesse mercado à conta dos órgãos ordinários de defesa da concorrência. Preferiu, porém, atribuí-la à ANATEL, com o concurso do CADE.[11]

2.3 O controle de poder econômico no mercado de telecomunicações

A Lei Geral de Telecomunicações dispõe que caberá ao Poder Público adotar medidas que promovam a competição e a diversidade dos serviços, incrementem sua oferta e propiciem padrões de qualidade compatíveis com a exigência dos usuários.[12] E estendeu, como devido, a regra constitucional da livre concorrência ao mercado de telecomunicações, respectivamente, a promoção da livre concorrência e a sua defesa por meio da prevenção e repressão ao abuso do poder econômico: "na disciplina das relações econômicas (travadas) no setor de telecomunicações [...] observar-se-ão (entre outros) o princípio constitucional da livre concorrência", devendo "os serviços de telecomunicações (ser) organizados com base no princípio da livre, ampla e justa competição", aplicáveis, à consecução desse fim, "as normas gerais de proteção à ordem econômica [...] [ao] setor de telecomunicações".[13]

Os atos da ANATEL destinados à estruturação do setor de telecomunicações – mercado, em linguagem concorrencial – e ao seu funcionamento ordinário devem visar também à promoção e à preservação da livre concorrência. A referência, na LGT, à competição – livre, ampla e justa – é imprecisa e ociosa. Imprecisa porque assimila indevidamente competição a concorrência: concorrência, como está na Constituição Federal e na Lei de Defesa da Concorrência, refere o regime; competição é a disputa atual e direta entre figurantes em um mesmo mercado, que só existe em um ambiente – em regime – concorrencial. Ociosa porque, prevenido e reprimido o abuso do poder econômico – se hou-

11. A experiência legislativa recente mostra caminho inverso: os atos de concentração firmados no âmbito do mercado de transporte aéreo, cabe à SDE instruí-los e ao CADE decidi-los. Assim, a lei de regência da ANAC (Lei 11.182/2005) dispõe: "Art. 6.º Com o objetivo de harmonizar suas ações institucionais na área da defesa e promoção da concorrência, a ANAC celebrará convênios com os órgãos e entidades do Governo Federal, competentes sobre a matéria. Parágrafo único. Quando, no exercício de suas atribuições, a ANAC tomar conhecimento de fato que configure ou possa configurar infração contra a ordem econômica, ou que comprometa a defesa e a promoção da concorrência, deverá comunicá-lo aos órgãos e entidades referidos no *caput* deste artigo, para que adotem as providências cabíveis".
12. Lei 9.472/1997, art. 2.º.
13. Arts. 5.º, 6.º e 7.º da LGT.

ver o estrito controle da concentração de poder de mercado e forem prontamente reprimidas as condutas anticoncorrenciais –, a concorrência será livre e, portanto, a mais ampla e justa, isto é, a concorrência possível, a variar em índice conforme os diferentes mercados, sendo certo, porém, ser o mercado de telecomunicações um dos mais receptivos à disputa concorrencial.[14] Note-se não haver concorrência perfeita, a admitir um mercado livre, sem preceituação legal a reprimir o abuso do poder econômico.

Inclusive em seus atos de rotina, deve a ANATEL frisar a promoção da concorrência: por exemplo, a celeridade na expedição de um determinado ato é capaz de estimular a concorrência; já a sua demora pode freá-la ou mesmo frustrá-la. Não se trata, pois, de cuidar a ANATEL apenas de formular políticas competitivas para o setor e especificá-las em atos infralegais complexos e minudentes, mas de orientar todos os seus atos ordinários tendo em conta a promoção da concorrência. Em uma palavra, a promoção da concorrência deve imantar todos os atos ordinários, todas as ações cotidianas da ANATEL, independentemente da sua complexidade.

Objetivamente, fixou o legislador à ANATEL promover e guardar a concorrência.

Além de a promover, cabe à ANATEL guardar a concorrência, reprimindo e prevenindo o abuso do poder econômico, como dispõe a LGT:

> "Art. 19. À Agência compete adotar as medidas necessárias para o atendimento do interesse público e para o desenvolvimento das telecomunicações brasileiras, atuando com independência, imparcialidade, legalidade, impessoalidade e publicidade, e especialmente: [...]
>
> XIX – exercer, relativamente às telecomunicações, as competências legais em matéria de controle, prevenção e repressão das infrações da ordem econômica, ressalvadas as pertencentes ao Conselho Administrativo de Defesa Econômica – CADE; [...]".

Especificamente em relação ao controle de ato de concentração – a função preventiva –, dispõe o art. 97 da Lei Geral de Telecomunicações (LGT):

14. "Competition is the most important mechanism for maximizing consumer benefits, and for limiting monopoly power. Its essence is rivalry and freedom to enter a market. What counts is the existence of competitive threats, from potential as well as existing competitors. The aim is not so-called 'perfect' competition; rather, one looks for some practical means to introduce or increase rivalry. The relevant comparison for policy is between the level of competition that could realistically be created, and the present state of the nationalized industry" (M. E. Beesley, op. cit., p. 29).

> "Art. 97. Dependerão de prévia aprovação da Agência a cisão, a fusão, a transformação, a incorporação, a redução do capital da empresa ou a transferência de seu controle societário.
>
> Parágrafo único. A aprovação será concedida se a medida não for prejudicial à competição e não colocar em risco a execução do contrato, observado o disposto no art. 7.º desta Lei.".

O citado art. 7.º da mesma LGT diz:

> "As normas gerais de proteção à ordem econômica são aplicáveis ao setor de telecomunicações, quando não conflitarem com o disposto nesta Lei.
>
> § 1.º Os atos envolvendo prestadora de serviço de telecomunicações, no regime público ou privado, que visem a qualquer forma de concentração econômica, inclusive mediante fusão ou incorporação de empresas, constituição de sociedade para exercer o controle de empresas ou qualquer forma de agrupamento societário, ficam submetidos aos controles, procedimentos e condicionamentos previstos nas normas gerais de proteção à ordem econômica.
>
> § 2.º Os atos de que trata o parágrafo anterior serão submetidos à apreciação do Conselho Administrativo de Defesa Econômica - CADE, por meio do órgão regulador [...]".

Isto é, o *caput* do art. 97 e o § 1.º do art. 7.º da LGT, acima, referem, de forma não exaustiva, o ato de concentração firmado por prestadora de serviços de telecomunicações, nos regimes ditos público e privado, e determina a seus figurantes notificá-lo previamente a sua realização, à aprovação da ANATEL e do CADE,[15] atendidos aos requisitos legais estipulados.

2.4 A notificação de ato de concentração

Diz-se realizado o ato jurídico de integração de empresas - o ato de concentração - quando os seus figurantes cumprem o seu objeto e promovem a integração das empresas figurantes do ato, e, em consequência, cessa o estado concorrencial entre elas até então existente: as figurantes do ato, uma vez integradas, ou iniciado o seu processo de integração, deixam de disputar entre si,

15. O art. 98 da LGT, que trata da cessão da posição contratual do titular do contrato de concessão, consiste também em um ato de concentração; no caso, haveria uma substituição da empresa titular da concessão por outra, e os efeitos desse ato jurídico de integração devem ser analisados pela mesma forma prescrita para os atos referidos no art. 97. Por essa razão, tratamos das hipóteses versadas no art. 97, sendo certo aplicar-se o mesmo procedimento à hipótese, bem menos frequente, considerada no art. 98 da LGT.

perdendo o mercado um competidor. Verifica-se aí uma redução, definitiva, da dinâmica concorrencial do mercado em causa.

Admitida a realização do ato de concentração – a integração de seus figurantes – antes da manifestação da ANATEL e do CADE, poderá ocorrer que estes órgãos, quando vierem a decidi-lo, deparem-se com essa situação factual irreversível, a frustrar decisão que esses órgãos tomarão a seguir, pois os figurantes do ato de concentração, antes concorrentes, já formarão um único centro de poder de mercado, não mais sendo possível a reversão deles ao estado anterior, onde ambos disputavam entre si. Portanto, se a ANATEL e o CADE, ou um deles, entender a concentração de poder a resultar do ato analisado nociva ao mercado de telecomunicações, a decisão que tomarem será, todavia, frustrada: ela não terá o poder de desfazer a nova situação de mercado, entendida nociva à concorrência, e ver reconstituída a situação de mercado anterior à concentração havida.

A Lei 8.884/1994 admite essa possibilidade de o ato ser realizado antes de o CADE decidir aprová-lo ou não. Resta ao CADE, usando o seu poder de cautela, buscar atenuar os riscos inerentes a essa faculdade legal, impondo medida cautelar, ou negociando-a sob a forma de Acordo de Preservação da Reversibilidade da Operação (APRO), com os figurantes do ato, que os impeça de praticar atos de integração de suas empresas até a decisão do CADE.[16] O remédio cautelar, a experiência vem mostrando ser parcialmente eficaz, além de extremamente onerosa ao CADE a fiscalização de seu cumprimento.

Sem dúvida, andou melhor o legislador ao dispor na LGT regime inverso: os figurantes do ato de concentração deverão notificá-lo à ANATEL, e ao CADE por intermédio desta, antes da sua realização, e a realização do ato só poderá ser iniciada depois de a ANATEL e o CADE o aprovarem, como está disposto no *caput* do art. 97 citado.

Acertadamente, na LGT evitou o legislador sujeitar o mercado de telecomunicações ao risco de uma situação fáctica irreversível; a saber, a consumação da integração empresarial dos figurantes de ato de concentração antes de ser ele devidamente analisado pela ANATEL e pelo CADE. Nesse sentido dispôs, ainda que em linguagem imprecisa:

> "Dependerão de prévia aprovação da Agência a cisão, a fusão, a transformação, a incorporação, a redução do capital da empresa ou a transferência de seu controle societário".[17]

16. Arts. 132 e 139 et seq. da Resolução 45/2007 do CADE, que aprovou o Regimento Interno do CADE.
17. Parágrafo único do art. 97 da LGT.

Não é prévia a decisão de aprovar ou não da ANATEL: prévia é a notificação do ato de concentração à ANATEL em relação à realização do ato – prévia à integração de seus figurantes. O ato deve ser previamente (à sua realização) levado à Agência para análise, como, aliás, se tem na redação, esta precisa, do art. 105 da LGT:

> "Art. 105. Quando da implantação de novas prestações, utilidades ou comodidades relativas ao objeto da concessão, suas tarifas serão previamente levadas à Agência, para aprovação, com os estudos correspondentes".

Não há outro tempo, nos termos da LGT, art. 97 citado, de aprovação do ato de concentração senão previamente à sua realização, como, aliás, é expresso no regimento da ANATEL.[18] Será nesse período, fixado em Lei, que o ato deverá ser analisado pela ANATEL e pelo CADE. Decide a ANATEL, com o concurso do CADE, como se verá adiante, a aprovação, ou não, do ato de concentração, uma vez concluída a sua análise.

2.5 *Requisitos legais à aprovação de ato de concentração pela ANATEL*

Diz a ANATEL conceder anuência aos atos de concentração a ela submetidos, e não aprovação, como está na LGT, art. 97 citado. *Anuir* é concordar, assentir, "fazer sinal afirmativo com a cabeça, consentir, aprovar acenando com a cabeça".[19] *Aprovar* é, tendo submetido à prova, ao exame, à análise, dizer conforme à referência que serviu de padrão à análise feita; "achar bom, justo, acertado, adequado".[20]

Anui o usuário, ao consentir ao prestador divulgar dado seu, como corretamente refere a LGT, art. 72:

> "Art. 72. Apenas na execução de sua atividade, a prestadora poderá valer-se de informações relativas à utilização individual do serviço pelo usuário.
>
> § 1.º A divulgação das informações individuais dependerá da anuência expressa e específica do usuário".

---

18. § 1.º do art. 3.º: No caso dos atos de que trata o art. 54 da Lei 8.884/1994 que se enquadrem no previsto nos arts. 97, 98 ou 136, § 2.º, da Lei 9.472/1997, *as requerentes deverão solicitar a aprovação da Anatel, previamente à constituição do ato*, por meio da prestação integral dos documentos e informações relacionados no Anexo I, considerando as definições constantes do Anexo III, e da prestação de outros documentos ou informações que a Anatel solicitar" (grifo nosso). Resolução 76, de 16 dezembro de 1998.
19. *Novíssimo dicionário latino-português*, 5. ed., São Paulo, Saraiva/H. Garnier, 1905.
20. Idem, ibidem.

Aprova a ANATEL, mediante exame, o que lhe é submetido previamente; assim a própria LGT:

> "Art. 105. Quando da implantação de novas prestações, utilidades ou comodidades relativas ao objeto da concessão, suas tarifas serão previamente levadas à Agência, para aprovação, com os estudos correspondentes".

Ora, se cabe à ANATEL aprovar tarifas a serem cobradas aos usuários, cabe à ANATEL aprovar ato de concentração firmado por prestadores de serviço de telecomunicações, nos termos do citado art. 97 da LGT.

Órgão regulador, aplicador de Lei, não anui, não concorda – analisa ato que lhe é submetido e o aprovaporque conforme a Lei que lhe cabe aplicar ou não o aprova por não o achar conforme a Lei. A submissão de ato de concentração à ANATEL requer desta a sua análise, nos termos da Lei – "observado o disposto no art. 7.º desta Lei", diz o parágrafo único do art. 97 citado. Portanto, independentemente da denominação empregada pela ANATEL, esta aprova, ou não, ato de concentração submetido a sua análise, observada a Lei.

As empresas figurantes do ato de concentração, referidas no art. 97 citado prestam serviços de telecomunicações; firmando seus controladores ato de concentração, serão esses serviços prestados em um novo contexto empresarial; isto é, como diz o citado art. 97, desde que verificada a cisão de seu prestador, sua fusão com terceiro, sua transformação ou incorporação, ou a transferência de seu controle a terceiro, ou qualquer outro ato de integração empresarial.

Firmado qualquer um desses atos de concentração, cuidou o legislador prevenir eventuais efeitos negativos dele decorrentes, e a esse fim fixou na regra do citado art. 97 requisitos à aprovação do ato de concentração, os quais deve a ANATEL, em sua análise, atender simultânea e cumulativamente. Esses requisitos visam proteger tanto a integridade da prestação dos serviços de telecomunicações quanto a integridade da dinâmica concorrencial desse mercado, como vem expresso no § 1.º do art. 97 da LGT:

> "Dependerão de prévia aprovação da Agência a cisão, a fusão, a transformação, a incorporação, a redução do capital da empresa ou a transferência de seu controle societário.
>
> Parágrafo único. A aprovação será concedida se a medida não for prejudicial à competição e não colocar em risco a execução do contrato, observado o disposto no art. 7.º desta Lei".

Diz o art. 7.º da mesma LGT:

> "Art. 7.º As normas gerais de proteção à ordem econômica são aplicáveis ao setor de telecomunicações, quando não conflitarem com o disposto nesta Lei.
>
> § 1.º Os atos envolvendo prestadora de serviço de telecomunicações, no regime público ou privado, que visem a qualquer forma de concentração econômica, inclusive mediante fusão ou incorporação de empresas, constituição de sociedade para exercer o controle de empresas ou qualquer forma de agrupamento societário, ficam submetidos aos controles, procedimentos e condicionamentos previstos nas normas gerais de proteção à ordem econômica.
>
> § 2.º Os atos de que trata o parágrafo anterior serão submetidos à apreciação do Conselho Administrativo de Defesa Econômica - CADE, por meio do órgão regulador [...]".

Ao fixar como requisito à aprovação de ato de concentração dele não resultar risco à execução do contrato de prestação de serviços de telecomunicações, quis o legislador preservá-lo estreme de risco à sua continuidade, à sua qualidade - ou seja, buscou manter inalterada a sua prestação, nos termos pactuados com a ANATEL, ou fixados em norma legal ou obrigacional. Assegurados esses termos, ter-se-á guardado o interesse do usuário do serviço e o interesse do seu prestador; aquele, de lhe ser prestado o serviço em iguais condições em que o vinha prestando, este, de prestá-lo e haver a sua contraprestação em igual medida à anterior. O fato do ato de concentração em nada deve alterar a prestação do serviço em curso, cuja fluência há de ser garantida.

À aprovação do ato de concentração não basta, porém, à subsistência íntegra do contrato de prestação de serviço de telecomunicações: é necessário não ser ele "prejudicial à competição [...] nos termos do artigo 7.º" da LGT. Ao conjugar esses dois requisitos, o legislador desdobrou, objetivando-a, a regra do art. 19, XIX, que diz caber à ANATEL não apenas disciplinar o mercado de telecomunicações, mas nele também exercer as "competências legais em matéria de controle, prevenção e repressão das infrações da ordem econômica, ressalvadas as pertencentes ao CADE".

Como visto acima, atento à evolução da regulação de mercados econômicos, o legislador brasileiro coeriu às funções legais que atribuiu à ANATEL, de disciplinar e de controlar a concentração de poder no mercado sob sua jurisdição; isto é: forjou em uma única - regulatória, em sentido atual - essas duas funções, não se podendo, portanto, admitir o exercício da função regulatória a ser exercida pela ANATEL senão nessa sua integridade incindível, de também controlar, simultaneamente, a concentração de poder no mercado sob sua jurisdição, para tanto contando com o concurso do CADE. Registre-se, a propósito, haver sido esta a opção do legislador, e não as duas outras hipóteses possíveis, e registradas no ordenamento brasileiro e no ordenamento norte-americano: respectivamente, limitar a competência do órgão regulador à análise dos efeitos do ato sobre a disciplina do mercado em causa, ou concentrar no órgão regulador a análise dos efeitos concorrenciais do ato de concentração também, excepcionando a competência do órgão de defesa da concorrência.[21]

É chamado o CADE a decidir sobre ato de concentração, firmado no mercado de telecomunicações, no curso da análise dele feita pela ANATEL, nos termos do art. 97 citado. A leitura da regra desse artigo é clara: o ato de concentração só poderá ser aprovado se não for prejudicial à competição, e deve a ANATEL, a esta análise, contar com o CADE, órgão ao qual a Lei outorgou, privativamente, competência para tanto decidir, e que é trazido ao exame de ato de concentração no mercado de telecomunicações por meio do órgão regulador da ANATEL.

Ou seja, o CADE é incorporado ao processo de análise do ato de concentração previsto no citado art. 97 citado.

Mesmo processadas em separado, as análises efetuadas pela ANATEL e pelo CADE se justapõem em um mesmo plano. A esse fim é a ANATEL a destinatária do comando do citado art. 97: a ela cabe justapor à sua análise a manifestação do CADE, para então, com o concurso do CADE que provocou, dizer aprovado, ou não, o ato de concentração, se terá ele efeitos nocivos, ou não, à concorrência no mercado que a ela, ANATEL, cabe regular.

Portanto, não se pode admitir ser desarticulada a análise de tal ato de concentração, mesmo sendo ela efetuada por dois órgãos distintos, sob a regência de normas também distintas: a manifestação articulada desses dois órgãos compõe o controle da concentração de poder no mercado de telecomunicações, previsto no art. 97.

Observe-se não poder o CADE decidir sobre ato de concentração firmado no mercado de telecomunicações que a ele não tenha sido notificado por intermédio da ANATEL, nem manifestar-se o CADE, mesmo devidamente notificado por meio da ANATEL, sem que a manifestação desta tenha ocorrido quanto à subsistência integral do contrato de prestação de serviços de

21. Tal como ocorre em relação à ANAC, exemplo citado acima, e, no caso norte-americano, em relação à Federal Communication Commission, a quem cabe decidir sobre a concentração de poder no mercado de telecomunicações, excepcionada a competência da Federal Trade Commission, o órgão de defesa da concorrência daquele país.

telecomunicações e sem o seu entendimento sobre seus efeitos concorrenciais a recaírem nesse mercado.

Estabelece a regra do citado art. 97 uma relação de complementaridade, nítida e incindível, entre as ações da ANATEL e do CADE voltadas ao controle de concentração de poder no mercado de telecomunicações. Estão esses órgãos determinados pela LGT, que disciplina esse mercado, a agir em conjunto.

A análise articulada de ato de concentração atende à natureza da função regulatória, porém a tanto não se limita; ela busca também preservar a efetividade do controle de concentração de poder de mercado. Rompido o mesmo plano onde as análises da ANATEL e do CADE devem se justapor – compondo a análise articulada do ato de concentração prevista no art. 97 –, abre-se a possibilidade de se ter frustrada a salvaguarda nele fixada, de a notificação de ato de concentração ser feita previamente à sua realização e assim ser prevenida a integração de seus figurantes antes de ser verificado, pela ANATEL e pelo CADE, se os efeitos do ato são ou não nocivos à concorrência.

Cortada em duas fases estanques e diferidas no tempo, resta a sugestão, em clara inversão ao comando legal e ao fato do controle de concentração, de a análise da ANATEL e a análise do CADE não terem por objeto o mesmo ato de concentração e a mesma finalidade, a saber, assegurar a existência de um mercado de telecomunicações regulado e nele controlar a excessiva concentração de poder.

Pode-se argumentar serem de natureza distintas, regidas por normas distintas, as análises feitas pela ANATEL e pelo CADE, e, portanto, não caberia à ANATEL prender-se à análise do CADE: expedida a anuência prévia, estaria a função de controle da ANATEL cumprida. O parecer concorrencial, embora expedido pela ANATEL, faria parte de processo distinto, à conta do CADE decidir. Nessa hipótese, não haveria por que a ANATEL aguardar a decisão do CADE para, só então, pronunciar aprovado o ato de concentração.

Esse argumento não procede. A função legal da ANATEL, como exposto, não se exaure, não se contém na anuência prévia e tampouco no parecer concorrencial. Com a participação do CADE, cabe a ela velar que os efeitos de ato de concentração não sejam "prejudiciais à competição". Caso assim não entendesse, o legislador não haveria conjugado os requisitos que fixou no citado art. 97: teria se limitado a prescrever à ANATEL analisar apenas a integridade do contrato de prestação de serviços, e não teria determinado fosse a notificação do ato de concentração efetuada à ANATEL e ao CADE, este por intermédio da ANATEL, como se tem no § 2.º do art. 7.º da LGT.

De resto, nada impede, objetivamente, à ANATEL cumprir o comando do art. 97 citado, a tanto aliando à análise da integridade do contrato de prestação de serviços a análise dos efeitos concorrenciais do ato de concentração, esta feita em articulação com o CADE.[22] Note-se que, no interior da ANATEL, são essas matérias tratadas por órgãos distintos, o que possibilita um trabalho simultâneo de análises, uma voltada aos aspectos próprios do mercado de telecomunicações, outra aos aspectos concorrenciais deste, esta análise podendo e devendo ser articulada com a análise feita pelo CADE.[23] Portanto, acham-se obrigados esses dois órgãos de intervenção do Estado na ordem econômica para salvaguardá-la, no interesse do consumidor e do empresário competitivo, do abuso de poder, a harmonizarem seus respectivos procedimentos voltados ao exercício do controle de concentração de poder no mercado de telecomunicações.[24]

3. Conclusão

i) Cabe à ANATEL guardar a concorrência no mercado de telecomunicações, prevenindo a concentração excessiva de poder de mercado, contando a tanto com o concurso do CADE.

ii) A ANATEL só poderá aprovar ato de concentração se os seus efeitos não puserem em risco a execução do contrato de prestação de serviços nele envolvido e se tais efeitos não forem prejudiciais à concorrência.

iii) Caberá à ANATEL analisar a subsistência íntegra do contrato de prestação de serviços e ao CADE decidir sobre os efeitos concorrenciais do ato de concentração, projetados sobre o(s) mercado(s) afetado(s).

iv) As análises realizadas pela ANATEL e pelo CADE, para atender aos requisitos legais à aprovação de ato de concentração, articulam-se em um mesmo plano e assim consistem na análise a fundamentar a aprovação, ou não, de ato de concentração, em cumprimento à regra fixada na LGT, a qual cabe à ANATEL cumprir.

22. Essa proposta, aliás, já foi formulada pelo CADE. Ver depoimento de sua ex-presidente Elizabeth Farina (in: Pedro Dutra, *Conversando com o CADE*, São Paulo, Singular, 2009).

23. A instrução conjunta já é feita pela SEAE e pela SDE.

24. Carlos Ari Sundfeld assim já se manifestou em relação ao mercado financeiro: "Acredito que a harmonização de competências é perfeitamente possível. É até mesmo imperativa, posto que não foi dado ao BACEN competência para efetuar uma tutela da concorrência propriamente dita" (Concorrência e regulação no sistema financeiro. In: Celso Fernandes Campilongo, Jean Paul C. Veiga da Rocha, Paulo Todescan Lessa Mattos (coord.), *Concorrência e regulação no sistema financeiro*, São Paulo, Max Limonad, 2002, p. 46).

v) A aprovação, ou não, de ato de concentração só poderá ser concedida e expedida pelo Conselho Diretor da ANATEL uma vez os dois requisitos legais tenham sido atendidos, se assim concluírem as análises feitas pela ANATEL e pelo CADE.

vi) Nos termos da LGT, não é admissível cindir o atendimento aos requisitos legais postos à aprovação do ato, o que ocorre, inevitavelmente, se as análises da ANATEL e do CADE forem diferidas no tempo. Ao contrário, é dever da ANATEL e do CADE harmonizarem-se no exercício da suas respectivas e convergentes funções legais de controlar a concentração de poder no mercado de telecomunicações.

Bibliografia

BEESLEY, M. E. *Privatization, regulation and deregulation.* 2. ed. London: Routledge, 1997.

CAMPILONGO, Celso Fernandes; ROCHA, Jean Paul C. Veiga da; MATTOS, Paulo Todescan Lessa. *Concorrência e regulação no sistema financeiro* (coord.). São Paulo: Max Limonad, 2002.

DUTRA, Pedro. *Livre concorrência e regulação de mercados:* estudos e pareceres. Rio de Janeiro: Renovar, 2003.

FARINA, Elizabeth. In: DUTRA, Pedro. *Conversando com o CADE.* São Paulo: Singular, 2009.

NOVÍSSIMO *Dicionário latino-português.* 5. ed. São Paulo: Saraiva/H. Garnier, 1905.

SOUTO, Marcos Juruena Villela. *Direito administrativo regulatório.* Rio de Janeiro: Lumen Juris, 2002.

O CADE E O CONTROLE DE CONCENTRAÇÃO NO MERCADO DE TELECOMUNICAÇÕES[1]

Pedro Dutra

Sumário: 1. A inércia do CADE em face de atos de concentração realizados no mercado de telecomunicações - 2. O CADE e o dever de zelar pela aplicação da Lei de Defesa da Concorrência - 3. O princípio constitucional da livre concorrência e os agentes administrativos.

1. A inércia do CADE em face de atos de concentração realizados no mercado de telecomunicações

Os atos de concentração firmados entre empresa ou empresas presentes no mercado de telecomunicações são notificados à ANATEL e por intermédio desta ao CADE, nos termos das leis a reger a atuação desses dois órgãos de intervenção do Estado na economia - Lei Geral de Telecomunicações (Lei 9.472/1997) e Lei de Defesa da Concorrência (Lei 8.884/1994), respectivamente.[2]

A ANATEL, em leitura particularíssima da LGT, sob o título de anuência prévia, expede verificação que faz da conformidade do ato de concentração à LGT e a desvinculou - e largamente a distanciou, no tempo - do parecer concorrencial que elabora e remete ao CADE. A ANATEL não observa prazos

1. Publicado em Suplemento eletrônico da *Revista do IBRAC*, São Paulo, Ed. RT, ano 1, n. 2, 2010.

2. Art. 97 da LGT, e art. 54 da Lei 8.884/1994, respectivamente: "Art. 97. Dependerão de prévia aprovação da Agência a cisão, a fusão, a transformação, a incorporação, a redução do capital da empresa ou a transferência de seu controle societário. Parágrafo único. A aprovação será concedida se a medida não for prejudicial à competição e não colocar em risco a execução do contrato, observado o disposto no art. 7.º desta Lei". "Art. 54. Os atos, sob qualquer forma manifestados, que possam limitar ou de qualquer forma prejudicar a livre concorrência, ou resultar na dominação de mercados relevantes de bens e serviços, deverão ser submetidos à apreciação do CADE."

para expedir nem a anuência prévia nem o parecer concorrencial, e o interstício entre estes, como se sabe, é sempre considerável.

O CADE, a sua vez, entendeu aguardar o recebimento do parecer concorrencial expedido e a ele remetido pela ANATEL, para só então iniciar a análise do ato em questão.[3] Note-se que nem a ANATEL nem o CADE impõem medida cautelar a restringir ação integradora dos figurantes do ato de concentração no mercado de telecomunicações até a sua aprovação final pelo CADE.

O tratamento dado por esses dois órgãos à análise de atos de concentração a eles notificados configura a seguinte situação: o procedimento da ANATEL descaracterizou a notificação prévia do ato de concentração realizado no mercado de telecomunicações, prevista na LGT; posterga a análise dele pelo CADE, ao tardar enviar-lhe seu parecer concorrencial; e permite às figurantes do ato de concentração integrarem-se antes de a ANATEL expedir o seu parecer concorrencial e antes de o CADE decidir sobre a admissibilidade do ato.

O CADE, a sua vez, imóvel em face desse regime particular da ANATEL, dele resta caudatário, e assim vê a sua função preventiva relativa à concentração no mercado de telecomunicações subordinada à ANATEL; ao abster-se de impor medida cautelar aos figurantes de ato de concentração celebrado no mercado de telecomunicações, ou com eles negociar APRO, como deveria, acabou o CADE por criar um regime excepcional e singular em relação aos demais mercados, o que lhes permite – ao contrário de todos os demais agentes econômicos, em todos os demais mercados – livremente integrarem suas atividades, antes de o CADE decidir sobre a admissibilidade do ato de concentração que firmaram.[4]

A abstenção do CADE em agir cautelarmente, como faz em atos de concentração firmados nos demais mercados de bens e serviços, frustra a sua função preventiva no mercado de telecomunicações, uma vez que os atos de con-

3. Essa situação suscitou debates no interior do próprio Conselho, em formações anteriores. Vejam-se, entre outras, as manifestações dos ex-conselheiros Luis Fernando Rigato e Ricardo Cueva; e a da ex-presidente do CADE, Elizabeth Farina, sobre a posição da ANATEL em relação aos atos de concentração, sua análise e envio dos autos do CADE (Pedro Dutra, *Conversando com o CADE*, São Paulo, Singular, 2009, respect. p. 231-241, 243-251 e 219-230).

4. A única exceção é o APRO firmado nos Atos de Concentração 08012.005789/2008-23 e 53500.012477/2008. Note-se, todavia, que esse APRO tem um alcance reduzido em face dos mercados envolvidos e afetados pelos referidos atos de concentração.

centração nele realizados já poderão estar integrados de forma a não poderem ser desconstituídos, em face de eventual decisão do CADE nesse sentido.

2. O CADE e o dever de zelar pela aplicação da Lei de Defesa da Concorrência

Em trabalho anterior, mostramos não haver fundamento legal em a ANATEL: a) criar a figura da anuência prévia, não prevista em Lei; e b) expedir anuência prévia do ato antes de o CADE decidir se aprova ou não o mesmo ato. Em uma palavra, trata-se de um único ato de concentração, cuja aprovação prévia a LGT exige seja feita, simultaneamente, pela ANATEL e pelo CADE, que a esse fim devem harmonizar as suas ações.[5]

Nos termos da Lei 8.884/1994, incumbe ao CADE - ao seu plenário - prevenir e reprimir o abuso do poder econômico. E, também, "zelar pela observância [da Lei]".[6] Zelar e cuidar, no caso o CADE, que a Lei de Defesa da Concorrência seja aplicada e cumprida. Esse dever de zelar imposto ao CADE desdobra-se por dois planos, um interno ao próprio CADE e outro a ele externo. No plano interno, cabe ao plenário do CADE cumprir com seus deveres legais ordinários e extraordinários que as circunstâncias exijam, sendo entre estes últimos os mais expressivos a expedição de ordem de cessação de conduta infrativa à ordem econômica e a imposição de medida preventiva a guardar

5. Então escrevemos: "Acertadamente, na LGT enviou o legislador sujeitar o mercado de telecomunicações ao risco de a uma situação fáctica irreversível; a saber, a consumação da integração empresarial dos figurantes de ato de concentração antes de ser ele devidamente analisado pela ANATEL e pelo CADE. Nesse sentido dispôs ainda que em linguagem imprecisa: 'Dependerão de prévia aprovação da Agência a cisão, a fusão, a transformação, a incorporação, a redução do capital da empresa ou a transferência de seu controle societário'. [...] Não há outro tempo, nos termos da LGT, artigo 97, citado, de aprovação do ato de concentração, senão previamente à sua realização, como, aliás, é expresso o regimento da ANATEL. É nesse período, fixado em Lei, que o ato deverá ser analisado pela ANATEL e pelo CADE. [...]. E concluímos: "Nos termos da LGT, não é admissível cindir o atendimento aos requisitos legais postos à aprovação do ato, o que ocorre, inevitavelmente, se as análises da ANATEL e do CADE forem diferidas no tempo. Pois é dever da ANATEL e do CADE harmonizarem-se no exercício da suas respectivas e convergentes funções legais, de controlar a concentração do poder no mercado de telecomunicações" (O controle de concentração do poder no mercado de telecomunicações, *Revista do Direito de Informática e Telecomunicações - RDIT*. Belo Horizonte, v. 4, n. 7, p. 167-182, jul.-dez. 2009).
6. Art. 7.º da Lei 8.884/1994.

a efetividade das decisões do seu plenário.[7] No plano externo, incumbe ao plenário do CADE cuidar que terceiros, por alguma forma, direta e indiretamente, envolvidos ou afetados pela ação do CADE, ajam no sentido de obviar e auxiliar o cumprimento da sua função legal, de aplicar a Lei 8.884/1994.

O dever de o plenário do CADE zelar pela observância da Lei 8.884/1994, ao projetar-se além de seu âmbito de atuação ordinária, alcança os órgãos da administração pública que com ele concorrem na aplicação da Lei de Defesa da Concorrência. Assim a SEAE e a SDE, que participam da instrução de atos de concentração, emitindo pareceres não vinculativos, assim a ANATEL também, como visto.

3. O princípio constitucional da livre concorrência e os agentes administrativos

O princípio constitucional da livre concorrência, a consubstanciar a prevenção e a repressão ao abuso do poder econômico, imantou a ordem econômica; os agentes legislativos, os agentes administrativos e os agentes econômicos nela atuantes devem, todos eles, atender ao seu comando. Por outras palavras, cada qual, em suas ações, deve agir tendo em conta prevenir e guardar a livre concorrência, advertidos de que esse princípio legal projeta-se sobre a ordem econômica. Especialmente, deve a defesa da livre concorrência distinguir a ação da administração pública, orientá-la, pois, como bem observou Bertrand du Marais, o princípio da livre concorrência reconfigurou a ação pública.[8]

As regras dos incisos IX, X, XI, XIII e XIV do art. 7.º da Lei 8.884/1994[9] desdobram objetivamente o dever de o CADE zelar para que a ação de terceiros concorra, efetiva e tempestivamente, para que ele possa aplicar a Lei de

7. Arts. 4.º, § 5.º, e 52 da Lei 8.884/1994.

8. "L'intervention du principe de concurrence apparâit comme un puissant facteur de reconfiguration de l'action publique" (Bertrand du Marais, *Droit public de la régulation économique*. Préface de Renaud Denoix de Saint Marc. Paris, Presses de Sciences Po/Dalloz, 2004. Introduction, p. 6-7).

9. "Art. 7.º Compete ao plenário do CADE: [...] IX – requisitar informações de quaisquer pessoas, órgãos, autoridades e entidades públicas ou privadas, respeitando e mantendo o sigilo legal quando for o caso, bem como determinar as diligências que se fizerem necessárias ao exercício das suas funções; X – requisitar dos órgãos do Poder Executivo Federal e solicitar das autoridades dos Estados, Municípios, Distrito Federal e Territórios as medidas necessárias ao cumprimento desta lei; XI – contratar a realização de exames, vistorias e estudos, aprovando, em cada caso, os respectivos honorários profissionais e demais despesas de processo, que deverão ser pagas pela empresa, se vier a ser punida nos termos desta lei; [...] XIII – requerer ao Poder Judiciário a execução de suas decisões, nos termos desta

Defesa da Concorrência. E, a tanto, essas regras outorgam ao CADE os meios dos quais este deve se valer em face de eventual inação daqueles órgãos que obste, retarde ou por alguma forma comprometa o exercício de sua função legal.[10]

A experiência mostra ser complexa a harmonização de funções de órgãos de intervenção do Estado na economia. Daí haver o legislador armado o CADE para cumprir, e fazer cumprir, a Lei de Defesa da Concorrência, inclusive lhe outorgando poder para agir cautelarmente, em seu âmbito exclusivo,[11] o que permite ao CADE agir sem questionar ou confrontar procedimento de outros órgãos.

lei; XIV – requisitar serviços e pessoal de quaisquer órgãos e entidades do Poder Público Federal; [...]".

10. Como mostrou Egon Bockman Moreira, "o processo administrativo não pode parar ou ser desenvolvido em ritmo lento – internamente à autoridade administrativa ou frente aos particulares. Estes devem cumprir os prazos preestabelecidos e praticar os atos necessários ao bom andamento do feito. Aquela não pode omitir-se ou aguardar reiterados pleitos das partes interessadas para a prática dos atos de sua competência. Ao contrário do judicial, o processo administrativo caracteriza-se pela possibilidade de instalação e dever de andamento *ex officio*, pois a Administração busca o cumprimento das atribuições normativas a ela outorgadas. Seja o processo instaurado pelo particular ou pela Administração, cabe a esta 'o empenha na condução e desdobramento da sequência de atos que o compõem até a produção do ato final conclusivo'. Nesse sentido, a Lei 9.784, de 1999, fixa o dever de 'impulsão de ofício' em todas as fases do processo (arts. 2.º, parágrafo único, inciso XII, 5.º, 29, 36 e 37) e estabelece prazos, breves e certos, para a prática dos atos processuais por parte da Administração e particulares (arts. 23, parágrafo único, 24, 42, 44, 49, 56 e 59)" (Egon Bockman Moreira, *Processo administrativo: princípios constitucionais e a Lei 9784/99*, São Paulo, Malheiros, 2000, p. 144-145).

11. Art. 52 da Lei 8.884/1994: "Art. 52. Em qualquer fase do processo administrativo poderá o Secretário da SDE ou o Conselheiro-Relator, por iniciativa própria ou mediante provocação do Procurador-Geral do Cade, adotar medida preventiva, quando houver indício ou fundado receio de que o representado, direta ou indiretamente, cause ou possa causar ao mercado lesão irreparável ou de difícil reparação, ou torne ineficaz o resultado final do processo".

A RECRIAÇÃO DA TELEBRÁS[1]

PEDRO DUTRA

Sumário: 1. A livre-iniciativa e a Constituição Federal – 2. Plano nacional de banda larga e a Telebrás – 3. Inconstitucionalidade: ônus e risco do agente econômico privado.

1. A livre-iniciativa e a Constituição Federal

A Constituição Federal de 1988 atendeu à experiência verificada entre a sua edição e o estatuto de 1967 (e a sua emenda de 1969), que revogou. Esse estatuto estruturou o governo militar, que em abril de 1964 pôs fim ao regime constitucional de 1946. O regime então implantado proclamou achar a sua legitimidade em si mesmo, isto é, na força vitoriosa com a qual empolgou o poder. O redator dessa fórmula, o impenitente autoritário (e talentoso jurista) Francisco Campos, fora o redator da Carta de 1937, com a qual Getúlio Vargas implantou naquele ano a ditadura do Estado Novo. Os regimes autoritários, o liderado por Vargas e o militar, guardaram estreita semelhança no plano constitucional, reproduzindo este último o desprezo presente naquele pela democracia parlamentar e a celebração da onipresente e opressiva presença do Estado na vida do País. Nesse contexto comum aos dois regimes, a liberdade individual não podia opor-se ao interesse do Estado, pois este – do qual o Executivo proclamou-se o representante exclusivo – seria o único intérprete capaz de sintetizar e expressar o interesse público e, portanto, atendê-lo. A consulta ao povo por meio de eleições era dispensada, e a figura do Presidente da República entronizada como a voz do Estado, absorvendo o Poder Executivo as funções legislativas. Formou-se o que os juristas italianos do anos 1920 e 1930 denominaram o *Stato-governo*, isto é, o Estado e seus poderes absorvidos no Executivo, e este representado singularmente por seu titular.

O novo processo de redemocratização, que tem na Carta de 1988 o seu estatuto, reagiu ao regime autoritário imposto na década de 1960 e vigente por três décadas. Restaurou e ampliou os direitos individuais, reduziu consideravelmente a hipertrofia do Poder Executivo. O princípio da legalidade viu-se

1. Publicado na *Revista do IBRAC*, São Paulo, Ed. RT, ano 1, n. 4, jun. 2010.

reforçado, alcançando a ação corrente da administração pública em todo o seu curso. Esta deve ser cumprida sem a interferência do Executivo, senão nos campos e pela forma e medida em que lhe definir a Lei. E subordinou à Lei a intervenção do Estado na economia, em um momento em que não apenas a experiência interna isso recomendava, mas em que as economias autoritárias na Europa oriental, cujo planejamento e controle a que foram discricionariamente submetidas por seus governos ao longo de mais de meio século, esboroavam-se irremediavelmente.

Nesse contexto, o princípio da livre-iniciativa, inserto de forma preambular na Carta vigente, reconfigurou o ordenamento constitucional em toda a sua extensão. O seu exercício – o livre empreender e o livre agir nos mercados de bens e serviços –, a sua vez, acham, também, o seu limite na Lei. Se é livre o ingresso nos mercados de bens e serviços, neles é proibida a constituição de monopólios, de posições de domínio, o lucro arbitrário e a restrição à livre concorrência. Se é admitida a prestação por empresas privadas de serviços que afetam o interesse público, entre eles os ditos serviços públicos postos sob monopólio da União, na prestação deles pode o Estado intervir amplamente para os regular, na forma da Lei. Se é admitida a atuação do Estado na ordem econômica por meio de empresas sob seu controle, a atuação destas deve-se dar, porém, sem privilégio qualquer em relação a empresa privada, ambas submetidas ao mesmo regime legal.

Ou seja, a Lei submete, simultânea e igualmente, ao seu comando a iniciativa privada, a iniciativa estatal e a ação do Poder Executivo. Quando a Lei o autorizar e nos limites nela postos, o Estado pode intervir na ordem econômica por meio de órgãos reguladores criados por Lei, e expedindo o Presidente da República, expressamente autorizado por lei, normas infralegais para fixar políticas públicas, tal como previstas na Lei Geral de Telecomunicações.

2. Plano nacional de banda larga e a Telebrás

É nesse contexto que o Decreto 7.175, de 12 de maio de 2010, que institui o Plano Nacional de Banda Larga e transforma a Telebrás, deve ser analisado em seus principais tópicos. Pela ordem:

> i) "O Presidente da República, no uso das atribuições que lhe confere o art. 84, incisos IV e VI, alínea 'a', da Constituição [...]" (preâmbulo).

O citado art. 84 outorga poder ao Presidente da República para "expedir decretos e regulamentos à fiel execução de leis", que sancione, promulgue e faça publicar. Ou seja, expedir normas infralegais no estrito limite que a norma legal lhe assina, para regulamentá-la, exclusivamente. A doutrina e a jurisprudência são absolutamente pacíficas quanto à limitação dessa função atribuída ao Presidente da República. No caso, a lei que criou a Telebrás (Lei 5.792), foi promulgada em julho de 1972, e não há motivo que justifique a edição, hoje, de um decreto que a regulamente, e, menos ainda, nos termos em que o Decreto 7.175/2010 faz. Como se verá no item (iii), abaixo, um dos propósitos do decreto não é dar curso à lei que criou a Telebrás, e sim alterá-la radicalmente, transformando o objeto social da Telebrás para um fim extemporâneo e estranho a sua destinação legal.

Tampouco o inciso VI do citado art. 84 da Constituição é aplicável à espécie: como se pode ler de seu texto, o decreto não dispõe sobre a "organização e funcionamento da administração federal", a que alude a regra constitucional, e sim sobre planificação econômica e sobre alteração do objeto social de empresa estatal criada por Lei.

> ii) "Fica instituído o Programa Nacional de Banda Larga - PNBL com o objetivo de fomentar e difundir o uso e o fornecimento de bens e serviços de tecnologias de informação e comunicação [...]" (art. 1.º).

A intervenção do Estado na economia só pode se dar mediante Lei: assim a regra do art. 174 da Constituição Federal: "como agente normativo e regulador da atividade econômica, o estado exercerá, na forma da lei, as funções de fiscalização, incentivo e planejamento, sendo este determinante para o setor publico e indicativo para o setor privado".

Ainda que fosse o citado Programa instituído por lei, ele seria meramente indicativo ao setor privado. Ou seja, as empresas privadas não estariam obrigadas a segui-lo, podendo cumprir o planejamento que elas entendessem devido ao exercício de sua atividade. Não é este o caso, porém. O decreto pretende instituir um programa que só a lei pode fazer.

> iii) "Para a consecução dos objetivos previstos no art. 1.º, nos termos do inciso VII do art. 3.º da Lei 5.792, de 11 de julho de 1972, caberá à Telecomunicações Brasileiras S.A. - TELEBRÁS [...]:
>
> I - implementar a rede privativa de comunicação da administração pública federal;
>
> II - prestar apoio e suporte a políticas públicas de conexão à Internet em banda larga para universidades, centros de pesquisa, escolas, hospitais, postos de atendimento, telecentros comunitários e outros pontos de interesse público;
>
> III - prover infraestrutura e redes de suporte a serviços de telecomunicações prestados por empresas privadas, Estados, Distrito Federal, Municípios e entidades sem fins lucrativos; e

IV – prestar serviço de conexão à Internet em banda larga para usuários finais, apenas e tão somente em localidades onde inexista oferta adequada daqueles serviços" (art. 4.º).

A Telebrás foi criada com a função de controlar as empresas estatais prestadoras de serviço de telecomunicações em cada um dos diferentes estados da Federação. Como se sabe, estas últimas foram todas privatizadas, e a Telebrás remanesceu ociosa, esvaziado o seu objeto social. Pretende o decreto transformar-lhe o objeto social, a fim de dar-lhe finalidade diferente daquela que lhe atribuiu o legislador. No regime constitucional vigente, empresas estatais só podem ser criadas "quando necessário aos imperativos de segurança nacional ou a relevante interesse coletivo, conforme definidos em lei" (art. 173). O decreto não refere, direta ou indiretamente, questão relativa à segurança nacional. E o interesse público, inegável, de que seja disseminada a Internet em banda larga já encontra suporte à sua execução na Lei Geral de Telecomunicações. E, note-se, na experiência recente. É incontestável que os serviços de telecomunicações vêm-se disseminando no País e que o seu estímulo por parte do Estado já tem definidos naquela lei geral – daí o seu nome – os meios de serem efetivados. Assim, não é admissível que se altere por decreto a lei que criou a Telebrás, para transformar-lhe o objeto e convertê-la em prestadora de serviços de telecomunicações.

iv) "No cumprimento dos objetivos do PNBL, fica a Telebrás autorizada a usar, fruir, operar e manter a infraestrutura e as redes de suporte de serviços de telecomunicações de propriedade ou posse da administração pública federal" (art. 5.º).

Essa regra cria uma situação ao que parece inédita nos mercados de bens e serviços do País. O decreto outorga à Telebrás a direção da política comercial voltada às telecomunicações de todos os órgãos da administração pública federal, das empresas públicas e das empresas estatais, inclusive delas subtraindo uma prerrogativa inerente a sua atuação ordinária. Caberá à Telebrás, por exemplo, escolher o prestador de serviço de telecomunicações a atender à Petrobras, ao BNDES, ao Banco do Brasil e assim por diante. Note-se que a Telebrás poderá entender prestar ela mesmo esses serviços e, para os executar, entender subcontratar terceiros. Obviamente essa centralização é contrária ao regime normativo e à boa prática da administração pública.

Contudo, esse não é o aspecto mais significativo desse dispositivo, e sim a concentração de poder econômico que por seu intermédio é feita em mãos da Telebrás. Como se sabe, o mercado corporativo de telecomunicações é hoje um dos segmentos mais dinâmicos e competitivos do mercado de telecomunicações, em todo o mundo. Nesse segmento equilibram-se o poder que detêm as grandes empresas contratantes de serviços de telecomunicações e o poder que exibem as grandes prestadoras desses serviços, fazendo com que a disputa entre estas últimas por atender àquelas gere uma dinâmica concorrencial com efeitos positivos para a economia e para o consumidor. É corrente grandes empresas, e as desse porte sob controle estatal atuam por todo o país, promoverem processos seletivos para escolher a prestadora que atenderá a demanda delas por serviços de telecomunicações cada vez mais sofisticados.

Em direção oposta a essa dinâmica concorrencial saudavelmente estimulada pela Anatel, cria o decreto a possibilidade de se instituir, em mãos da Telebrás, um quase monopsônio, ao lhe conferir, singularmente, o poder de decidir qual prestadora de serviços de telecomunicações irá atender aos órgãos da administração pública federal, às empresas públicas e estatais. Note-se, ainda, que haveria um entendimento, no âmbito da atual Telebrás, de que esta estaria dispensada de promover processo licitatório em suas contratações.

Não pode haver dúvida de que essa situação, admitida pelo decreto, confronta o princípio da livre concorrência estipulado na Constituição e nela objetivado nos termos do § 4.º do art. 173.

3. Inconstitucionalidade: ônus e risco do agente econômico privado

A inconstitucionalidade de norma legal ou infralegal precisa ser suscitada, e decretada judicialmente, o que no caso pode não ocorrer, mesmo se nela houver evidentes elementos a sua contestação, devido, entre outros, a dois fatores. O primeiro, um velado descrédito quanto à efetiva aplicação do decreto e, portanto, quanto à sua capacidade de alcançar a finalidade nele visado, no caso a expansão sustentada da banda larga aos segmentos de baixa renda e a capacidade de a Telebrás cumprir, por igual forma, a função empresarial ativa que lhe foi vestida pelo decreto. A segunda, o natural receio por parte das empresas presentes e eventuais entrantes no mercado afetado pela ação do governo, que não se detém em maior consideração sobre a forma e o impacto de sua atuação na ordem econômica.

Esses fatores, por si, mostram o descompasso entre a ação do governo e a aplicação, que lhe cabe, das regras legais a disciplinar a ordem econômica. E delineiam uma afinidade por parte de certos setores governamentais com um modelo de intervenção do governo na economia vencido pela experiência.

PLANO GERAL DE METAS DE COMPETIÇÃO: UMA CONTRADIÇÃO INSUPERÁVEL[1]

PEDRO DUTRA

A presidência do Conselho diretor da ANATEL pôs em consulta pública em agosto de 2011 um Plano Geral de Metas de Competição – PGMC, que pretende ver aprovado por meio de resolução a ser expedida por esse mesmo Conselho.

São inúmeras as questões jurídicas suscitadas pela proposta do PGMC. Analisemos as enunciadas a seguir.

1. O propósito do Governo Federal

No texto da apresentação do PGMC feita por técnicos da ANATEL em audiência pública realizada em setembro de 2011, sob a rubrica de "Premissas do Modelo", o objetivo do PGMC é explicitado. Em um quadro acham-se identificadas as "classes A e B", de "maior renda", a somar 21 milhões de integrantes, e as "classes C, D e E", de "menor renda", contando 128 milhões de integrantes.

1. Publicado originalmente na *Revista de Direito Público da Economia – RDPE*, São Paulo, Ed. RT, ano 10, n. 37, jan.-mar. 2012.

Nos termos das “Premissas”, as classes A e B estariam providas dos serviços de telecomunicações, mas 128 milhões de integrantes das classes C, D e E devem ter o “atendimento” desses serviços “ampliado pelo mercado”.[2]

Em recentes declarações à imprensa, o Ministro das Comunicações, Paulo Bernardo, tratou desse tema ao analisar o mercado de banda larga; declarou o Ministro:

> “O presidente Lula falou, e a Dilma concorda, que o mercado deveria ter resolvido isso. A experiência mostrou que não. Então, estamos entrando para empurrar o setor. [...] A verdade é que o setor fez opção de oferecer o serviço caro para poucos”.[3]

Referindo-se especificamente ao PGMC, disse o Ministro:

> “A Agência Nacional de Telecomunicações (ANATEL) vai votar nesta quinta-feira o Plano Geral de Metas de Competição (PGMC), que, na opinião do ministro das comunicações Paulo Bernardo, vai ‘acirrar a competição’ no setor. Ele explicou que a votação será para consulta pública e que possivelmente o PGMC deverá ser aprovado em dois meses”. [...]
>
> – ‘Haverá regras. Se aqui você é a empresa forte, tem a rede, tem que dar a passagem pela rede para os pequenos provedores que queiram. O objetivo é evitar que uma empresa sufoque outra. E, além disso, vai acirrar a concorrência entre as empresas’ – afirmou.
>
> Ele falou ainda sobre o uso da ‘última milha’ (que chega na porta do usuário), que, se estiver ociosa, a empresa será obrigada a ceder para outro grupo.
>
> – ‘Fazer a cessão para que outras empresas utilizem é uma forma de usar de forma racional a infraestrutura, para não ter que fazer todo mundo fazer uma rede no Brasil inteiro até pelas dimensões – concluiu”[4] (grifo nosso).

Em relação aos investimentos no mercado de telecomunicações, o Ministro observou:

---

2. Haveria ainda, segundo o mesmo quadro apresentado pela ANATEL, 27 milhões de habitantes aos quais devem ser destinadas “políticas públicas para adoção dos serviços”; a esses últimos somam-se 1 milhão de residentes nas áreas rurais (ANATEL, *Audiência pública sobre proposta de Plano Geral de Metas de Competição (PGMC)*, de 5 de setembro de 2011. Consulta Pública 41, de 25 de julho de 2011).
3. Entrevista concedida a Karla Mendes, Empresas têm obrigação de prover Internet popular, *O Estado de S. Paulo*, 03 jan. 2011, p. A7.
4. Entrevista concedida a Monica Tavares, Paulo Bernardo diz que PGMC vai acirrar competição no setor de telecomunicações, *O Globo*, 28 set. 2011.

"Logo depois que o setor foi privatizado, chegou a ter R$ 24 bilhões de investimentos por ano, em 2001. Nos últimos quatro anos, no entanto, a média não chegou a R$ 17 bilhões por ano. A nossa avaliação é que isso é absolutamente insuficiente. Estamos fazendo cobranças duras às empresas para que elas façam investimento', disse".[5]

O propósito do governo federal enunciado pelo Ministro das Comunicações consiste em: a) forçar investimentos privados no mercado de telecomunicações para ampliar a oferta dos serviços de telecomunicações ao universo de 128 milhões de usuários das classes C, D e E, identificado no texto da apresentação feita pela ANATEL em Audiência Pública; b) obrigar aos titulares de infraestrutura de serviços de telecomunicações a compartilhá-las; c) acirrar a competição entre os prestadores de serviços de telecomunicações.

O Plano Geral de Metas de Competição é o instrumento normativo elaborado, e a ser executado, pela ANATEL para dar curso ao propósito do governo federal.

2. O Plano Geral de Metas de Competição

O art. 1.º do PGMC, ao fixar o seu objetivo em "incentivar e promover a livre, ampla e justa competição no setor de telecomunicações", sugere que a oferta desses serviços tem sido insuficiente a atender a demanda dos 128 milhões de integrantes das classes C, D e E. Essa ordem de consideração – igualmente expressa pelo Ministro das Comunicações à imprensa – não se baseia em estudo divulgado pela ANATEL. Já os números relativos ao mercado de telecomunicações, citados pela imprensa, mostram uma forte expansão da oferta desses serviços a partir da vigência da Lei Geral de Telecomunicações (de 1997), a qual prescreveu o regime de livre concorrência para os mercados de telefonia móvel, banda larga e televisão por assinatura, excetuada desse regime apenas a telefonia fixa, cuja expansão da oferta foi todavia efetuada, conforme estipulado no respectivo contrato de concessão.[6]

5. Thais Leitão, Paulo Bernardo cobra investimentos de empresas em Telecom, *Exame*, 28 set. 2011.

6. "O Brasil dispõe hoje de 352 milhões de acessos dos serviços que integram as chamadas tecnologias da informação e de telecomunicação (TIC), assim distribuídos: 223 milhões de celulares em serviço, 42 milhões de telefones fixos, 75 milhões internautas e 12 milhões de domicílios conectados com a TV por assinatura. Em 1998, o país tinha pouco mais de 14 acessos telefônicos por 100 habitantes. Hoje, contabiliza 140. Uma densidade 10 vezes maior. [...] O total investido nesse período foi de R$ 235 bilhões, segundo a Associação Brasileira de Telecomunicações (Tele Brasil). Dos 223 milhões de aparelhos em serviço, mais de 30 milhões são celulares de ter-

A ANATEL não divulgou estudo – porventura elaborado – a demonstrar a baixa dinâmica concorrencial nos mercados de telecomunicações que justifique a sua afirmação (e a do Ministro das Comunicações) de ser necessário impor as medidas assimétricas que sugere no PGMC para acirrar a competição, a seu ver insuficiente.

Diz o art. 1.º do PGMC:

> "O presente PGMC tem o objetivo de incentivar e promover a livre, ampla e justa competição no setor de telecomunicações por meio da identificação de mercados relevantes, onde o risco de exercício de poder de mercado, por parte de grupos com poder de mercado significativo, exige adoção de medidas regulatórias assimétricas" .

A leitura desse art. 1.º do PGMC mostra que a ANATEL o formulou a partir, exclusivamente, de um entendimento aprioristicamente determinado, a saber: a pretendida ampliação da oferta de serviços de telecomunicações às classes C, D e E só será alcançada se forem impostas medidas assimétricas às empresas detentoras de PMS (poder de mercado significativo).

3. Conceitos e formulações do PGMC

Os principais conceitos e formulações versados pela ANATEL no citado art. 1.º não atendem ao objetivo visado pelo PGMC – antes o contradizem.

3.1 Metas de competição e decisão de investir

A fixação de metas de competição por meio de um plano, o PGMC, confronta os dispositivos legais dispostos na LGT e na Lei 8.884/1994. Adiante, voltaremos a esse ponto. Pelo momento, importa registrar a invencível antinomia expressa na denominação do PGMC.

Meta é "o sinal, que se punha, no fim de uma carreira onde os cavalos corriam desde as balizas até as metas, e ganhava o que chegava primeiro; o que sucedia nos corsos, ou carreiras dos coliseus".[7]

---

ceiras geração (3G). E a internet, por seu turno, já dispõe de 41 milhões de acessos em banda larga, incluindo 58 mil escolas já integradas à *web* em alta velocidade. Outro segmento que tem crescido em ritmo extraordinário é o da TV por assinatura. Mesmo antes da aprovação do PLC 116 pelo Senado, em agosto último, esse segmento já vinha crescendo a uma média anual de 27%, devendo alcançar neste mês 12 milhões de domicílios. Apenas nos oito primeiros meses de 2011, mais de 1,8 milhões de novos assinantes ingressaram no serviço" (Ethevaldo Siqueira, Em 13 anos, 352 milhões de acessos, *O Estado de S. Paulo*, 12 set. 2011, p. H8).

7. Moraes e Silva, *Diccionario da lingua portugueza*, 7. ed., Lisboa, Typographia Lacerdina, 1878, t. II, p. 304.

São diversas as situações do mercado concorrencial, todas elas, porém, ditadas pela livre disputa (isto é, nela reprimidas as condutas abusivas) entre os agentes econômicos.

Livremente ofertam os agentes econômicos atuantes nos mercados de bens e serviços, condicionados pela ação (não abusiva) de seus concorrentes, e dos consumidores à medida que estes lhes procuram os bens e serviços ofertados. A liberdade é de escolha, tanto do ofertante quanto do consumidor, aquele decidindo como competir, como reagir à ação dos seus competidores, cujo objetivo é igual ao seu, ou seja, merecer a preferência do consumidor; este escolhendo o bem ou serviço a contratar, segundo critérios de sua eleição. O volume da oferta, assim como a qualidade e o preço do bem ou serviço atendem aos parâmetros determinados pela dinâmica concorrencial do mercado, que mira, em situação de concorrência, o consumidor.

Portanto, a única meta possível em um mercado competitivo será aquela fixada a si mesmo pelo ofertante: conquistar a preferência do consumidor.[8]

A livre concorrência conhece as restrições do próprio mercado e a preceituação que a Lei a ela impõe, para guardá-la. Mesmo a liberdade de ação do agente que ostenta posição de domínio no mercado, embora mais larga do que a dos demais figurantes, não é absoluta, pois esta atenderá sempre à reação do consumidor.

Não prescreve o PGMC medidas corretivas a práticas comerciais, as quais, mesmo não sendo abusivas, ao não atenderem pela melhor forma o interesse do consumidor e da concorrência, fazem objeto da ação interventiva da Agência, prescrita em Lei. O PGMC, ao contrário, prescreve medidas interventivas radicais, visando à ampliação da oferta às classes C, D e E, propósito o qual, registre-se, não se acha fixado em norma legal própria, nem exibe o lastro de um estudo prévio do mercado de telecomunicações a justificar a sua consideração.

Operar-se-á, com as regras estipuladas no PGMC, a transposição forçada do poder de decisão, próprio dos prestadores de serviços, para a ANATEL: esta decide discricionariamente, por meio de norma infralegal por ela editada, investimentos a serem feitos por aqueles prestadores. Estes, de competidores passam a executores de regras fixadas pelo órgão regulador e cujo resultado, se alcançado, não decorrerá do livre jogo das forças competitivas.

8. "Competition is a rivalry between individuals (or groups or nations), and it arises whenever two or more parties strive for something that all cannot obtain" (J. George Stigler, Competition, in: Eatwell; Milgate; Newman (ed.). *The New Palgrave Dictionary of Economics*, London, The Macmillan Press, p. 531).

Metas de competição fixadas no PGMC de competição não são. As medidas assimétricas – como adiante se verá – ditam às empresas investimentos a serem feitos por elas. Sobrepor metas ao mercado concorrencial, regido por Lei, é dirigir-lhe as ações, retirando a iniciativa dos agentes econômicos que, medindo os riscos a enfrentar, nele atuam investindo recursos e meios que os habilitam à disputa.

3.2 Incentivar e promover a livre, ampla e justa competição no setor de telecomunicações

Inicialmente, distinga-se: concorrência é o regime no qual, em um mesmo tempo e local, diferentes agentes econômicos ofertam bens ou serviços a consumidores que os procuram; competição é o ato da disputa efetiva, na qual um agente econômico busca avantajar-se ao outro.

O regime legal da concorrência funda-se na prevenção e repressão ao abuso do poder econômico. Promovê-la é, portanto, executar as medidas preventivas e repressivas a esse fim estipuladas na Lei de Defesa da Concorrência. Mas em determinados mercados regulados, cuja estrutura é ordinariamente refratária à afirmação da concorrência, a promoção da concorrência ganha contornos específicos.

Por exemplo: preceituou o legislador uma maior intervenção do órgão regulador no mercado de telefonia fixa, advertido ser este estruturalmente resistente à concorrência. E exigiu ao prestador daquele serviço o cumprimento de obrigações estipuladas em contrato de concessão. A LGT inscreveu a prestação desse serviço no regime que denominou público. E chamou privado o regime a viger para os mercados de telefonia móvel, Internet e televisão por assinatura, que não são estruturalmente refratários à concorrência e, portanto, não demandam a intervenção regulatória voltada à promoção da concorrência. A LGT outorgou à ANATEL competência para prevenir e reprimir o abuso do poder econômico em sua jurisdição, ressalvando ao CADE, nos termos da sua competência precípua, decidir sobre a integração de empresas e o cometimento de práticas abusivas.

A promoção da concorrência pela ANATEL se dá, portanto, por meio da aplicação da LGT, observados os distintos regimes públicos e privado fixados nesta última.

A própria ANATEL assim entende e vê configurada a sua atuação:

> "II.5 Propiciar competição e garantir a liberdade de escolha dos usuários.
>
> Este princípio constitui um dos pilares para o fortalecimento do setor de telecomunicações, que deve se sustentar no exercício das atividades econômicas no regime privado em harmonia com o regime público e

propiciar condições à prática da mínima intervenção, podendo as atividades da Agência Reguladora se concentrarem na criação e na manutenção da ordem econômica e na defesa dos interesses dos usuários consumidores de telecomunicações. A abertura do mercado de telecomunicações à competição, seja baseada na prestação de serviços exclusivamente no regime público, seja exclusivamente no regime privado ou concomitantemente nos dois regimes, permitiu que o Estado, ao se retirar da prestação direta de atividades econômicas, se concentrasse nas funções de Agente Regulador e zelasse pelo bom funcionamento do mercado, protegendo os interesses dos usuários de serviços de telecomunicações. A atuação da ANATEL na disciplina das relações econômicas no setor de telecomunicações e na defesa da livre concorrência tem permitido a ampliação da liberdade de escolha dos usuários".[9]

3.3 *Risco de exercício de poder de mercado*

Todo agente atuante em um mercado de bens ou serviços exerce poder – isto é, versa os meios legítimos à sua disposição os quais a habilitam a cumprir a sua atividade. O uso desses meios, materiais e imateriais, consiste no poder de mercado por ele detido, do poder a ele identificado e por ele manejado. O uso, o exercício do poder de mercado é ínsito à atividade econômica. A reprimir, todavia, o abuso do poder de mercado, o seu uso perverso, em detrimento da ordem concorrencial.

Não há como descartar o exercício do poder de mercado da atividade em mercado.

O jargão econômico assimila a expressão exercício do poder econômico a exercício abusivo do poder econômico. Se no PGMC a expressão é tomada no sentido elíptico dela, exercício de poder de mercado em lugar de exercício abusivo de poder de mercado, ainda assim a sua aplicação é ali equivocadamente considerada, pois não coíbe a Lei o risco do exercício abusivo do poder econômico, senão a conduta que o tenha por objeto. O fato de um agente deter poder de mercado em índice expressivamente superior aos demais, situando-se em posição de domínio do mercado, não o põe no limiar de conduta infrativa, a ponto de serem deflagradas liminarmente medidas interventivas por parte da autoridade de defesa da concorrência ou de órgão regulador, aos quais, diga-se, a tanto faltaria competência. A fiscalização ordinária e ativa por parte desses órgãos é capaz de identificar, com razoável presteza, condutas abusivas e as reprimir.

9. Anatel, *Plano Geral de Atualização da Regulamentação das Telecomunicações no Brasil - PGR*. Anexo à Resolução Anatel 516, de 30 de outubro de 2008.

Fosse o órgão regulador agir para eliminar o risco do exercício do poder de mercado, todos os agentes detentores desse poder em maior índice seriam destinatários imediatos de medidas interventivas. Ou seja, vítimas de seu próprio êxito competitivo, convertidos em antítese do regime competitivo.[10]

3.4 Poder de mercado significativo

A noção de risco de exercício de poder de mercado expressa no PGMC está associada aos grupos com poder de mercado significativo nele identificados. Tais grupos representariam, em si, risco do exercício de poder de mercado em razão de deterem tal poder.

Atuam nos diferentes mercados relevantes de bens e serviços agentes econômicos singulares – empresas. Cada qual consiste em um centro de poder econômico de mercado, e a mensuração desse poder é assim referida a cada uma delas.

Grupo de empresas é a reunião de empresas sob um mesmo controle acionário ou comando político. Mas essa vinculação não unifica, soma ou agrega o poder de mercado detido por cada uma das empresas integrantes de um mesmo grupo e atuantes em mercados distintos. Grupo de empresas tem porte econômico, e não poder de mercado, este detido individualmente pelas empresas que o integram. O ganho de escopo que um grupo de empresas possa contabilizar não se traduz em poder de mercado a fluir às empresas que o integram, assim como, em direção oposta, o poder de mercado detido por cada uma das empresas integrantes do grupo não acorre ao seu controlador.

Poder de mercado significativo é uma variação da expressão europeia domínio de mercado, a sua vez uma variação da expressão norte-americana poder monopólico. Esta surgiu primeiro, na lei inaugural de defesa da concorrência editada nos Estados Unidos ao final do século XIX. Atendeu o legislador à realidade de alguns mercados naquele país, onde uma única empresa atuava solitariamente e abusava do seu poder econômico para nele barrar a entrada de competidor.

A experiência alargou o sentido da expressão para denotar poder incontrastado de mercado, que o seu titular exerce ignorando a reação de outro competidor. Esse sentido amplo que veio a ser atribuído à expressão poder

---

10. Nesse sentido, Miguel Reale: "Todo abuso de poder econômico redunda, no mais das vezes, em desvio do poder econômico, pois *o poder econômico, em si mesmo, não é ilícito, enquanto instrumento normal ou natural de produção e circulação de riquezas* numa sociedade, como a nossa regida por normas constitucionais que consagram a 'liberdade de iniciativa...'" (*Questões de direito*, São Paulo, Sugestões Literárias, 1981, p. 39 – grifo nosso).

monopólico acha-se mais preciso na fórmula adotada pela União Europeia, domínio de mercado, por sugestão da legislação alemã do século passado. Dominar mercado é dele se fazer senhor, agindo conforme dita o interesse do dominador, cuja posição lhe permite agir indiferente à reação dos demais competidores.

A independência ao agir distingue o domínio do mercado. A doutrina econômica diz haver poder de mercado em índice a dominá-lo quando seu detentor é capaz de aumentar o preço de seu produto ou serviço, restringindo-lhe a oferta. Essa definição especializa a definição jurídica, compondo a figura do domínio do mercado.[11]

O poder de mercado pode ser conquistado lisamente, como paga à eficiência do competidor em haver a preferência do consumidor sobre os demais. Ou advir da integração de empresas, aprovada pelo órgão de defesa da concorrência que não viu nos efeitos irradiados desse negócio jurídico restrição à concorrência, nem a criação de posição de domínio do mercado no qual o negócio teve lugar. E pode ainda ser legado por meio da privatização de monopólio estatal, como se deu no caso da telefonia fixa. Nenhuma dessas situações consiste, em si, em risco de exercício abusivo de poder de mercado.

Índice elevado de poder de mercado atrai o escrutínio permanente do órgão de defesa da concorrência, pois tal poder em tese habilita o seu titular a dele abusar. Mas não o qualifica liminarmente como infrator, pois a sua conduta nessa situação não é necessariamente abusiva. Pode ele fixar o preço de seu produto ou serviço independentemente da reação de seus concorrentes, mas, ainda assim, não ser a sua conduta abusiva.

Sobretudo em mercados onde o desenvolvimento tecnológico é acelerado, tal o de telecomunicações, a mensuração de poder de mercado – de poder de mercado significativo – deve ser feita a partir da sua contestabilidade, ou seja, da possibilidade de o seu detentor mantê-la inalterada em disputa lisa com seus concorrentes. Não basta uma empresa deter poder de mercado em índice consideravelmente superior aos seus concorrentes para afirmar-se do-

11. "The economic concept of market power lies at the centre of the economic assessment of competition. Market power is defined as the ability of a firm or group of firms to raise price, through the restriction of output, above the level that would prevail under competitive conditions and thereby to enjoy increased profits from de action" (Simon Bishop e Mike Walker, *Economics of E.C. competition law*, London, Sweet & Maxwell, 1999, p. 27).

minar ela o mercado: é necessário verificar a solidez dessa posição, se é ela capaz de perdurar no tempo e assim esterilizar a concorrência.[12]

A noção de poder de mercado significativo refere à soma – o índice – de poder detido por um dos figurantes em um dado mercado. Mas a fração do mercado não é um índice apenas quantitativo: é também qualitativo.[13] A mensuração do poder de mercado – qualquer a expressão a designá-lo – poder monopólico, domínio de mercado, PMS –, não se resume ao apontamento de fração de mercado calculada tomando-se em conta volume de venda ou de faturamento do agente em seu mercado relevante, mas deve considerar outros fatores, próprios do mercado, influentes na formação de uma posição dominante, ou de poder de mercado significativo.

Esses outros fatores qualificam o poder de mercado – conferem-lhe uma posição de domínio, dão-lhe significado. Isto é, informam, em sua extensão, os efeitos do exercício desse poder – note-se, contudo, que não necessariamente abusivo sobre a dinâmica concorrencial. Exibem esses fatores características distintas, que determinam o peso da sua influência na mensuração do efetivo poder de mercado. Assim, esses fatores, ao serem arrolados, para identificá-lo não devem ser eles meramente justapostos uns aos outros, mas ter a sua aplicação ponderada. Do manejo preciso desses fatores dependerá a acuidade da mensuração do poder de mercado.

O critério formulado pela ANATEL para medir poder de mercado significativo no setor de telecomunicações alinha diferentes fatores indispensáveis a esse fim; mas não os ordena segundo os pesos distintos que eles entre si guardam.

---

12. Assim a autoridade europeia: "An undertaking with a large market share may be presumed to have SMP, that is, to be in a dominant position, if its market share has remained stable over time. [...] On the order hand, fluctuating market shares over time may be indicative of a lack of market power in the relevant market" (Commission guidelines on market analysis and the assessment of significant market power under the Community regulatory framework for electronic communications networks and services (2002/c 165/03), *Official Journal of the European Communities*, 11.07.2002, p. C 165/15).

13. "It is important to stress that the existence of a dominant position cannot be established on the sole basis of large market shares. As mentioned above, the existence of high market shares simply means that the operator concerned might be in a dominant position" (Commission guidelines on market analysis and the assessment of significant market power under the Community regulatory framework for electronic communications networks and services (2002/c 165/03), *Official Journal of the European Communities*. 11.07.2002, p. C 165/16).

A fórmula para apuração de PMS inscrita no PGMC não segue os critérios afirmados pelas autoridades de defesa da concorrência - a brasileira em especial - quer em sua concepção quer em sua aplicação.

Como acima observado, o PGMC tem por destinatário das medidas assimétricas grupos de prestadoras de serviços de telecomunicações. Ao referir grupos, e não empresas isoladamente, o PGMC considera o porte econômico e não o poder de mercado significativo das empresas que integram tais grupos. Ou seja, equivocadamente a ANATEL relaciona poder de mercado a grupos econômicos e não às empresas, estas sim detentoras de poder de mercado que os integram. Relacionar PMS a grupos econômicos é uma clara distorção da finalidade em se mensurar poder de mercado.

Os grupos, aos quais o selo de PMS é pespegado, são tidos como os dotados de habilitação financeira para cumprir as medidas assimétricas fixadas no PGMC.

Demais empresas, ou mesmo grupos não identificados deter PMS, são considerados no PGMC "grupos sem PMS", ou seja, o PGMC divide o setor de telecomunicações entre dois tipos de grupos: os de maior porte econômico e os, que identifica (imprecisamente) deter PMS; e os de menor porte econômico chama-os de "sem PMS". Aqueles, fortes, deverão cumprir as medidas assimétricas prescritas no PGMC; estes, fracos, fortalecidos, porém, pela intervenção da Agência, serão os beneficiários da execução dessas medidas.

Nesse contexto, aplicação do critério de PMS feita no PGMC, sobre ser imprecisa, mostra-se desnecessária, pois a identificação pelo porte econômico de grupos a reunir prestadoras de serviços de telecomunicações não requer análise: é fato notório.

Quisera a ANATEL, efetivamente, medir poder de mercado, teria seguido a fórmula adotada pela Secretaria de Acompanhamento Econômico, do Ministério da Fazenda, para análise de poder de mercado, constante da portaria conjunta expedida por essa Secretaria e pela Secretaria de Direito Econômico, do Ministério da Justiça, vigente há dez anos e aceita pelo CADE, com base na experiência norte-americana e europeia, e não criado o conceito de PMS pela forma que o inscreveu no PGMC.[14]

Uma vez mais, aprioristicamente, decidiu a Anatel quais empresas deverão executar medidas assimétricas (também aprioristicamente formuladas) fixadas no PGMC.

---

14. Cf. Guia para análise econômica de atos de concentração. Portaria Conjunta SEAE/SDE 50/2001.

3.5 *Medidas assimétricas*

3.5.1 *Pressupostos*

Medidas assimétricas são aquelas que não seguem o metro comum: são, portanto, medidas extraordinárias, a atender situações extraordinárias de mercado nas quais, provadamente, inexiste dinâmica concorrencial.[15]

Nos mercados regulados, as normas especiais que o disciplinam somam-se às de defesa da concorrência que também nele incidem, e essas normas devem ser executadas diligentemente pelas autoridades competentes.

Na Europa, diferentes países, com reduzida base territorial (em comparação ao Brasil), uma vez privatizadas suas empresas de telecomunicações, algumas delas remanesceram com expressiva participação de mercado, sem que se desenvolvesse uma concorrência capaz de contestá-las, especialmente por meio de novos entrantes. O regulador europeu, que entre outros objetivos tem o de integrar o mercado de telecomunicações no âmbito dos países-membros da União Europeia, viu-se na contingência extrema de intervir para vencer esse estado de imobilidade do mercado de telecomunicações, que lhe prostrava a dinâmica concorrencial, devido, sobretudo, ao não ingresso de novos competidores.[16]

A identificação desse estado de paralisia não se deu, contudo, a partir de uma impressão veiculada por agente político à imprensa, ou conforme a opinião manifestada pela autoridade reguladora. A autoridade reguladora europeia de telecomunicações, ao contrário, empreendeu consciencioso estudo

15. No mercado brasileiro de telecomunicações o legislador identificou essa situação no segmento de telefonia fixa, inscrito no regime público. Como observa Paulo Mattos: "Dessa forma, a única exceção ao princípio da livre-iniciativa na oferta de serviços de telecomunicações reside na previsão de adoção de regime jurídico assimétrico para determinada modalidade de serviço, no caso o STFC na forma de concessão" (O marco regulatório do setor de telecomunicações no Brasil e as condições de legalidade da regulação assimétrica de serviços com fundamento na aplicação do conceito de poder de mercado significativo, *Revista do Direito Público da Economia – RDPE*, Belo Horizonte, Fórum, ano 6, n. 22, 2011, p. 211).
16. "The SMP [PMS, em português] concept was recognition that liberation and harmonization of the telecommunications sector did not simply mean the removal of barriers to market entry and the establishment of a level playing Field between participants. The legacy of national incumbents and the particular nature of the sector as a 'network' industry required a more interventionist stance, tipping the playing field by imposing asymmetric regulatory obligations upon incumbents to positively assist new entrants". (Ian Walden e John Angel, *Telecommunications law and regulation*, 2. ed., New York, Oxford, 2005, p. 129).

da evolução do mercado desde a sua privatização para identificar as causas que o levaram à situação cuja intervenção extraordinária surgia como inevitável. Nesse estudo foram avaliadas as medidas regulatórias e de defesa da concorrência até então executadas pelas autoridades competentes, em ordem a esclarecer a razão da insuficiência de seus efeitos.[17]

A seguir, a autoridade reguladora europeia demonstrou, de forma cabal, que o mercado em questão – e foram devidamente identificados os mercados relevantes a serem analisados – achou-se, ao longo de um largo período de tempo, inerme às medidas regulatórias e concorrenciais tomadas – estas transparentemente inventariadas –, sem apresentar a vivacidade concorrencial desejada.

A análise empreendida considerou cada mercado relevante identificado; o inteiro teor da análise foi amplamente divulgado, e solicitado às empresas que o comentassem, sendo a elas concedido prazo suficiente à elaboração de uma crítica exaustiva.[18]

17. "National regulatory authorities need to gather information from market players in order to carry out their tasks effectively. Such information may also need to be gathered on behalf of the Commission, to allow it to fulfill its obligations under Community law. Requests for information should be proportionate and not impose an undue burden on undertakings. Information gathered by national regulatory authorities should be publicly available, except in so far as it is confidential in accordance whit national rules on public access to information and subject to Community and national law on business confidentiality" (Directive 2002/21/EC of the European Parliament and of the Council of 7 march 2002, *Official Journal of the European Communities*, 24.04.2002, p. L108/34).

O mesmo padrão de análise foi seguido pelo órgão regulador inglês: "Oftel already carried out market reviews as part of its long-term strategy focusing on effective competition as the best means to deliver a good deal to consumers. Market reviews under the EC Directives will involve some changes to how Oftel evaluates competition. These guidelines outline the criteria that Oftel will use in market reviews to assess whether there is effective competition. The assessment involves many factors, and the analysis is more sophisticated than a simple checklist of criteria. This document therefore provides further guidance on how the criteria will be applied" (Issued by the Director General of Telecommunications. *Oftel's market review guidelines: criteria for the assessment of significant market power.* 05.08.2002, p. 3).

18. Assim também o regulador inglês: "This document has been published as a statement *in order to give early visibility of the basis on which Oftel's review teams are now conducting their work.* Further, as most of the criteria to assess dominance derive from the EC Guidelines, of which Oftel must take utmost account, the added value from consultation may be limited. Finally, individual market reviews

Nesse processo, a autoridade europeia identificou as empresas detentoras de PMS, este apurado por um critério elaborado conforme os conceitos próprios da experiência de defesa da concorrência, e submetido esse critério à crítica prévia dos figurantes dos mercados em questão.

Por fim, a autoridade europeia formulou as medidas assimétricas as quais considerou necessárias à ativação da concorrência nos mercados em que provadamente verificou inexistir esta em índice mínimo a assegurar a finalidade que esse regime visa.

Ao formular essas medidas assimétricas – igualmente divulgadas previamente – considerou a autoridade europeia dois pressupostos inafastáveis.

O primeiro, a natureza excepcional da intervenção assim promovida no setor de telecomunicações. No regime de livre-iniciativa, que vige na União Europeia – assim como no Brasil –, a intervenção do Estado na ordem econômica, para além de reprimir e prevenir o abuso do poder econômico, tem caráter extraordinário, e portanto deve ser estritamente limitada à consecução de um objetivo previamente identificado em lei e devidamente formulado pelo aplicador da lei.[19]

O segundo pressuposto refere-se à natureza das medidas assimétricas. Elas devem ser deduzidas dos princípios regentes da livre concorrência, assim como a fórmula de apuração de PMS. Afasta-se, por essa forma, a sedução, por vezes a acometer a autoridade reguladora, de ditar normas para planejar o setor, segundo critério próprio. Não raro, esse propósito surge de um desejo legítimo e sadio por uma solução rápida gizada pelo regulador sob o fundamento, eventualmente veraz, da sua experiência.[20]

---

will have to choose appropriate criteria to assess dominance, and will publish consultation documents that will afford the opportunity to comment on the criteria in the context of each specific market" (Issued by the Director General of Telecommunications. *Oftel's market review guidelines: criteria for the assessment of significant market power*, 05.08.2002. p. 18 – grifo nosso).

19. Como observa Pontes de Miranda: "Satisfeito o requisito da essencialidade da lei, verifica-se, em cada espécie, ou em cada caso, se a regra jurídica ou a medida foi ditada pelo interesse público, bem como se não ofende a algum direito fundamental assegurado na Constituição, e.g., algum direito de personalidade ou o direito de propriedade" (*Comentários à Constituição de 1967 com a Emenda n. 1, de 1969*, Rio de Janeiro, Forense, 1987, t. VI, p. 68).

20. Nesse ponto, vale a precisa observação de Caio Tácito: "Não é lícito à autoridade servir-se de suas atribuições para satisfazer interesses pessoais, sectários ou político-partidários, *ou mesmo a outro interesse público estranho à sua competência*" (*Temas de direito público: estudos e pareceres*, Rio de Janeiro, Renovar, 1997, v. 1, p. 52 – grifo nosso).

Inexistência de concorrência remedia-se com medidas de natureza concorrencial. Essa coerência é essencial à validação de medida assimétrica não apenas no plano jurídico, pois a disciplina legal da ordem econômica refuta o planejamento estatal, mas no plano da experiência mesma, onde já se evidenciou que medidas interventivas promovidas pelo governo à margem da lei desorganizam o mercado e acabam por causar insegurança aos seus agentes e investidores, em prejuízo ao consumidor final.

3.5.2 A realidade do setor de telecomunicações

As medidas assimétricas estipuladas no PGMC não foram precedidas de estudos que verificassem o teor de concorrência registrado no setor de telecomunicações desde a sua privatização. Tampouco foram enumeradas as medidas regulatórias e as ações preventivas e repressivas do abuso do poder econômico executadas pela ANATEL, assim como examinados os efeitos de tais medidas sobre os mercados nos quais incidiram. Igualmente, não foram apresentados os fundamentos observados na formulação das medidas assimétricas previstas, nem descritos pela ANATEL os efeitos delas esperados.

Ao contrário do que ocorreu na União Europeia, a ANATEL não elaborou o PGMC sobre um estudo debatido em público, relativo à realidade concorrencial dos mercados de telecomunicações. Não se sabe, portanto, qual a realidade desses mercados que a ANATEL tomou em conta ao formular o PGMC, sendo certo, porém, que órgão da administração pública deve considerar a realidade "qual ela é" e não a que lhe pareça certa ou corrobore o entendimento que porventura tenha sobre a matéria que faz o objeto de sua ação.[21]

3.5.3 A metodologia das medidas assimétricas

No texto citado apresentado na Audiência Pública, a ANATEL enumerou as medidas assimétricas que pretende impor às operadoras de telecomunicações e a "Metodologia para Aplicação das Medidas Assimétricas".[22]

21. Como ensina a doutrina italiana: "Ora ben può dirsi che un organo amministrativo è sviato dall'*iter* mentale che per legge deve seguire prima di decidere discrezionalmente sull'uso di un suo potere quando c'è addirittura un difetto di partenza: un difetto di esattezza nel quadro della situazione su cui si tratta prima di decidere e poi intervenire. Perciò non a torto la giurisprudenza del Consiglio di Stato inquadra nella categoria dell' 'eccesso di potere' anche il cosiddetto 'travisamento dei fatti'. Può accadere, invero, che la scelta che l'organo viene a fare sia corretta rispetto alla realtà come esso se la rappresenta e la rappresenta, ma sia scorretta, e presumibilmente dannosa, rispetto alla realtà quale è" (Giuseppe Ignazio Luzzatto, Eccesso di potere, *Enciclopedia del Diritto*, Milano, Giuffrè, v. XIV, p. 129).
22. Audiência pública... cit., p. 12.

A metodologia, diz o citado texto, "consiste na imposição (sic) de medidas regulatórias assimétricas para Grupos detentores de PMS, com o objetivo de minimizar efeitos negativos do risco de exercício de Poder de Mercado sobre o ambiente competitivo". Os supostos efeitos negativos não são apresentados, mas, ainda assim, são formulados "basicamente 2 tipos de remédios: estruturantes e pontuais".

Nas palavras da ANATEL, a metodologia à base das "medidas assimétricas" consiste na imposição delas.

3.5.3.1 Finalidade e efeitos das medidas assimétricas

As medidas assimétricas estipuladas no PGMC determinam investimentos a serem feitos por grupos de empresas, bem como o compartilhamento de infraestrutura por elas detidas, segundo preços e condições fixados pela ANATEL. Essas as principais características das medidas a serem – como está no texto do PGMC – impostas pela ANATEL. Não se trata, portanto, de "condicionantes administrativas" autorizadas à ANATEL estabelecer e, muito menos, de medidas que observam "a exigência de mínima intervenção na vida privada", limite legal ao qual está obrigada a ANATEL a cumprir, nos termos do art. 128 da LGT.[23]

Note-se, a propósito, que, nos termos do art. 80 da LGT,[24] que disciplina o regime público, as metas periódicas ali previstas deverão constar de "plano

23. Art. 128 da Lei Geral de Telecomunicações: "Ao impor condicionamentos administrativos ao direito de exploração das diversas modalidades de serviço no regime privado, sejam eles limites, encargos ou sujeições, a Agência observará a exigência de mínima intervenção na vida privada, assegurando que: I – a liberdade será a regra, constituindo exceção as proibições, restrições e interferências do Poder Público; II – nenhuma autorização será negada, salvo por motivo relevante; III – os condicionamentos deverão ter vínculos, tanto de necessidade como de adequação, com finalidades públicas específicas e relevantes; IV – o proveito coletivo gerado pelo condicionamento deverá ser proporcional à privação que ele impuser; V – haverá relação de equilíbrio entre os deveres impostos às prestadoras e os direitos a elas reconhecidos".

24. Art. 80 da Lei Geral de Telecomunicações: "As obrigações de universalização serão objeto de metas periódicas, conforme plano específico elaborado pela Agência e aprovado pelo Poder Executivo, que deverá referir-se, entre outros aspectos, à disponibilidade de instalações de uso coletivo ou individual, ao atendimento de deficientes físicos, de instituições de caráter público ou social, bem como de áreas rurais ou de urbanização precária e de regiões remotas. § 1.º O plano detalhará as fontes de financiamento das obrigações de universalização, que serão neutras em relação à competição, no mercado nacional, entre prestadoras.§ 2.º Os recursos

específico elaborado pela Agência e aprovado pelo poder executivo". Note-se, ainda, que tal plano deverá detalhar "as fontes de financiamentos das obrigações" nele propostas.

A imposição de medidas assimétricas indiscutivelmente frustra o regime legal de "serviços prestados em regime privado" e aqueles prestados no "regime público", conforme previstos na LGT.

3.5.3.2 Entidades

A criação de "entidades", tal como prevista no PGMC, não acha fundamento na LGT.[25] Não pode a ANATEL delegar a terceiros a solução de conflitos surgidos entre prestadores de serviços, em especial em razão de obrigações àqueles impostas por regra expedida pela própria ANATEL. A função regulatória é atribuída à ANATEL pela LGT; não pode a ANATEL, por ato de seu conselho diretor, delegar essa sua função essencial a órgão que ela constitua por força de ato normativo que expeça.

A obrigação de divulgar oferta "de produtos de atacado" a "entidades supervisoras" não é admissível por essa forma e para o fim a que se destina, pois a essa entidade caberá "proceder à avaliação prévia" da oferta, e à ANATEL homologá-la. Essa regra desloca o exame de uma oferta feita por prestadores de serviço atuantes sob regime privado a uma entidade a ela estranha e atribui à ANATEL a homologação dos termos dessa oferta. Homologar é tornar homólogo, referir a uma igualdade. A qual igualdade? Referir a qual índice de preço ou a quais condições? Fixados estes sob a autoridade de qual norma jurídica?

A oferta, no regime de livre concorrência – no regime privado da LGT –, não é suscetível de avaliação ordinária, a não ser pelos demandantes.

Por certo deve a ANATEL ordinariamente fiscalizar as condutas das empresas sob sua jurisdição, aí incluída a oferta e a procura de serviços e produ-

---

do fundo de universalização de que trata o inciso II do art. 81 não poderão ser destinados à cobertura de custos com universalização dos serviços que, nos termos do contrato de concessão, a própria prestadora deva suportar".

25. "Entidade Comparadora: entidade que compara todas as ofertas de varejo, dando maior transparência para o consumidor (ex. Decolar.com);

– Entidade Representante: congrega os Grupos sem PMS, fortalecendo-os na Entidade Supervisora os representados nas composições de conflitos;

– Entidade Supervisora de Ofertas de Atacado: centraliza o acesso às Bases de Dados dos Grupos com PMS, promove a resolução privada de conflitos, e avalia previamente as Ofertas de Referência dos Grupos com PMS" (Audiência pública... cit., p. 13).

tos, para verificar a ocorrência de eventuais abusos de poder de mercado. Mas não é competente a ANATEL para decidir sobre quais (não abusivas) políticas comerciais devem as empresas atuantes sob regime privado adotar.

Se é admissível, em certos mercados, a divulgação compulsória de preços e condições de oferta, a avaliação desta deve ser feita livremente pelo demandante, pelo consumidor. Ao órgão regulador cabe fiscalizar o mercado para verificar possíveis infrações à norma regulatória e à de defesa da concorrência. Mas não se admite, nesse passo também, a ANATEL substituir o consumidor e por ele decidir, sobre preço e condições da oferta, se esta não é feita abusivamente.

O regime privado disciplinado pela LGT exige à ANATEL a "mínima intervenção na vida privada" (art. 128). Como inscrever no âmbito desse comando a fixação de preços pela ANATEL, sob forma liminar ou não?

Não menos surpreendente a finalidade da "entidade representativa" a reunir grupos sem PMS, prevista no PGMC.

Como visto, o PGMC cria duas ordens, que torna antagônicas entre si, no mercado de telecomunicações: prestadores desses serviços detentores de PMS, de um lado; e aqueles que não o detêm, de outro lado. Aos detentores de PMS destinam-se as medidas assimétricas. E a ANATEL promoverá a concertação daqueles "sem PMS" para o fim de os "fortalecer na entidade supervisora", quando da "composição de conflitos" com os grupos detentores de PMS. Em uma palavra, a ANATEL promoverá a concertação de empresas, unificando-lhes a atuação no mercado - que a LGT determina operar sob o regime privado.

Essa regra do PGMC confronta a Lei de Defesa da Concorrência, que veda a concertação entre concorrentes. E descumpre também o inciso V do art. 127 da LGT, que disciplina o regime privado e assim obriga a ANATEL a garantir o "equilíbrio das relações entre prestador e usuários de serviços".

Claro está não ser possível haver equilíbrio "das relações entre prestador e usuário dos serviços", promovendo-se o desequilíbrio entre os prestadores de serviços de telecomunicações.

3.5.3.3 Compartilhamento de infraestrutura

A obrigação de compartilhar infraestrutura já se acha disciplinada no art. 155 da LGT, e a finalidade dessa regra é exclusiva: "desenvolver a competição". Vale dizer, só pode haver qualquer forma de compartilhamento de rede, do seu uso por terceiro que não o seu titular, se o seu compartilhamento for indispensável à promoção da concorrência.[26] Cabe à ANATEL a verificação da existência dos pressupostos objetivos a indicar a indispensabilidade do compartilhamento à promoção da concorrência. E assim em cada caso, atendendo às situações particulares de cada qual.

Na oferta obrigatória estipulada no PGMC percebe-se um mecanismo sibilino.[27] A publicidade obrigatória da oferta tem por finalidade permitir à ANATEL impor ao ofertante detentor de PMS ceder o uso de sua infraestrutura àquele grupo ou empresa "sem PMS" - mesmo se essa infraestrutura não estiver ociosa. A formulação do dispositivo permite cogitar dessa possibilidade - contrária à Lei -, embora o Ministro das Comunicações tenha ressalvado que só estaria sujeita ao compartilhamento infraestrutura ociosa (ver acima, item 1).

Analogamente, prevê o PGMC a reserva de capacidade, a ser obrigatoriamente cedida a terceiro, em infraestrutura a ser implantada. Como a hipótese anterior, não pode ser imposta essa reserva ao titular da infraestrutura, embora nada impeça terceiro de isso propor, observadas as condições ordinárias de negociação. Se o compartilhamento de infraestrutura é admitido nos termos previstos em Lei, de outro lado não pode a ANATEL impor a construção de infraestrutura ao seu titular, para cedê-la a terceiro, em condições fixadas pela ANATEL. Nessa hipótese, não cabe o pressuposto invocado no caso do compartilhamento, a saber, a promoção da concorrência.

O compartilhamento de infraestrutura previsto por Lei é a exceção; e o investimento competitivo, o objetivo ordinário da defesa da concorrência. Deslocar o regulador, arbitrariamente, o centro decisório - da empresa para si - não é promover a concorrência: é frustrá-la.

---

26. Cf. Pedro Dutra, Desagregação e compartilhamento do uso de redes de telecomunicações, *Livre concorrência e regulação de mercados*, Rio de Janeiro, Renovar, 2003. p. 167 e ss.

27. "Ofertas de Referência de Produtos de Atacado:

- Os grupos com PMS devem apresentar Ofertas de Referência dos produtos de atacado para homologação pela Superintendência responsável da Anatel.

- A Oferta deverá ser enviada pelo Grupo com PMS para avaliação prévia da Entidade Supervisora e posterior envio para homologação da Anatel.

- Enquanto não forem homologadas as Ofertas a Anatel definirá, em composição de conflitos, as condições de oferta dos produtos de Atacado.

- A Anatel irá garantir preço diferenciado para ofertas em redes novas, de forma a manter os incentivos aos investimentos em modernização e expansão das redes.

- Serão acompanhados os preços de varejo e de atacado, de forma a garantir que o preço de atacado seja menor que o de varejo" (Audiência pública... cit., p. 14).

3.5.3.4 Construção de pontos de troca de tráfego

Mas é na "obrigação de construção de ponto de troca de tráfego em cada Área de Registro em que o grupo atua" que se revela integralmente a finalidade última das medidas assimétricas, já prefiguradas nas demais regras do PGMC.[28] A saber, o sentido inequívoco de planejar e determinar coativamente as ações a serem executadas pelas empresas de telecomunicações, a distinguir as principais regras do PGMC.

Ao referir a construção de PTTs (Pontos de Troca de Tráfego), tem-se essa observação no texto do PGMC: "Essa medida irá aumentar o número de PTTs de 16 para 67, promovendo uma redução real do custo de oferta de banda larga no Brasil".

Não se conhece nenhum estudo a sustentar essa afirmativa. Fosse ela procedente, não deixaria, contudo, a sua formalização, sobretudo em regra infralegal, de afrontar a Lei e contrariar, uma vez mais, o princípio da livre concorrência.

Obrigar a uma prestadora, por maior que seja seu porte econômico, atuando no regime privado, a construir infraestrutura para cedê-la a terceiro concorrente, mesmo sob a alegação de se reduzir o custo de um determinado serviço em todo o território nacional, não é, por certo, promover a concorrência: é substituir esse regime legal, que prevê o compartilhamento de infraestrutura e cumprirá ao final o mesmo objetivo e a menor custo, pelo regime de planejamento econômico, o qual, como se sabe, é indicativo para o setor privado e obrigatório apenas para o setor público, nos termos do art. 174 da Constituição Federal.[29]

3.5.3.5 Infraestrutura e redes de transporte

Em mesma linha, tem-se a obrigação imposta a "grupos que contenham (sic) concessionárias do STFC atuando em setores de mais de uma região do PGO [Plano Geral de Outorgas]", de construir "infraestrutura e rede de transportes nas localidades sedes dos municípios das demais regiões", nas condições

---

28. "Obrigação de construção de Ponto de Troca de Tráfego (PTT) em cada Área de Registro (AR) em que o grupo atua

– Essa medida irá aumentar o número de PTT de 16 para 67, promovendo um redução real do custo de oferta de banda larga no Brasil" (Audiência pública..., cit., p. 16).

29. Art. 174 da Constituição Federal: "Como agente normativo e regulador da atividade econômica, o Estado exercerá na forma da lei, as funções de fiscalização, incentivo e planejamento, sendo este determinante para o setor público e indicativo para o setor privado".

e prazos fixados no PGMC. A esta hipótese é citado o art. 6.º do PGO, que refere "atuação obrigatória nas demais regiões, por parte de prestadora de serviços de telecomunicações pertencente ao Grupo que contenha as respectivas concessionárias, conforme dispuser o Plano Geral de Metas de Competição a ser editado pela Agência Nacional de Telecomunicações, observando o disposto no artigo 5.º".[30]

O comando contido na regra do PGO, editado por decreto do Poder Executivo e não pelo Conselho Diretor da ANATEL, é claro: atuar nas demais regiões. Atuar, no caso, é agir em cumprimento ao objeto social da empresa: executá-lo. Atua a empresa seguindo os planos que lhe orientam a atividade que exerce. No regime de livre-iniciativa e de livre concorrência é assegurado à empresa decidir a sua forma de atuar, entre aquelas admitidas em Lei. O agir, e o correr o risco da ação a empreender, são decisões da empresa, atendendo à avaliação do mercado que os seus dirigentes façam.

A finalidade da regra do PGO visa impedir que a prestadora, na hipótese versada, remanesça entrincheirada em outra, ou outras, regiões geográficas em que já atue, possibilitando à prestadora presente em diferente região nesta restar isolada, e assim não tenham os usuários alternativa na contratação de serviços.

Por conseguinte, se a destinatária da regra já atua na região onde antes não atuava, está a regra do PGO cumprida, não incidindo a regra do PGMC. E nem poderia, em qualquer hipótese, ela incidir, pois não pode a ANATEL decidir os termos da atuação a serem seguidos pela empresa operando em regime privado.

---

30. "Grupos que contenham concessionárias do STFC atuando em setores de mais de uma região do PGO

– Construção de infraestrutura e redes de transporte nas localidades sedes dos municípios das demais Regiões nas seguintes condições e prazos:

– Municípios que correspondam a 50% da população em até 3 anos

– Municípios que correspondam a 60% da população em até 5 anos.

– Municípios que correspondam a 70% da população em até 7 anos.

Novo Plano Geral de Outorgas – PGO. Art. 6.º, 1: As transferências que resultem em Grupo que contenha concessionárias em Setores de mais de uma Região definida neste Plano Geral de Outorgas implicam:

I – Atuação obrigatória nas demais Regiões, por parte de prestadora de serviços de telecomunicações pertencentes ao Grupo que contenha as respectivas concessionárias, conforme dispuser o Plano Geral de Metas de Competição a ser editado pela Agência Nacional de Telecomunicações, observando o disposto no art. 5.º" (Audiência pública... cit., p. 17).

Assim como não pode, como visto acima, a ANATEL, vigente o regime legal de livre concorrência, subtrair à empresa o seu poder – indisponível – de decidir sobre investimento a fazer, não pode também a ANATEL decidir sobre que forma deve a empresa atuar, isto é, cumprir o seu objeto social. Note-se que a atuação da empresa não se confunde com a sua conduta no mercado, esta, sim, sujeita à fiscalização da ANATEL e do CADE. Mas essa função tem o fim exclusivo de reprimir e prevenir o abuso de poder econômico de mercado. E não de dirigir atividade da empresa.

Em uma palavra, não pode a ANATEL traçar regras de planejamento da atuação de prestadoras de serviços de telecomunicações operando em regime privado, como pretende fazer por meio do PGMC.

4. Conclusão

O PGMC atende a um propósito do governo federal, como indicam manifestações do Ministro das Comunicações. A relação existente entre o propósito enunciado nessas declarações e as regras do PGMC é evidente. O PGMC articula o propósito do governo federal de forçar determinados grupos de empresas prestadoras de serviços de telecomunicações a investir e a compartilhar infraestrutura por eles detida nos termos impostos pela ANATEL, para o fim, que acredita o governo, de ampliar a oferta, que seria insuficiente, de serviços de telecomunicações às classes C, D e E.

Embora alegue a ANATEL ter o PGMC por finalidade promover a concorrência, as suas regras na verdade frustram esse regime legal nos mercados de telecomunicações. O regime de livre concorrência, inscrito na LGT e singularmente prescrito no regime privado previsto nessa lei, não admite a transferência do centro decisório de investimento da empresa a órgão da administração pública, à ANATEL.

Não tem a ANATEL competência para editar norma infralegal, como são as Resoluções de seu conselho diretor, que altere a LGT, a Lei de Defesa da Concorrência e regras constitucionais, como se dá com muitos dos dispositivos do PGMC acima apontados.[31]

31. Como já observamos: "O propósito nas normas regulamentares é desdobrar, para explicitá-la, a Lei, visando especializar a sua aplicação a situações cuja particularidade escape à norma legal; não é a norma regulamentar meio de adaptação da norma legal a uma dada situação factual ao comando jurídico já definido, com maior generalidade, na Lei. A norma regulamentar extravasora ofende à ordem jurídica; fere a vontade popular, ao converter o órgão administrativo em legislador paralelo, e deforma-lhe a função precípua de aplicador da Lei" (Pedro Dutra,

As medidas ditas assimétricas previstas no PGMC têm por destinatários grupos de empresas prestadoras de serviços de telecomunicações de maior porte econômico, atuantes nos mercados de telecomunicações. As medidas impostas – essa a expressão do PGMC – a esses grupos de empresas, inclusive a construção de infraestrutura, baseiam-se no entendimento, aprioristicamente formulado pela ANATEL, de que esses grupos, por serem capazes materialmente de executar tais medidas, devem cumpri-las.

A natureza das medidas assimétricas estipuladas no PGMC não guarda relação com a doutrina da livre concorrência, e sim com a experiência, repelida por Lei, do planejamento estatal da economia. Elas não são, portanto, medidas assimétricas, que essas só podem ter por finalidade induzir a concorrência onde ela se acha provadamente deprimida, ou inexistente,[32] e este não é o caso dos mercados de telecomunicações brasileiro, como visto acima.

As medidas assimétricas fixadas no PGMC não observam a regra da LGT de mínima intervenção na vida privada, contrariando inclusive o Plano Geral de Regulação, acima citado, onde a ANATEL exalta o regime privado vigente na quase totalidade dos mercados de telecomunicações e afirma ser a sua ação reguladora de mínima intervenção na ordem privada. Tais medidas frustram a disciplina do regime privado e mesmo do regime público prescrito na LGT, pois as suas normas, ao ditar investimento, encargos e a forma de atuação das prestadoras de telecomunicações, sobrepõem-se à regra da LGT.[33]

O PGMC encerra um conjunto de regras de planejamento que caracteriza um claro exemplo do dirigismo estatal, expressamente vedado pela Constituição Federal. As medidas impostas – essa a expressão empregada no próprio PGMC – às empresas privadas caracterizam o que a doutrina italiana com rara propriedade, ainda na década de 1920, denominou de dirigismo coa-

O poder regulamentar dos órgãos reguladores, *Livre concorrência e regulação de mercados* cit., p. 107).

32. "On all of these markets, NRAs will intervene to impose obligations on undertakings only where the markets are considered not to be effectively competitive" (Commission guidelines on market analysis and the assessment of significant market power under the Community regulatory framework for electronic communications networks and services (2002/C 165/03), *Official Journal of the European Communities*. 11.07.2002, p. C 165/8).

33. Da Carta de 1967, Pontes de Miranda já observava: "Quando a Constituição atribui à União a competência para explorar, autorizar a exploração, ou fazer concessão de exploração de serviços de telecomunicações , tem-se de pôr em relevo, inicialmente, que há diferentes espécies de serviços de telecomunicações. [...] O que é atividade econômica das empresas privadas não pode ficar a líbito da entidade estatal explorante, autorizante ou concedente" (op. cit., t. VI, p. 91 e 93).

tivo.[34] Este pode variar em grau e forma. Porém, em qualquer grau e forma que se volte ao setor privado, é ele hoje repelido pela atual Constituição Federal.[35]

O propósito da União em ampliar a oferta de serviços de telecomunicações é procedente. E por certo é do interesse das empresas ofertantes desses serviços também. Porém, não é admissível, e menos ainda necessário, que nesta altura do desenvolvimento do setor de telecomunicações no Brasil, uma agência reguladora, contando com técnicos habilitados como é a ANATEL, busque editar norma (PGMC) tão contrária aos princípios legais vigentes, para alcançar um fim a que a atividade privada acha-se habilitada e cuja ordem jurídica disciplina devidamente.

É, portanto, de se prevenir o ressurgimento de um entendimento oblíquo que veja o setor privado à disposição do setor público para este cumprir a sua finalidade pela forma que melhor entender, à margem da Lei, inclusive.[36] Nas

34. Cf. Modesto Carvalhosa, *Direito econômico*, São Paulo, Ed. RT, 1973, p. 113.

35. Miguel Reale bem analisou esta questão: "Resumidamente, podemos afirmar que a Carta Magna fixa alguns critérios inamovíveis, tais como: a) O da legalidade, uma vez que fica absolutamente excluída a interferência do Estado por mera iniciativa do Poder Executivo, sendo sempre indispensável a existência de lei prévia, exigência esta reiteradamente consagrada nos arts. 170, parágrafo único; 171, § 1.º, 172, 173, *caput* e §§ 4.º e 5.º, 174 a 175; b) O da função estatal de fiscalização, incentivo e planejamento (econômico) sendo este determinante para o setor público e indicativo para o setor privado (art. 174).

Quanto a esta ultima questão, é oportuno recordar, para fixar os limites legítimos da intervenção do Estado na órbita econômica, um fato que vale como exegese histórica da maior importância. No substitutivo do Relator, encaminhado à Comissão de Sistematização, ao se definir, no art. 195 do Anteprojeto, a intervenção do Estado na Economia, lhe haviam sido atribuídas 'funções de controle, fiscalização, incentivo e planejamento'. Pois bem, esse dispositivo, submetido ao Plenário, sofreu uma alteração substancial, com a supressão da função de controle. Donde dever-se concluir que, seja sob o ponto de vista histórico, seja à luz da exegese sistemática do texto constitucional, a intervenção do Estado do domínio econômico perdeu o caráter de generalidade – para adquirir feição de excepcionalidade, afastada a função de controle, inclusive e notadamente quanto ao controle de preços" (*Temas de direito positivo*, São Paulo, Ed. RT, p. 136).

36. Com propriedade, Egon Bockman Moreira observa: "Caso o Estado pretenda prosseguir quaisquer projetos empresariais (executando-se aqueles já previstos na Constituição), necessitará da já mencionada autorização legal, qualificada pelo atendimento a 'imperativos da segurança nacional' e/ ou a 'relevante interesse coletivo' (Constituição, artigo 173). Trata-se de exceção, pois 'pode-se inferir que a intenção do texto atualmente em vigor é claramente de *privilegiar* a atuação direta na economia desenvolvida pela empresa *privada*, como regra. [...] Então, e num

exatas palavras de San Tiago Dantas, esse cuidado é necessário para que não se reacenda (uma vez mais) "no espírito público a opinião de que a norma jurídica é de uma fragilidade que a torna inútil e de uma versatilidade que, a bem dizer, a identifica com o arbítrio do soberano".[37]

Bibliografia

ANATEL, *Audiência pública sobre proposta de Plano Geral de Metas de Competição (PGMC)*, de 5 de setembro de 2011. Consulta Pública 41, de 25 de julho de 2011.

_____. *Plano Geral de Atualização da Regulamentação das Telecomunicações no Brasil - PGR*. Anexo à Resolução Anatel 516, de 30 de outubro de 2008.

BISHOP, Simon; WALKER, Mike. *Economics of E. C. competition law*. London: Sweet & Maxwell, 1999.

CARVALHOSA, Modesto. *Direito econômico*. São Paulo: Ed. RT, 1973.

DANTAS, San Tiago. *Palavras de um professor*. 2. ed. Rio de Janeiro: Forense, 2001.

DIRECTOR GENERAL OF TELECOMMUNICATIONS. *Oftel's market review guidelines: criteria for the assessment of significant market power*. 05.08.2002.

DUTRA, Pedro. *Livre concorrência e regulação de mercados*. Rio de Janeiro: Renovar, 2003.

LEITÃO, Thais. Paulo Bernardo cobra investimentos de empresas em Telecom. *Exame*, 28 set. 2011.

LUZZATTO, Giuseppe Ignazio. Eccesso di potere. *Enciclopedia del Diritto*. Milano: Giuffrè. v. XIV.

MATTOS, Paulo Todescan Lessa. O marco regulatório do setor de telecomunicações no Brasil e as condições de legalidade da regulação assimétrica de serviços com fundamento na aplicação do conceito de poder de mercado significativo. *Revista de Direito Público da Economia - RDPE*, Belo Horizonte, Fórum, ano 6, n. 22, 2011.

---

sentido amplo, aqui também existe uma barreira de entrada: o Poder Público necessita de autorização normativa, específica e circunstanciada, para que possa exercer aquela atividade econômica própria do setor privado" (Egon Bockmann Moreira. *Direito das concessões de serviço público*, Curitiba, Edição do Autor. Artes & Textos, 2010, p. 70).

37. Discurso proferido em 30 de agosto de 1940, ao tomar posse da cadeira de Direito Civil na Faculdade Nacional de Direito da Universidade do Brasil (*Palavras de um professor*, 2. ed., Rio de Janeiro, Forense, 2001, p. 2).

MENDES, Karla. Empresas têm obrigação de prover Internet popular. *O Estado de S.Paulo*. 03 jan. 2011.

MOREIRA, Egon Bockmann. *Direito das concessões de serviço público*. Curitiba: Edição do Autor. Artes & Textos, 2010.

OFFICIAL JOURNAL OF THE EUROPEAN COMMUNITIES. 11.07.2002.

PONTES DE MIRANDA. *Comentários à Constituição de 1967 com a Emenda n. 1 de 1969*. Rio de Janeiro: Forense, 1987. t. VI.

REALE, Miguel. *Questões de direito*. São Paulo: Sugestões Literárias, 1981.

_____. *Temas de direito positivo*. São Paulo: Ed. RT.

SEAE/SDE. *Guia para análise econômica de atos de concentração*.

SILVA, Moraes e. *Diccionario da lingua portugueza*. 7. ed. Lisboa: Typographia Lacerdina, 1878.

SIQUEIRA, Ethevaldo. Em 13 anos, 352 milhões de acessos. *O Estado de S. Paulo*. 12 set. 2011.

STIGLER, J. George. Competition. In: Eatwell; Milgate; Newman (ed.). *The New Palgrave Dictionary of Economics*. London: The Macmillan Press.

TÁCITO, Caio. *Temas de direito público:* estudos e pareceres. Rio de Janeiro: Renovar, 1997.

TAVARES, Monica. Paulo Bernardo diz que PGMC vai acirrar competição no setor de telecomunicações. *O Globo*, 28 set. 2011.

WALDEN, Ian; ANGEL, John. *Telecommunications law and regulation*. 2. ed. New York: Oxford, 2005.

META DE QUALIDADE OU IMPOSIÇÃO DE INVESTIR

Pedro Dutra

Sumário: 1. A Consulta - 2. Contradições - 3. A imposição de investimentos - meta - e a frustração do regime privado nos mercados de SCM e SMP - 4. A realidade dos mercados de SCM e de SMP - 5. A utilização do usuário - 6. Conclusão.

1. A Consulta

Faz objeto da Consulta Pública 2/12, formulada pela ANATEL, o Pedido de Anulação interposto por operadora de telefonia em face de dispositivos constantes no RGQ-SCM e no RGQ-SMP.[1]

Os Regulamentos de Gestão de Qualidade relativos ao Serviço de Comunicação de Massa e ao Serviço Móvel Pessoal (RGQ-SCM e RGQ-SMP) foram editados pelo Conselho Diretor da ANATEL sob a forma das Resoluções 574/11 e 575/11, que fixam "metas a serem cumpridas pelas prestadoras" desses serviços.

Este comentário circunscreve-se aos arts. 16 e 17 do RGQ-SCM e aos arts. 22 e 23 do RGQ-SMP, cuja anulação foi pedida pela operadora.

2. Contradições

Preliminarmente, registre-se que todos os serviços de telecomunicações devem ter a qualidade deles verificada por critérios objetivos. Não só porque alcançam grandes contingentes da população, mas porque a sua utilização se dá rente à atividade ordinária da quase totalidade de seus usuários.

Essa circunstância de intensa contiguidade entre o usuário e os serviços de telecomunicações reforça a posição do usuário de titular do direito de escolher o tipo de serviço e o prestador que melhor atenda a sua necessidade.

1. Ementa da Consulta Pública 2/12.

Esse direito é um dos pilares do regime de livre concorrência, a sua vez o cerne do regime privado estipulado na LGT e em cujo âmbito são prestados SCM e SMP.

Esse direito, todavia, por si não habilita o seu titular a verificar extensivamente a qualidade, as características que distinguem o serviço que contrate. É preciso que ao usuário sejam dados meios de proceder a essa verificação extensiva, que lhe permita gerir o serviço que contratou. Nesse sentido, é apropriado o título dos Regulamentos aprovados pelas Resoluções 574/2011 e 575/2011, ao identificarem o seu objeto como sendo gestão de qualidade dos SCM e SMP.

A gestão de qualidade é feita primariamente pelo titular dos serviços, que escolhe o serviço que necessita – escolhe o tipo de serviço e, entre os ofertantes dele, aquele que vai contratar; e, ainda, escolhe manter sob contrato o prestador de sua eleição, entre outros prestadores.

Ao cogitar a ANATEL fixar metas de qualidade, pode-se indagar se não haveria, nesse passo, uma contradição a surgir entre esse propósito de estabelecer metas para gestão de qualidade dos serviços de SCM e SMP, em lugar de a ANATEL fazer prover ao usuário desses serviços meios para que ele mesmo os possa gerir.

As metas de qualidade impostas aos prestadores de SCM e SMP pela ANATEL, conforme as regras dos arts. 16 e 17[2] do RGQ-SCM e 22 e 23[3] do

---

2. "Art. 16. Durante o PMT, a Prestadora deve garantir uma velocidade instantânea de conexão, tanto no *download* quanto no *upload*, em noventa e cinco por cento dos casos de, no mínimo: I – vinte por cento da velocidade máxima contratada pelo Assinante, nos doze primeiros meses de exigibilidade das metas, conforme estabelecido no art. 46 deste Regulamento. II – trinta por cento da velocidade máxima contratada pelo Assinante, nos doze meses seguintes ao período estabelecido ao inciso I deste artigo; e III – quarenta por cento da velocidade máxima contratada pelo Assinante, a partir do término do período estabelecido no inciso II deste artigo. Art. 17. Durante o PMT, a Prestadora deve garantir uma velocidade média de conexão, tanto no *download* quanto no *upload*, de, no mínimo: I – sessenta por cento da velocidade máxima contratada pelo Assinante nos doze primeiros meses de exigibilidade de metas, conforme estabelecido no art. 46 deste Regulamento; II – setenta por cento da velocidade máxima contratada pelo Assinante nos doze meses seguintes ao período estabelecido no inciso I deste artigo; e III – oitenta por cento da velocidade máxima contratada pelo Assinante, a partir do término do período estabelecido no inciso II deste artigo."

3. "Art. 22. Durante o PMT, a Prestadora deve garantir uma taxa de Transmissão instantânea na Conexão de Dados, tanto no *download* quanto no *upload*, em noventa e cinco por cento dos casos de no mínimo: I – Vinte por cento da taxa de transmissão máxima contratada pelo Usuário, nos doze primeiros meses de exigi-

RGQ-SMP, segundo o Pedido de Anulação feito pela operadora, importariam em expressivos investimentos a serem feitos pelos prestadores para cumprirem as metas a eles fixadas nesses dispositivos.

Não se trataria, portanto, de metas de qualidade em sentido estrito, e sim de ampliação compulsória das redes atuais para ser possível aos prestadores daqueles serviços cumprirem as metas fixadas.

Haveria, assim, uma contradição entre fixação de meta de qualidade e a sua execução, a exigir do prestador uma ampliação compulsória de suas redes, precedendo esta última exigência àquela. Ou seja, tratar-se-ia não propriamente da qualidade dos serviços, que pode ser verificada pelo prestador se a ele forem providos os meios, mas sim de investimento compulsório, a ser feito pelas prestadoras, nos termos unilateralmente determinados pela ANATEL.

Os termos da Resolução 574/2011 confirmam esse quadro, ao dizer que a ANATEL estabelece as metas de qualidade sob o ponto de vista da rede e do Assinante.[4]

Deslocou a ANATEL o usuário da sua posição e também o titular da rede da posição dele, decidindo ela o índice de qualidade do serviço que o usuário contrata e o investimento comandado ao prestador do serviço realizar.

3. A imposição de investimentos – meta – e a frustração do regime privado nos mercados de SCM e SMP

Regime privado é o regime de livre-iniciativa, livre concorrência. A liberdade de iniciar, de empreender, e a liberdade de investir anunciado o respec-

bilidade das metas, conforme estabelecido no art. 55 deste Regulamento; II – trinta por cento da taxa de transmissão máxima contratada pelo Usuário, nos doze meses seguintes ao período estabelecido no inciso I deste artigo; e III – quarenta por cento da taxa de transmissão máxima contratada pelo Assinante, a partir do término do período estabelecido no inciso I deste artigo. Art. 23. A prestadora deve garantir uma taxa de Transmissão Média nas Conexões de Dados no PMT, tanto no *download* quanto no *upload*, de no mínimo: I – 60% (sessenta por cento) da taxa de transmissão máxima contratada nos doze primeiros meses de exigibilidade das metas conforme art. 55 deste Regulamento; II – 70% (setenta por cento) da taxa de transmissão máxima contratada nos doze meses seguintes ao período estabelecido no inciso I deste artigo; III – 80% (oitenta por cento) da taxa de transmissão máxima contratada a partir do término do período estabelecido no inciso II deste artigo."

4. "As metas de qualidades descritas neste Regulamento estão estabelecidas sob o ponto de vista da rede e do Assinante e devem ser cumpridas por todas as prestadoras que não se enquadrarem na definição de Prestadora de Pequeno Porte, conforme definido neste Regulamento" (art. 1.º, § 3.º, do RGQ-SCM).

tivo risco, assim como a liberdade de concorrer, na qual se inscreve o direito de o consumidor escolher a contratação de bem ou serviço que lhe atenda, são preceituadas para assegurar a sua preservação, e não para restringi-las.

Só há livre-iniciativa e livre concorrência na forma da Lei. O livre iniciar entenda-se: pela forma não vedada em Lei. E a Lei previne e reprime o abuso do poder econômico de mercado, em quaisquer mercados de bens e serviços onde ele ocorra e razoavelmente se possa esperar ocorrer. A lei incumbe ao Estado essa função preventiva e repressiva, assim como lhe outorga poder de fiscalizar os mercados e de regular especialmente alguns deles, por meios de órgãos a esses fins criados. Intervêm esses órgãos nos mercados econômicos, para os fins e pela forma prescrita em Lei.

A finalidade da intervenção do Estado na ordem econômica é manter íntegros os seus princípios regentes, entre eles o de natureza fundante da ordem constitucional, a livre-iniciativa, e a livre concorrência, que naturalmente a ele coere. Assim, os órgãos reguladores só podem agir visando a essa finalidade, e pela forma que lhes prescreve a Lei, em seus estritos limites.

Não pode o órgão regulador visar a outra finalidade, nem agir por outro caminho senão o que a Lei prescreve, por mais que a entenda imperfeita, imprópria, ineficaz, vencida parcial ou totalmente pelos fatos. Não pode o órgão regulador substituir-se ao legislador e transformar a sua função legítima de editar normas infralegais, que desdobrem o sentido e a aplicação da sua norma legal de regência, em legislador ordinário substituto ou concorrente ao Congresso.

No caso aqui analisado, foi o Congresso, o legislador ordinário, por meio da LGT, que estabeleceu o regime privado para a prestação de SCM e de SMP. Portanto, na prestação desses serviços, vigem os regimes de livre-iniciativa e de livre concorrência, a dizer que, nos limites da Lei, a prestadora desses serviços decide sobre o investimento e o risco a correr, na oferta que deles fizerem, em disputa com competidores que visam ao mesmo fim: a preferência do usuário pelos seus serviços.

O serviço prestado em regime privado não conhece nem pode conhecer a imposição de investir.

Aliás, nem no regime público prescrito na LGT pode haver – e não há – imposição de investimento. O prestador de serviços no âmbito do regime público acordou prestá-los. Acordou seguir os procedimentos que a Lei obriga à União, que em relação à prestação deles figura como contratante. Nenhuma das condições estipuladas pela União à prestação desses serviços foi imposta ao prestador deles. Ao contrário, ele acordou em cumprir tais condições, as mais variadas, e entre elas a de investir em sua rede segundo os critérios prefixados e por ele aceitos ao obrigar-se voluntariamente à prestação de tais serviços.

Muito menos se pode cogitar de imposição de regras que, no regime privado, ainda que indiretamente, substituam a discrição do investidor privado em decidir a inversão de seus capitais, e o risco a correr, pela vontade unilateral do regulador.

O comando do art. 128 da LGT, que disciplina o regime privado, é dirigido à ANATEL, e lhe diz que "ao impor condicionamentos administrativos ao direito de exploração das diversas modalidades de serviço no regime privado [...] observará [a ANATEL] a exigência de mínima de intervenção na vida privada, assegurando que a liberdade será a regra, constituindo exceção as proibições, restrições do poder público" (grifo nosso).

O dever de a ANATEL cumprir a regra legal citada inclui a exigência de ela proceder à mínima intervenção na ordem privada, porque o legislador atendeu ser a liberdade de iniciativa e de concorrência a regra determinante dos serviços prestados no regime privado.

Não cerceou, ou muito menos anulou o legislador a ação regulatória da ANATEL no mercado sob regime privado. Apenas a orientou a intervir no limite da Lei e apenas quando estritamente necessário, já que a livre concorrência deve ser a força determinante nesses mercados, e não o poder normativo da Agência.

Nos termos do art. 80 da LGT,[5] que disciplina o regime público, as metas periódicas ali previstas deverão constar de "plano específico elaborado pela Agência e aprovado pelo poder executivo". Note-se que tal plano deverá detalhar "as fontes de financiamentos das obrigações" nele propostas.

Este é o regime público. No regime privado, as fontes de financiamento são os recursos privados dos acionistas das prestadoras de SCM e SMP, recursos cuja destinação cabe a eles dar, segundo a demanda do mercado competitivo onde atuam.

5. Art. 80 da Lei Geral de Telecomunicações: "As obrigações de universalização serão objeto de metas periódicas, conforme plano específico elaborado pela Agência e aprovado pelo Poder Executivo, que deverá referir-se, entre outros aspectos, à disponibilidade de instalações de uso coletivo ou individual, ao atendimento de deficientes físicos, de instituições de caráter público ou social, bem como de áreas rurais ou de urbanização precária e de regiões remotas.

§ 1.º O plano detalhará as fontes de financiamento das obrigações de universalização, que serão neutras em relação à competição, no mercado nacional, entre prestadoras".

Em um mercado competitivo, a eventual relutância ou demora em investir significa, sempre, perda de fração de mercado, pois competidor mais atento responderá à demanda. Esse é um dos fatores a explicar as variações de posições em mercado competitivo, como é o mercado de telecomunicações sob regime privado.

4. A realidade dos mercados de SCM e de SMP

Um fato incontestável é o vigor da concorrência nos mercados de SCM e de SMP. Sucedem-se os índices de crescimento, e a expectativa de crescimento ainda maior segue a realidade da renda crescente das camadas da população de menor poder aquisitivo, que ingressam com maior vigor nesses mercados. Consequentemente, as prestadoras desses serviços os vêm ofertando a preços cada vez menores.

Esses resultados sem dúvida promovem uma distribuição de riqueza em sua mais eficiente e democrática forma, e a ação da ANATEL, ao exigir o cumprimento da LGT, é um fator determinante nesse processo.

Esta é a realidade presente, o conjunto de fatos a atestar o vigor do regime privado de SCM e de SMP. Que este estado, contudo, possa ser considerado ainda insuficiente, seja pelo Poder Executivo, seja pelo Poder Legislativo ou por órgãos e integrantes da sociedade em geral – para não se falar na própria ANATEL – é antes um sinal do sucesso do regime de livre concorrência. Sendo esse regime capaz de aumentar a oferta, a qualidade e promover a redução dos preços dos serviços de telecomunicações, não há por que não se buscar estender as ofertas desses serviços às camadas de menor poder aquisitivo, e o mais brevemente possível.

Por outras palavras, por que não se projetar um cenário de oferta ampliada, a alcançar um contingente ainda maior de usuários de banda larga? Nada impede, ao contrário, tudo recomenda seja esse cenário projetado. Porém, o projeto, a realidade projetada, só pode ser figurado com dados da realidade existente. É esta que deve o regulador considerar como núcleo da motivação de seus atos que articule o seu propósito de ampliação de oferta de serviços.

A motivação, a razão de fato e de direito a mover o agente administrativo no cumprimento de sua função exige-lhe atender a realidade à sua frente, e não a realidade que ele projete para o mercado sob sua jurisdição e, nesse contexto assim divisado, exerça a sua função, tendo em conta a mínima intervenção no mercado privado.

O regulador, ao editar normas considerando dados de uma realidade por ele projetada, e não a realidade presente em sua atualidade, para alcançar fins por mais relevantes e socialmente justificáveis, distrai-se, irremissivelmente, de seu objetivo, comprometendo-lhe a execução.

Se prestadoras de SCM e de SMP forem obrigadas a investir para habilitar suas redes a cumprir, entre outras, metas de disponibilização compulsória de banda, é razoável esperar que o valor e a sustentabilidade desse investimento sejam objeto de cuidadosa avaliação e debate prévios.

Esse será um meio de se evitar um dissídio entre a realidade existente, que a ANATEL não consideraria, e a realidade projetada. Dissídio que pode levar ao fracasso da medida imposta pelo regulador.

5. A utilização do usuário

O Pedido de Anulação feito pela operadora de dispositivos constantes das resoluções aqui referidas não sugere a recusa dessa prestadora de SCM e SMP em ver a qualidade de seus serviços medida e verificada por seus usuários.

Ao contrário. Enfatiza a operadora a experiência internacional de gerência de qualidade dos serviços, a qual, afirma, "tem privilegiado, para incremento da qualidade do serviço, medidas de transparência que promovam a melhor informação do consumidor e a competição entre os prestadores do serviço".

Prover o usuário de meios que lhe permitam decidir qual o tipo de serviço a contratar e gerir a qualidade deles é medida conforme o regime privado prescrito na LGT e de efeito reconhecidamente eficaz, pois próprio à natureza da livre concorrência, na medida em que habilita, provendo-a com informações, o usuário a melhor decidir a qual destes atender.

Os meios à disposição do usuário, que lhe permitissem verificar a qualidade dos serviços a ele prestados, habilitariam-no a contratar e a descontratar prestador de SCM e de SMP, seja em razão da qualidade, do preço e da oferta desses serviços.

Tanto mais amplo será o direito à escolha do usuário quanto maior for a informação que lhe for posta à disposição sobre o serviço que lhe é prestado, que decidir contratar. Ninguém mais capaz de prover informação sobre o serviço que presta do que o seu prestador, e ninguém melhor habilitada, legalmente, do que a ANATEL para determinar ao prestador de SCM e de SMP prover essa informação.

Essa a razão de ao prestador de serviços serem dirigidas as normas de transparência determinadas pela autoridade reguladora que informem o usuário sobre o serviço que contrate.

Bastante o acervo de informações sobre o serviço que contrata e sobre a prestação dele, será o usuário capaz de discernir o tipo de serviço e, entre os prestadores, aquele que melhor o atenda. Dotado das informações necessárias, será capaz o usuário de exercer o seu direito de escolha, que caracteriza a livre concorrência e distingue o regime privado estipulado na LGT.

A informação posta à disposição do usuário reafirma-lhe o direito de escolher o serviço e o prestador que julgue melhor lhe atender. Nesse contexto, o órgão regulador, em lugar de tutelar o usuário, valoriza o seu direito inalienável de escolha.

A imposição de metas de qualidade pela forma dos dispositivos aqui citados, se afirmadas, sustenta a OI em seu Pedido de Anulação firmemente ancorada na experiência internacional, que cita, tornariam o usuário brasileiro em uma exceção.[6]

6. Conclusão

6.1 As metas fixadas pelos arts. 16 e 17 do RGQ-SMC e 22 e 23 do RGQ-SMP importariam, para o seu cumprimento, em expressivos investimentos que poderiam afetar negativamente a expansão desses serviços, segundo demonstra a operadora em seu Pedido de Anulação.[7]

6.2 Ao exigir a disposição compulsória de banda nos índices referidos nos dispositivos aqui citados, em lugar de determinar a ANATEL sejam providas ao usuário, com total transparência, informações que permitam a ele mesmo gerir a qualidade e escolher o tipo de serviço que lhe atenda, estaria a ANATEL frustrando ao usuário o exercício de seu direito de escolha.

6.3 O SCM e o SMP são serviços prestados sob o regime privado, cujo cerne são os princípios constitucionais da livre-iniciativa e da livre concorrência, integralmente recebidos pela LGT, que explicitamente dispõe que a ANATEL observará a exigência de mínima intervenção na prestação desses serviços, limitando-se a impor apenas condicionamentos administrativos à exploração deles. A intervenção regulatória por meio da expedição de norma infralegal fixando metas para disciplinar a relação entre usuário e prestador, e cujo cumprimento importaria em expressivos investimentos de ampliação de rede, não se pode caracterizar como de "mínima intervenção", nem caracteriza fixação de "condicionamento administrativo", esses os limites da ação regulatória no regime privado.

6.4 Os mercados de SCM e de SMP são notoriamente competitivos, fato a mostrar que a relação usuário/prestador é capaz de encaminhar entendimento e a justificar a intervenção mínima da ANATEL.

6. Itens 28 a 34 do Pedido de Anulação interposto pela OI.

7. Ver itens 105 e 106 do Pedido de Anulação interposto pela OI.

6.5 O expressivo valor dos investimentos exigidos para atender à disposição compulsória de banda visada pela ANATEL poderia afetar a oferta desses serviços e assim poderia vir a restringir a concorrência neles verificadas.

6.6 A operadora, como se depreende do seu Pedido de Anulação, não se opõe à fixação, com total transparência, de parâmetros que habilitassem o usuário a gerir a qualidade dos serviços que lhe são prestados, a exemplo da experiência internacional.

6.7 Existindo um dissídio entre o órgão regulador e seu jurisdicionado sobre questões técnicas que admitem objetiva mensuração e solução de menor ônus ao jurisdicionado atuante em regime privado, sem prejuízo da ação regulatória da ANATEL, não se justifica uma posição impositiva por parte do regulador.

6.8 Os elementos contidos no Pedido de Anulação, ao nosso ver, indicam a possibilidade de entendimento entre a ANATEL e a operadora que alcance o objetivo visado pela Agência, sem a necessidade de serem aplicados dispositivos tais como aqueles aqui citados.

6.9 Nesse sentido, firmamos esta Manifestação.

O MARCO CIVIL DA INTERNET E O CONCEITO DE NEUTRALIDADE DA REDE

PEDRO DUTRA, CELSO CAMPILONGO E ARTHUR BARRIONUEVO

Sumário: 1. O Projeto de Lei e o seu Substitutivo – 2. Um conceito particular de neutralidade – 3. Comitê Gestor da Internet: órgão regulador e de defesa da concorrência? – 4. A origem do conceito de neutralidade – 5. O equívoco conceitual e seus efeitos – 6. Conclusão.

1. O Projeto de Lei e o seu Substitutivo

Em julho de 2011, foi apresentado Substitutivo ao Projeto de Lei 12.126/2011, oriundo do Poder Executivo e geralmente referido por "Marco Civil da Internet".

Entre as alterações feitas no texto original e constantes no Substitutivo, acha-se a nova redação dada ao art. 9.º, que diz:

> "Art. 9.º O responsável pela transmissão, comutação ou roteamento tem o dever de tratar de forma isonômica quaisquer pacotes de dados, sem distinção por conteúdo, origem e destino, serviço, terminal ou aplicativo.
>
> § 1.º A discriminação ou degradação do tráfego respeitará as recomendações do Comitê Gestor da Internet no Brasil (CGI.br) e somente poderá decorrer de: [...]".

A imprensa especializada identificou essa alteração como sendo a mais significativa dentre aquelas efetuadas no texto original. De fato, pois o texto oriundo do Executivo trazia a seguinte redação:

> "Art. 9.º O responsável pela transmissão, comutação ou roteamento tem o dever de tratar de forma isonômica quaisquer pacotes de dados, sem distinção por conteúdo, origem e destino, serviço, terminal ou aplicativo, sendo vedada qualquer discriminação ou degradação do tráfego que não decorra de requisitos técnicos necessários à prestação adequada dos serviços, conforme regulamentação".

O texto alterado, por iniciativa do ilustre relator, exclui daquele original a determinação de se regulamentar o que então prescrevia a regra do art. 9.º. E, por meio da nova redação dada a esse dispositivo, o conceito de neutralidade ganhou um perfil particular, e o Comitê Gestor da Internet no Brasil teve sua natureza e função transformadas.

A subtração e os acréscimos constantes no novo texto alteram, de forma significativa, o teor da regra anterior.

Dos termos do art. 9.º e seu § 1.º do Substitutivo surge um conceito de neutralidade particular, identificado à uniformidade do tráfego, de uma rigidez absoluta que levará ao seu engessamento, e surge também o Comitê Gestor da Internet no Brasil, convertido em uma espécie de órgão regulador do tráfego da Internet – senão da Internet –, dotado de competência subtraída à Anatel e ao CADE. É o que passamos a demonstrar.

2. Um conceito particular de neutralidade

Na justificativa apresentada para fundamentar a alteração efetuada no Substitutivo, lê-se que:

> "Por isonômico, entende-se que o tratamento dos pacotes de dados – a forma usual de transmissão de informações na internet – deve ocorrer de forma não discriminatória".

Isonomia, ao significar tratamento igual, importa, necessariamente, em tratar desigualmente os desiguais. Assim, não há que se confundir isonomia com uniformidade, e identificar neutralidade à uniformidade. Essa identificação imprópria levou o legislador a formular o perfil peculiar de neutralidade, que o art. 9.º, *caput*, do Substitutivo dispõe. Em uma palavra, neutralidade, como a vê o Substitutivo, é uniformidade rígida de tráfego.

Prossegue a Justificativa:

> "Da mesma forma, empresas de telecomunicações não poderão tratar de forma discriminatória aplicações que permitem a realização de conversas por voz por intermédio da rede. Estabelece-se, assim, uma regra que permite evitar abusos anticompetitivos dos diversos intermediários envolvidos na comunicação pela Internet, em benefício claro aos consumidores e à inovação".

Visto decorrer a igualdade do tratamento desigual aos desiguais, esse tratamento não importa em discriminação, no sentido abusivo que esta pode exibir de contrariedade à Lei. Porém, nesse ponto, surge outra assimilação indevida, a saber: supor, como se tem no Substitutivo, ser toda discriminação abusiva e, portanto, só a uniformidade rígida do tráfego, prescrita no Substitutivo, capaz de evitá-la.

3. Comitê Gestor da Internet: órgão regulador e de defesa da concorrência?

Por fim, diz a Justificativa:

> "Julgamos essencial reconhecer, sem prejuízo da missão institucional dos Ministérios de Estado competentes e da Agência Nacional de Telecomunicações, o papel do Comitê Gestor da Internet no Brasil (CGI.br) na definição de diretrizes estratégicas relacionadas ao uso e desenvolvimento da Internet no Brasil e na recomendação de padrões técnicos e operacionais para a segurança das redes e serviços da Internet e para sua adequada e crescente utilização pela sociedade, conforme estabelecido no § 1.º. Em tal contexto, propomos que seja explicitado o papel indispensável do CGI.br na elaboração de recomendações para a adequada delimitação das hipóteses permitidas de discriminação e degradação de tráfego".

São precisamente as condutas abusivas de detentores de poder econômico de mercado – e entre essas as condutas discriminatórias – que fazem objeto da defesa da livre concorrência, elevada a princípio regente da ordem econômica constitucional, que a Lei especial 12.529/2011 desdobra, atribuindo-a ao CADE. A este incumbe privativamente reprimir, entre outras condutas, a discriminação abusiva, nociva à livre concorrência. E, com o concurso da ANATEL, também na forma da Lei 9.472/1997, cabe reprimir a discriminação abusiva no mercado de telecomunicações, mercado o qual, como se sabe, incumbe à mesma ANATEL regular, privativamente.

O Substitutivo, ignorando as funções legais da ANATEL, de órgão regulador das telecomunicações, e a do CADE, de reprimir condutas abusivas, outorga ao Comitê poder de, por meio "recomendações", regular o tráfego na Internet.

Lidas as atribuições originariamente cometidas ao Comitê Gestor da Internet, nos termos do decreto que o criou, verifica-se claramente a natureza da sua função consultiva de órgão incumbido de propor programas de pesquisa, normas e procedimentos, diretrizes estratégicas, bem como diretrizes relativas ao registro de nomes de domínio e alocação de endereços (protocolo Internet), tudo relacionado ao "uso e desenvolvimento da internet no Brasil", como se tem, de forma preambular, em seu § 1.º. Em uma palavra, acertadamente, o Decreto Presidencial que o criou outorgou ao Comitê apenas competência consultiva, o que lhe impede de extravasar essa competência – consultiva – originária.

Aliás, o pluralismo da composição do Comitê, reunindo integrantes do poder público e de diferentes segmentos da sociedade, atende a essa característica, própria desse órgão, cuja denominação bem o identifica.

Nada sugere, nada inclina o Comitê à função executiva e menos ainda à função regulatória, como, ainda que obliquamente, a regra do novo art. 9.º, § 1.º, estabelece.

Nela é atribuída ao Comitê, não sem certa astúcia de estilo, descabida função regulatória, pois esta, ao dizer (§ 1.º do art. 9.º) que "a discriminação ou degradação do tráfego" nas redes que fazem circular os diferentes conteúdos exibidos na Internet "respeitará as recomendações" do Comitê, na verdade diz que este determinará o regime de tráfego a ser observado por todos os agentes atuantes na Internet.

Em uma palavra, o Comitê, transformado em órgão regulador, terá poder de regular o tráfego na Internet.

Recomendar, como diz o citado § 1.º do art. 9.º, aí está no sentido, distorcido, de fixar norma, de regrar, de onde, note-se, provém o vocábulo regular, isto é, disciplinar por meio de regra. Recomendar, em seu sentido exato, não tem o sentido cogente que a regra do citado art. 9.º lhe dá.

O *caput* desse artigo fixa ao "responsável pela transmissão, comutação ou roteamento o dever" de tratar de forma isonômica quaisquer pacotes de dados. Isonômico aí está por não discriminatório, como se tem na justificativa a esse art. 9.º, inscrita no Substitutivo. E caberá ao Comitê dizer, à sociedade civil, o que é ou não discriminação.

O Comitê Gestor da Internet no Brasil foi criado pelo Decreto 4.829, de 3 de setembro de 2003. Cuida-se de ato do Presidente da República, com base no art. 84, incisos II e VI, alínea "a", da Constituição, que outorga ao Presidente da República – e apenas a ele – a direção superior da administração federal (inciso II) e o poder para dispor, mediante decreto, sobre a organização e funcionamento da administração federal (inciso VI, alínea "a") no âmbito da administração que lhe é afeto. Nada mais, nada menos.

Não é possível, portanto, ao Comitê dirigir, organizar ou ditar regras à sociedade civil.

As "recomendações" expedidas pelo Comitê deverão ser cumpridas pelos "responsáveis" pelo tráfego de dados, isto é, empresas de telecomunicações detentoras de redes privadas.

Mas essas empresas já são reguladas pela Anatel!

As "recomendações" a serem expedidas pelo Comitê versarão sobre os "requisitos técnicos" indispensáveis à "fruição adequada dos serviços e aplicações" (inciso I do § 1.º do art. 9.º), sendo boa parte daqueles serviços de telecomunicações (em particular, as funções ligadas à administração de rede), regida pela Lei 9.472/1997 (LGT) e demais normas infralegais.

Delineia-se claramente a sobreposição entre a competência do Comitê e a competência da ANATEL.

Essa sobreposição de competência - usurpadora em seu sentido técnico-jurídico - ofende, também, ao senso comum da administração pública: por que, existindo órgão especializado, a ANATEL, criado por lei para disciplinar a matéria, dele se vai subtrair competência legal, deslocando-a indevidamente a um Comitê consultivo, aliás operante nesta função essencial à administração pública?

Mas o problema da divisão material de competência e a turbação administrativa a serem criados pelo Substitutivo não se limitam ao plano regulatório.

Em suas "recomendações" ditará também o Comitê a forma que ele entende assegurar a livre concorrência, uma vez que as exceções por ele admitidas à regra uniforme, rígida, de tráfego fixada no *caput* do art. 9.º citado serão discriminações. Essas, se abusivas, restringem a livre concorrência. O Comitê, ao expedir "recomendação", por mais balizada que seja ela aos "requisitos técnicos indispensáveis à fruição adequada dos serviços e aplicações" (inciso I do § 1.º do art. 9.º), intervirá em um mercado relevante, ou mais de um, afetando, portanto, a sua dinâmica concorrencial.

Nesse contexto, ao decidir se a discriminação é abusiva ou não, se ela pode ou não ser objeto de "recomendação", ergue-se o Comitê em árbitro da livre concorrência, validando, ou não, conduta em mercado concorrencial. Esse poder outorgado ao Comitê afronta igual competência atribuída ao Sistema Brasileiro de Defesa da Concorrência, recentemente reafirmada pela Lei 12.529/2011, e também a competência da ANATEL, que compartilha essa função com o CADE no âmbito do mercado de telecomunicações.

Surge, assim, uma "neutralidade de rede" equivocadamente assimilada à uniformidade, que lhe determina uma absoluta rigidez, a ser regulada por "recomendações" expedidas por um órgão cuja função se viu desnaturada e subtrai competência atribuída à ANATEL e ao CADE.

4. A origem do conceito de neutralidade

O conceito de "neutralidade de rede" surgiu nos Estados Unidos, e a liberdade de uso da rede foi a ele associada, diverso do ora proposto no Substitutivo. O conceito norte-americano é desdobrado por quatro planos justapostos:[1]

1. Enunciados em um Simpósio em 8 de fevereiro de 2004 por Michael K. Powell, então presidente da Federal Communications Commission (FCC).

– liberdade para acessar conteúdo: os usuários devem ter acesso aos conteúdos (legais) de sua escolha;

– liberdade para usar aplicativos: os usuários devem ser capazes de executar os aplicativos de sua escolha;

– liberdade para conectar dispositivos pessoais: os usuários devem ser autorizados a conectar à Internet os dispositivos que desejarem em suas casas;

– liberdade para obter informações sobre planos de serviços: usuários devem receber informações precisas sobre seus planos de serviços.

A agência reguladora das telecomunicações nos Estados Unidos – Federal Communication Commission (FCC) – observou, entretanto, que "o princípio [a liberdade de uso] acha-se sujeito à administração razoável da rede".

Ora, a gestão do tráfego é um dos elementos principais, e inafastável, da "administração razoável da rede", fato que o Substitutivo parece ignorar, ao configurar, em seus termos, a neutralidade de rede.[2]

5. O equívoco conceitual e seus efeitos

A redação do art. 9.º citado despreza a "neutralidade de rede" como uma forma de administração "razoável" da rede, em favor de uma administração absolutamente rígida da rede, que acabará por ossificar a sua administração.

Essa malversação conceitual, ainda que bem intencionada, é equívoca, pois, como acima exposto, identifica impropriamente neutralidade a uniformidade de tráfego. Esse equívoco resta evidente quando se coteja a redação original do art. 9.º, *caput*, e a redação dada pelo Substitutivo. O trecho serrilhado, abaixo, mostra a exclusão feita no Substitutivo, a confirmar o que aqui se diz:

> "O responsável pela transmissão comutação ou roteamento tem o dever de tratar de forma isonômica quaisquer pacotes de dados sem distinção por conteúdo, origem e destino, serviço, terminal ou aplicativo".

"Requisitos técnicos necessários à prestação adequada dos serviços", isto é, próprios à realidade do tráfego, aí estavam como o dado a reclamar a razoabilidade, a qual, a sua vez, autoriza a discriminação não abusiva, e portanto aceitável, na gestão de tráfego.

Ao ser eliminado esse fator a determinar a razoabilidade, como se tem na redação do art. 9.º, *caput*, do Substitutivo, eliminou-se a possibilidade de uma

2. Silicon Flatirons Symposium on "The digital broadband migration: toward a regulatory regime for internet age". Colorado, University of Colorado School of Law Boulder, Feb. 8, 2004.

prestação adequada dos serviços, a partir de um gerenciamento adequado da rede.

A "uniformidade" rígida do tráfego, prescrita no Substitutivo, não é o meio hábil a assegurar a "fruição adequada dos serviços e aplicações" que o art. 9.º do Substitutivo, visa. A ossificação da rede que esse artigo promoverá gerará uma expressiva ineficiência no gerenciamento de tráfego, cujo resultado, limitador e desestimulante, alcançará a todos os usuários da Internet.

Pode-se dizer que a ossificação do tráfego trará uma situação equivalente a uma hipotética imposição às montadoras de veículos de produzir apenas um tipo de modelo, em lugar de elas ofertarem modelos popular, médio e de luxo (automóveis de grande porte). Estas, após examinarem perspectivas de lucro, veriam viabilidade em produzir apenas modelos médios; qual seria o efeito dessa hipótese sobre os consumidores?

O preço naturalmente mais elevado do modelo médio em relação ao popular alijaria parcela expressiva dos compradores de automóveis populares. Esses seriam compelidos a gastar sua renda na aquisição de outros bens, diminuindo o seu bem-estar econômico. Ao mesmo tempo, os modelos médios não atenderiam às demandas de espaço, qualidade, conforto, dos usuários que preferem e podem adquirir automóveis de luxo.

O mesmo poderá ocorrer sob o regime do citado art. 9.º. Uma regra que impeça pacotes de dados trafegarem em diferentes velocidades pode fazer com que a qualidade do serviço para o usuário que assiste a um vídeo em *streaming*, ou ouve uma música ou um filme, seja prejudicada. Já ao usuário que lê um texto, um jornal, ou faz o *download* de um artigo acadêmico, tal demora não faz a menor diferença em relação à qualidade do serviço.

A camisa de força que ser quer impor com o gerenciamento uniforme do tráfego importará em as operadoras fazerem um sobreinvestimento em redes próprias, para serem capazes de manter uma qualidade média elevada de seus serviços, ou, caso esses investimentos não ocorram no nível e extensão necessários (hipótese mais provável), verificar-se-á uma qualidade média de tráfego inadequada a alguns serviços aos quais se exigem padrões de qualidade de serviço mais rígidos.

Os custos de sobreinvestimento serão repassados aos usuários, elevando o preço dos serviços a ele cobrados, restringindo ao consumidor de baixa renda o acesso à internet. E a qualidade inadequada de tráfego implicará congestionamento e demoras desnecessárias, retardando a eficiência da Internet.

6. Conclusão

Como se vê, a noção de neutralidade associada à uniformidade, rígida, do tráfego, prescrita no Substitutivo, é equívoca. Já a conversão do Comitê Gestor da Internet no Brasil em regulador do tráfego, e por extensão da Internet, afigura-se-nos contrária à Lei. E os efeitos econômicos a advir do regime prescrito pelo Substitutivo importarão em efeitos econômicos negativos.

A edição do Marco Civil da Internet é indispensável e o Substitutivo é um passo decisivo nesse sentido. É a legitimidade do Substitutivo que autoriza a sua crítica, com o sentido de dele eliminar regras equívocas e contrárias à Lei.

Por outras palavras, o Substitutivo uniformiza o tráfego, engessando-o, supondo assim assegurar a neutralidade da rede. Quando, em verdade, está esterilizando a sua dinâmica, a qual, note-se, já conta com normas legais e órgãos próprios – a ANATEL e o CADE – para fiscalizá-la e a todos os agentes econômicos, privados e públicos, atuantes na Internet.

Ao contrário o Comitê Gestor da Internet, que não se acha apto à função regulatória e muito menos de defesa da concorrência, como um simples exemplo demonstra.

Expedindo o Comitê uma "recomendação" – na verdade, ditando qual "discriminação ou degradação" julga admissível – dessa decisão do Comitê discordando um agente econômico, como ele dará curso ao seu protesto, cujo devido processo legal é assegurado na Constituição Federal, inclusive no âmbito administrativo? O Comitê instaurará o devido processo administrativo? Estará ele apto a tanto?

A defesa da neutralidade da rede, que assegure a liberdade do usuário a ela corretamente associada, não encontra a sua melhor defesa na regra do art. 9.º do Substitutivo, contrário à melhor experiência e à Lei.

O Substitutivo abriga a suposição de que só a uniformidade assegurará a isonomia e assim a neutralidade – o que não é o caso, como acima demonstrado. A citada regra do art. 9.º engessa o tráfego na Internet, reduzindo a sua qualidade e aumentando os seus custos.

Os efeitos econômicos a serem gerados pela ossificação da administração da rede revelam também a suposição de que a garantia dos direitos do consumidor e da defesa da concorrência só será alcançada com a "uniformidade" na gestão do tráfego.

A neutralidade de rede alcançada por meio da administração eficiente de tráfego é o objetivo das regras editadas nos EUA, Japão e União Europeia. Elas consideram um amplo espectro de medidas, que incluem princípios, guias a definir as práticas de discriminação aceitáveis pelas operadoras e regulação a favor da promoção da concorrência.

Sabe-se não haver uma regra a alcançar todas as hipóteses. Além disso, é muito difícil estabelecer uma regulação *ex ante*, rígida, nessa matéria, pois existe ambiguidade de comportamentos, e o setor é muito dinâmico tecnologicamente. Sabe-se também que uma regulação voltada à promoção da competição e à transparência na gestão do tráfego reduz a complexidade das questões de neutralidade de rede.

Ou seja, existe a necessidade de um acompanhamento constante, e atualização de regras, que só uma agência reguladora com expertise no setor é capaz de realizar.[3] E também da atuação permanente do órgão de defesa da concorrência, para reprimir eventuais abusos, como a discriminação anticompetitiva.

3. Exemplos desse tipo de atuação são o Guia japonês para definir as condutas adequadas para o gerenciamento de tráfego, para que os consumidores e outros provedores de Internet (ISP) estejam informados das regras. Também é necessário definir padrões mínimos de qualidade.

A NOVA LEI DE TV POR ASSINATURA (LEI 12.485/2011) E A DISCRIMINAÇÃO DOS PRESTADORES POR TECNOLOGIA[1]

PEDRO DUTRA E ARTHUR BARRIONUEVO

Sumário: Introdução - I - O "Questionário": 1. A Consulta Pública - 2. Infiltração normativa - 3. Uma consulta imprópria - 4. O "Questionário": 4.1 A proposta contida no Questionário; 4.2 Efeitos econômicos da proposta contida no Questionário: 4.2.1 Entrada no mercado de TV por assinatura; 4.2.2 Entrada de novos operadores com obrigação de cobertura no mercado de TV por Assinatura; 4.3 Antinomia e contrariedade à Lei: 4.3.1 Antinomia invencível; 4.3.2 A contrariedade à Lei - 5. O poder regulamentar da ANATEL - II - A Lei do SeAC e a Lei do Cabo - Conclusão - Bibliografia.

Introdução

No dia 12 de dezembro de 2011 foi sancionada a Lei 12.485, que "dispõe sobre a comunicação audiovisual de acesso condicionado; altera a Medida Provisória no 2.228-1, de 6 de setembro de 2001, e as Leis 11.437, de 28 de dezembro de 2006, 5.070, de 7 de julho de 1966, 8.977, de 6 de janeiro de 1995, e 9.472, de 16 de julho de 1997; e dá outras providências", e por sua vez altera aspectos regulatórios do mercado de telecomunicações. No dia 19 de dezembro de 2012 a ANATEL divulgou a Consulta Pública 65 para a partir da nova Lei vigente e desta consulta elaborasse um novo arcabouço regulatório.

Tal consulta, porém, deve ser analisada tanto do ponto de vista jurídico quanto econômico, e esta é a proposta do presente trabalho, que de início exa-

1. Publicado também na *Revista de Direito das Comunicações - RDCom*, São Paulo, Ed. RT, ano 3, n. 6, jul.-dez. 2012.

mina a essência do questionário e se caberia, ou não, à ANATEL e à Consulta Pública 65 tais propostas para a nova regulamentação.

Em seguida o trabalho estuda a viabilidade econômica de tal proposta por meio de modelos que analisam a viabilidade de entrada no mercado de TV por assinatura e a viabilidade de entrada de novos operadores com obrigação de cobertura nesse mercado.

Na sequência é estudado o aspecto legal da implementação de tal proposta, questionando a legalidade da imposição de compromissos por parte da ANATEL às operadoras e analisando quais os limites do poder regulamentar que o órgão possui.

Por fim, é elaborada uma análise da incidência de dispositivos de Lei do SeAC (Serviço de Acesso Condicionado) em face de regra da Lei do Cabo mantidas em vigor, nos termos daquela nova lei e é apresentada uma conclusão das análises dos aspectos jurídicos e econômicos da consulta pública em questão.

I - O "questionário"

1. A Consulta Pública

Em 19 de dezembro de 2011, a ANATEL divulgou a Consulta Pública 65 (Consulta), cujo objeto é uma "Proposta de Regulamento do Serviço de Acesso Condicionado (SeAC) e das regras que disciplinarão a prestação de Serviço de TV a Cabo (TVC), do Serviço de Distribuição de Sinais Multiponto Multicanal (MMDC), do Serviço de Distribuição de Sinais de Televisão e de Áudio por Assinatura via Satélite (DTH) e do Serviço Especial de TV por Assinatura (TVA)".

Contudo, no item 2.5 da Consulta lê-se:

> "Esta consulta tem por base as seguintes considerações:
>
> [...]
>
> A oportunidade de obter subsídios da sociedade a respeito da viabilidade de imposição de compromissos às empresas detentoras de outorga de SeAC aptos a incentivar o investimento em redes terrestres de telecomunicações, que contribuam para a expansão do acesso em banda larga no Brasil, conforme apresentado nos autos do processo em exame".

Tal oportunidade materializa-se em um "Questionário sobre a Imposição de Compromissos (sic) às prestadoras do SeAC", encartado na Consulta (Anexo II), cujo texto é abaixo transcrito:

> "1. Como deveriam ser definidos os compromissos para prestadores de SeAC pertencentes a grandes grupos econômicos, de forma a torná-los

economicamente viáveis e maximizar investimentos na ampliação das redes terrestres de telecomunicações?

2. Nesse sentido:

2.1) Quais tipos de compromissos de prestação do SeAC por meios de redes terrestres de telecomunicações seriam mais adequados?

– Abrangência geográfica dentro da Área de Prestação do Serviço, na forma de atendimento de grupos que incluam municípios de maior e de menor atratividade;

– Cobertura dentro de uma Área de Abrangência de Atendimento, na forma de um percentual de domicílios com disponibilidade do serviço;

– Atendimento de estabelecimentos públicos ou de utilidade pública na Área de Abrangência de Atendimento.

2.2) Qual o critério para determinação dos grandes grupos econômicos a serem afetados por esses compromissos?

2.3) Qual seria o nível adequado desses compromissos?

2.4) Qual seria o prazo adequado para atendimento desses compromissos?

2.5) Quais seriam as vantagens e desvantagens da imposição desses compromissos?

2.6) Quais seriam mecanismos eficazes para o acompanhamento e fiscalização do cumprimento desses compromissos?

2. *Infiltração normativa*

O propósito da Consulta é submeter ao público uma proposta de regulamento do Serviço de Acesso Condicionado (SeAC), recentemente disciplinado pela Lei 12.485/2011. Porém, o item 2.5, acima transcrito, inscreve na Consulta matéria relativa aos serviços de banda larga, matéria esta que não faz objeto da Lei do SeAC.

Certamente não é essa a forma indicada de a ANATEL exercer sua função regulamentar: insinuar em uma proposta de resolução – cuja finalidade, no caso, é desdobrar os termos de uma norma legal que versa exclusivamente o SeAC, isto é, televisão por assinatura – matéria relativa à banda larga, matéria não tratada – note-se – na Lei do SeAC.

Sempre nos estritos limites da sua competência legal, pode a ANATEL expedir resolução, devidamente motivada, necessária à disciplina dos serviços de telecomunicações. Afaste-se, todavia, no caso presente, eventual argumento de que prestadores de SeAC, valendo-se da sua rede terrestre, oferecem tanto televisão por assinatura quanto banda larga.

Mesmo veraz essa possibilidade, mas não absoluta, tal infiltração, versando matéria estranha ao SeAC, não atende à finalidade da Consulta e causa insegurança jurídica, sugerindo uma discricionariedade absoluta por parte da ANATEL em formular consulta ao público pela forma que entender, ignorando a norma legal que a disciplina, como veremos adiante.

3. *Uma consulta imprópria*

Leia-se o item 1 do "Questionário".

> "1. Como deveriam ser definidos os compromissos para prestadores de SeAC pertencentes a grandes grupos econômicos, de forma a torná-los economicamente viáveis e maximizar investimentos na ampliação das redes terrestres de telecomunicações?" .

À base da criação das agências reguladoras, no século XIX nos Estados Unidos (fundamento a seguir reconhecido pela doutrina brasileira nas primeiras décadas do século XX[2]), está a maior capacitação técnica desses órgãos especializados de intervenção do Estado na economia em relação ao Judiciário, onde muitos dos conflitos resultantes da ação desses órgãos são decididos em definitivo. A essa expertise técnica soma-se o fato de eles, ao intervirem no mercado sob sua jurisdição, acharem-se mais próximos às empresas e aos consumidores nele presentes.

Essa dupla característica confere ao órgão regulador uma agilidade única, a qual ordinariamente não é capaz o Judiciário de exibir, e em certa medida também o Legislativo, ao, respectivamente, decidir questões de natureza regulatória e ao editar regras relativas à regulação de mercados.

A expertise técnica dos órgãos reguladores não se esgota, contudo, na função de executar a lei; a esta acresce a função de editar, no limite de sua competência, normas infralegais.

Do órgão regulador espera-se, portanto, ampla resposta técnica às questões incidentes no curso de sua atuação. Inclusive quando tais respostas exigem a edição de normas infralegais, as quais a ele cabe editar e, para tanto, em obediência ao dever de publicidade de seus atos, ouvir o público.

A consulta, o instrumento mais eficaz de audiência ao público, é procedimento próprio aos regimes democráticos e tem a origem no processo legislativo ordinário. A representação parlamentar dos diferentes interesses da sociedade não se esgota na relação formal entre o cidadão e o seu representante, mas, em determinadas situações, estende-se e se aperfeiçoa quando o parlamento põe

2. Cf. Pedro Dutra, Regulação econômica: trajetória e perspectivas, in: Maria Lúcia L. M. Padua Lima (coord.). *Direito e economia - 30 anos de Brasil,* São Paulo, Saraiva, 2012, p. 326 e ss.

em consulta ao público, para ouvir o maior espectro possível dos interesses da sociedade, projeto de lei que seus integrantes querem ver aprovados.

O projeto de lei, ou norma infralegal a ser editada por agência reguladora, posto em consulta ao público visa aperfeiçoar a defesa do interesse que lhe faz objeto. As matérias variam em sua complexidade, assim como os interesses que se busca disciplinar. Daí a importância da substância técnica, da precisão dos seus termos e da clareza de sua redação, necessariamente articulada, que o projeto ou a minuta de norma infralegal a ser editada deve exibir, para que seu conteúdo possa ser compreendido pelo público consultado – e este possa comentá-lo proveitosamente.

Acertadamente, o art. 42 da LGT dispõe que as minutas de atos normativos serão submetidas à consulta pública.[3] Isto é, será ouvido o público sobre uma proposta, articulada em forma de minuta, de ato normativo que a ANATEL pretende editar.

O "Questionário" não atende à regra da LGT, pois – ao contrário da proposta de Regulamento da Lei do SeaC no qual ele se acha encartado – não consiste minuta de ato normativo, mas em uma lista de perguntas de alta complexidade, formuladas em linguagem hermética e cujos dados necessários a sua correta interpretação não integram o "Questionário".

Lendo-se o "Questionário" é razoável indagar-se quantos integrantes da "sociedade" estariam habilitados a "definir compromissos [...] de forma a torná-los economicamente viáveis e maximizar investimentos na ampliação das redes terrestres de telecomunicações", detidas por "prestadores de SeAC pertencentes a grandes grupos econômicos"?

A própria ANATEL, no "Questionário", indaga "qual critério para determinação dos grandes grupos econômicos a serem afetados por esses compromissos". Ou seja, a primeira, e mais importante pergunta do "Questionário" traz em sua formulação uma dúvida, cuja resposta a sua autora desconhece!

Ouvir diretamente a sociedade pela forma do "Questionário" é, na verdade, dar à ação regulatória um distorcido caráter plebiscitário. Os efeitos negativos dessa medida não decorrem apenas da sua óbvia impropriedade na hipótese aqui versada, tanto formal quanto substantiva, mas também por acrescer a insegurança regulatória perante a sociedade.

Adotada essa forma de ouvir o público, poderá a ANATEL ver surgir espírito, menos familiarizado com os princípios legais que balizam a regulação

3. "Art. 42. As minutas de atos normativos serão submetidas à consulta pública, formalizada por publicação no *Diário Oficial da União*, devendo as críticas e sugestões merecer exame e permanecer à disposição do público na Biblioteca."

de mercados, a ela propor consultar a sociedade sobre qual deve ser o preço dos serviços de telecomunicações regulados pela ANATEL.

Esse risco, entre outros a ameaçar a ação regulatória da ANATEL, quis o legislador evitar ao cifrar o instituto da consulta ao público à sua fonte original, de ouvir a sociedade sobre minuta de norma a ser editada pela Agência. Afinal, a regulação de mercados é uma função eminentemente técnica e, por essa razão, o legislador atribuiu aos órgãos que a exercem o dever de preservá-la, sem contudo distanciá-la da sociedade.

4. O "Questionário"

4.1 A proposta contida no Questionário

A primeira pergunta do "Questionário" não é clara. A sua redação vela o seu objetivo, que todavia o seu título expõe: definir a forma de impor à prestadora de SeAC, integrante de grupo econômico que a ANATEL suponha habilitado economicamente, "compromisso" de investir em sua rede terrestre, pela forma e medida que a ANATEL determinar, para "contribuir para expansão do acesso de banda larga no Brasil".

Por outras palavras, indaga o "Questionário" como imporá a ANATEL, por meio de norma que ela mesmo edite, à prestadora de SeAC que opera em regime legal privado a obrigação de investir recursos de seus acionistas (privados) para ampliar a rede terrestre da prestadora para que ela possa vir a ser obrigada a ofertar banda larga, tudo nos termos e condições que a ANATEL unilateralmente determinar.

A leitura dos demais itens do "Questionário" não deixa dúvida quanto a esse propósito.

> "2. Nesse sentido:
>
> 2.1) Quais tipos de compromissos de prestação do SeAC por meios de redes terrestres de telecomunicações seriam mais adequados?
>
> – Abrangência geográfica dentro da Área de Prestação do Serviço, na forma de atendimento de grupos que incluam municípios de maior e de menor atratividade;
>
> – Cobertura dentro de uma Área de Abrangência de Atendimento, na forma de um percentual de domicílios com disponibilidade do serviço;
>
> – Oferta de estabelecimentos públicos ou de utilidade pública na Área de Abrangência de Atendimento.
>
> 2.2) Qual o critério para determinação dos grandes grupos econômicos a serem afetados por esses compromissos?
>
> 2.3) Qual seria o nível adequado desses compromissos?

2.4) Qual seria o prazo adequado para atendimento desses compromissos?

2.5) Quais seriam as vantagens e desvantagens da imposição desses compromissos?

2.6) Quais seriam mecanismos eficazes para o acompanhamento e fiscalização do cumprimento desses compromissos?".

O subitem 2.1, acima, pode ser resumido pela seguinte forma: às prestadoras de SeAC integrantes de grandes grupos econômicos detentoras de redes terrestres seria imposto:

- oferta compulsória de acesso em banda larga em municípios de "menos atratividade econômica"; a saber, oferta em municípios nos quais não há demanda capaz de remunerar o investimento em rede terrestre;

- oferta compulsória de acesso em banda larga a um número de domicílios fixados pelo regulador; isto é, oferta em municípios cuja renda não permite a seus habitantes contratar serviço de banda larga nos atuais índices competitivos do mercado;

- oferta compulsória de acesso em banda larga a estabelecimentos públicos, ou de atividade pública, indicados pelo regulador.

4.2 Efeitos econômicos da proposta contida no Questionário

Executado o propósito prefigurado no "Questionário", além da contrariedade à Lei, os seus efeitos econômicos seriam negativos: haveria menos investimento, decresceria o número de municípios servidos por rede de cabo e, consequentemente, decresceria o número de assinantes e diminuiria a concorrência nesses municípios.

Uma primeira análise das obrigações prefiguradas no "Questionário"[4] mostra que imposição de compromissos para "maximizar investimentos na

4. "1. Como deveriam ser definidos *os compromissos para prestadores de SeAC pertencentes a grandes grupos econômicos*, de forma a torná-los economicamente viáveis e *maximizar investimentos* na ampliação das *redes terrestres de telecomunicações*? 2. Nesse sentido: 2.1) Quais tipos de compromissos de prestação do SeAC por meio de redes terrestres de telecomunicações seriam mais adequados? § Abrangência geográfica dentro da Área de Prestação do Serviço, *na forma de atendimento de grupos que incluam municípios de maior e de menor atratividade econômica*; § *Cobertura dentro de uma Área de Abrangência de Atendimento, na forma de um percentual de domicílios com disponibilidade do serviço*; § Atendimento de estabelecimentos públicos ou de utilidade publica na Área de Abrangência de Atendimento. 2.2) Qual o critério para determinação dos grandes grupos econômicos a serem afetados por esses compromissos? 2.3) *Qual seria o nível adequado desses compromissos*? 2.4) Qual seria o prazo adequado para atendi-

ampliação das redes terrestres de telecomunicações" pelos "grandes grupos" recairia sobre operadoras atuantes em mercados abertos e competitivos, como são aqueles em regime privado, nos quais as prestadoras não têm garantias de equilíbrio econômico-financeiro e, portanto, dependem, para seguir investindo, da rentabilidade de seus investimentos.

A ANATEL (veja-se a Audiência Pública de 24.01.2012) aponta dois princípios norteadores do regulamento do SeAC: (i) neutralidade tecnológica e (ii) incentivo ao investimento.

Todavia, a proposta prefigurada no "Questionário", de impor oferta compulsória nos termos de índice de cobertura fixado pela Agência – e consequentemente impor investimentos aos acionistas privados das prestadoras – contraria aqueles dois princípios enunciados pela ANATEL.

O SeAC engloba a prestação de serviços para TV por Assinatura antes prestada por TVC, MMDS, DTH e outros, sem qualquer discriminação. Ora, ao impor compromissos apenas às prestadoras detentoras de "redes terrestres de telecomunicações" (um eufemismo para a TV a Cabo, ou TVC), o "Questionário" reviveria a diferenciação tecnológica abolida pela Lei do SeAC. Logo, estaria comprometido o princípio da neutralidade invocado.

Igualmente comprometido estaria o estímulo ao investimento. A imposição de compromisso, ou seja, de investimento para cumprir índice de cobertura significa precisamente o oposto, a saber, parte do investimento que fosse compulsoriamente realizado pela prestadora de TVC não teria retorno. Vale dizer, a totalidade da rede seria remunerada apenas por aqueles usuários aptos e dispostos a contratar o serviço, enquanto o trecho da rede compulsoriamente estendida a domicílios cujos residentes não têm interesse ou condições financeiras para contratar o mesmo serviço não geraria retorno capaz de cobrir o custo do investimento (CAPEX) adicional realizado.

A imposição de compromisso poderia tornar municípios, atrativos a projetos de investimento de novos entrantes, com Valor Presente Líquido (VPL)[5] positivo, em projetos com VPL negativo, nos quais não vale a pena investir, pois o empreendimento não seria capaz de cobrir os recursos investidos e o seu

---

mento desses compromissos? 2.5) Quais seriam as vantagens e desvantagens da imposição desses compromissos?" (grifos nossos).

5. O valor presente líquido (VPL) é o valor presente da soma algébrica de pagamentos e recebimentos futuros descontados a uma taxa de juros apropriada, menos o custo do investimento inicial. A taxa que iguala o VPL a zero é a Taxa Interna de Retorno (TIR), que indica a rentabilidade de um dado investimento. Para que um investimento seja realizado, a TIR deve ser maior, ou pelo menos igual, ao custo de capital da empresa.

Custo Médio Ponderado do Capital (CMPC, ou WACC - Weighted Average Cost of Capital, na terminologia usual de finanças corporativas).

Esse raciocínio não é apenas uma possibilidade teórica. Utilizando-se dados relativos a municípios brasileiros e operacionais do setor, pode-se mostrar os efeitos negativos de investimentos realizados por eventual imposição de metas de cobertura, isto é, de ampliação de rede. Um exercício simplificado, realizado em duas etapas.

Inicialmente, seguindo a aplicação de modelo de entrada no setor de TVC realizado por Barrionuevo e Lucinda (2010),[6] foram identificados municípios onde seria lucrativa a entrada de, pelo menos, uma nova prestadora. Em segundo lugar, utilizando dados fornecidos pela NET Serviços de Comunicação, de Receita Média por Usuário (ARPU - Average Revenue per User) por classe de renda, custos operacionais (OPEX), custos de investimentos (CAPEX) e prazos de Amortização e Depreciação, foi possível, considerando diferentes níveis de investimento compulsório realizado nos municípios apontados (mensurado como cobertura porcentagem de domicílios), verificar se o ganho líquido seria positivo (atraindo investimentos) ou negativo (desestimulando a sua realização).

Antes, contudo, deve-se esclarecer que se parte da hipótese de que o serviço é prestado em regime privado e, portanto, onde há concorrência, ou seja, não há impedimento à entrada de novas prestadoras e os preços são definidos pela concorrência entre estas.

Caso o mercado operasse em regime de exclusividade, monopolista, tal como foi o serviço de TVC nos EUA antes da introdução do MMDS e do DTH, o preço poderia ser fixado em um nível que permitisse a definição de meta de cobertura (e pois de investimento) previamente acordada com as prestadoras. Por exemplo, por meio de uma licitação entre possíveis interessados para prestar serviço de TV por Assinatura em um dado município, seria possível a cada um dos licitantes, considerando a sua eficiência e o retorno esperado, fazer uma oferta de estender a cobertura em sua área de atuação.

Essa possibilidade decorreria do fato de que as empresas disputariam "o" mercado e não "no" mercado. Assim, os preços monopolistas permitiriam investimentos não rentáveis em mercados competitivos.

Ao contrário, existindo competição, preços e margens monopolistas não são praticáveis, o que torna impossível remunerar investimento (e por conse-

6. Arthur Barrionuevo e Cláudio Ribeiro de Lucinda, *Análise das condições de entrada no mercado brasileiro de TV a cabo*. São Paulo, Associação Brasileira de TV por Assinatura, 2010.

quência a extensão de cobertura) por essa forma. No regime concorrencial, é a competição entre as empresas estabelecidas, e a oposta por novos entrantes, que reduz preços e estimula a ampliação do mercado e dos investimentos, e não índices de cobertura (e de investimentos) impostos.

Assim, haveria mais uma insuperável antinomia entre a proposta contida no "Questionário", a qual, simultaneamente, pretenderia impor às prestadoras cobertura em grupos de municípios mais e menos atrativos, *versus* liberar a entrada a qualquer interessado capaz de arcar com os custos administrativos de uma autorização, e assegurar haver concorrência no mercado de SeAC.[7]

É clara a antinomia da proposta contida no "Questionário". Vejamos. O primeiro conjunto de medidas pressupõe a existência de poder de monopólio[8] (ainda que restrito) para financiar o investimento compulsório e sabidamente não lucrativo, ao passo que o segundo conjunto promove a competição e reduz o poder de monopólio, frustrando o objetivo visado no conjunto precedente.

Portanto, tendo em vista a realidade atual do mercado de TV por Assinatura no Brasil, com competição acirrada, rápido crescimento, o DTH já respondendo por mais de 50% dos assinantes, é ilusório acreditar que se possa impor índice de cobertura - aos respectivos investimentos não remuneráveis - a novas ou antigas operadoras de TVC.

Outros instrumentos - como redução de impostos - deveriam ser considerados pela ANATEL para ampliar a rede terrestre e por conseguinte ampliar a base de assinantes.

A seguir, são alinhados os parâmetros que definiram os municípios onde deve haver atrativo econômico a novas prestadoras.

4.2.1 Entrada no mercado de TV por Assinatura

O objetivo do estudo de Barrionuevo e Lucinda (2010) foi entender como a liberalização das licenças de TV a Cabo poderia contribuir para expansão da rede terrestre.

Em um mercado competitivo, como esse é, investigou-se se, dada a liberalização das licenças, haveria entrada de novas empresas de cabo em mercados desatendidos por esse serviço, e em quais mercados tal entrada iria ocorrer.

7. Pouco importaria se os "grupos econômicos" fossem grandes, médios ou pequenos; a lógica da busca da rentabilidade é a mesma, e o fator a definir essa rentabilidade, entre outros, é o grau de competição no mercado, e não o tamanho do grupo econômico.
8. Como se sabe, poder de monopólio em linguagem econômica é a capacidade de fixar preços e, adicionalmente, de evitar a competição.

Estas questões foram avaliadas utilizando a metodologia de Bresnahan e Reiss (1991),[9] em que a variável dependente é o número de empresas ofertando um determinado tipo de serviço - TV a Cabo, Banda Larga ou uma combinação dos dois, o chamado Combo - em um dado mercado. Esse número de empresas, a sua vez, depende de variáveis que determinariam tanto o lucro variável da empresa por usuário, quanto o número de usuários em uma determinada cidade, e variáveis associadas aos custos fixos de entrada na mesma área.

A partir daí é possível saber se, em uma determinada região, será lucrativa ou não a entrada de um determinado número de empresas.

Considerando os dados coletados junto ao *Atlas Brasileiro de Telecomunicações*, do IBGE, foi estimado um modelo nessa linha para uma amostra composta por 1.289 municípios brasileiros (ano de 2007), correspondentes a cerca de 143 milhões de habitantes, parcela significativa (em torno de 75%) da população nacional (190 milhões).

Os resultados do modelo mostraram que, em primeiro lugar, a maior parte dos municípios brasileiros que não dispõe de nenhum tipo de serviço relacionado às prestadoras que se utilizam de cabo - TV por Assinatura, Banda Larga ou Combo - continuará sem ter acesso a esses serviços.

Aproximadamente 3 milhões de habitantes (15%), de um total de 21 milhões desatendidos, passariam a ter acesso a algum dos serviços ofertado pelas prestadoras que utilizam cabo. Os outros 85% - correspondentes aos restantes 18 milhões - continuariam desatendidos.

É importante notar também que a esses 18 milhões devem ser adicionados outros 45 milhões que estão nas cidades com até 20 mil habitantes, e cujos dados não foram coletados na amostra original.

O conjunto de municípios onde se localizam os 3 milhões de habitantes e onde haveria a entrada de uma empresa, com algum dos serviços prestados pelas empresas de cabo (TV por Assinatura, Banda Larga ou Combo), com a liberação da entrada, ou seja, onde o próprio mercado gera incentivos à entrada, são examinados a seguir.

4.2.2 Entrada de novos operadores com obrigação de cobertura no mercado de TV por Assinatura

A fim de entender como a existência de cobertura obrigatória afeta o investimento, foram utilizadas informações de receitas, custos e investimentos fornecidos pela NET Serviços de Comunicação, nos municípios onde o mode-

9. T. F. Bresnahan e P. C. Reiss, Entry and competition in concentrated markets. *Journal of Political Economy*, v. 99, p. 977-1009, 1991.

lo do item anterior aponta a entrada de um novo operador, caso não houvesse obrigação de investimento adicional.

O exercício realizado é bastante simples. Foi simulado um Demonstrativo de Resultados do Exercício (DRE), incluindo entre as despesas o Custo Médio Ponderado do Capital (WACC), que remunera acionistas e credores, e tem como resultado uma margem líquida final da prestação do serviço de TV por Assinatura aos domicílios de diferentes classes de renda.

A fim de se verificar o impacto da obrigação de cobertura, partiu-se da seguinte hipótese, simplificadora: quando os investimentos são realizados em um novo município, há uma ordenação dos investimentos; primeiro são atendidos os domicílios da classe de renda A, depois da classe B, sucessivamente, até a classe E.[10]

A seguir, calculou-se a margem operacional por classe de renda (A, B e C), tomando-se a Receita Média por Usuário, líquida de impostos indiretos (ARPU), por classe de renda, retirando os custos operacionais (OPEX), também por classe de renda (como o tipo de pacote médio comprado por classe de renda varia, varia também o custo de programação a ele associado). Foram considerados nesse cálculo todos os serviços ofertados por uma empresa de TVC, TV por Assinatura, banda larga e telefone fixo.

Dada a insignificante participação das classes D e E na base de assinantes, por hipótese foi atribuído um valor zero tanto às receitas como às despesas operacionais advindas dos domicílios nessas classes de renda.

Os gastos com investimentos, gastos de capital (CAPEX), foram divididos em duas categorias: CAPEX I e CAPEX II. O CAPEX I tem, como principais componentes, gastos com vendas, instalação do serviço no domicílio do usuário e o equipamento set-top box. O valor do CAPEX I é amortizado em um período equivalente ao número médio de anos de permanência do cliente na empresa de TVC.

O CAPEX II tem, como principais componentes, os gastos com a Construção de Rede, que foi calculado por município e por equipamento. Embora o ideal seja trabalhar com o Custo Marginal de Longo Prazo, onde todos os custos são variáveis, alguns investimentos tem caráter "semivariável". Foi calculado então um valor para uma planta que pudesse atender 60 mil domicílios e, a partir daí, calculado um valor de investimento por domicílio. O CAPEX II por domicílio é depreciado em um período correspondente ao

10. Simplificadamente supusemos também que cada domicílio representa ou zero ou um assinante. Assim, não há mais de um assinante por domicílio.

número médio de anos de depreciação para esses equipamentos, de acordo com a NET.

Para que o custo econômico seja calculado em sua totalidade, foi incluído o WACC. Esse valor foi calculado no estudo de Almeida (2011) sobre o Custo de Capital do Setor de TV por Assinatura no Brasil,[11] que apresenta diferentes valores de WACC Nominal, calculados segundo diferentes especificações do CAPM. Foram utilizados os seguintes modelos: (1) Local; (2) Global; (3) Goldman Sachs; (4) Solnik e (5) EUA Ajustado. As diferentes estimativas resultam da utilização de diferentes fontes de capital, próprio ou de terceiros, locais ou internacionais.

A autora considera que a estimativa Goldman Sachs (de 8,23% a.a.) é a mais adequada para representar esse custo no longo prazo, e por isso foi ela aqui utilizada.

Os resultados desses exercícios mostraram que a margem líquida é positiva nas classes A, B e C, e negativa na hipótese de cobertura obrigatória das classes D/E.

Note-se que a metodologia aqui apresentada, de calcular o DRE para um período, poderia ser sofisticada. Poder-se-ia, por exemplo, calcular o VPL, onde depreciação e amortização entram com valor positivo e o fato de incorporar um amplo horizonte temporal permite tratar da evolução do negócio ao longo dos anos. Todavia, isso significaria assumir um conjunto de hipóteses adicionais sujeitas a controvérsia. Por exemplo, qual seria a taxa de migração das classes D/E para a classe C? E dessa para a classe B? Como a competição do DTH afetaria a evolução do ARPU das diferentes classes? Esses são apenas alguns exemplos entre tantas outras questões, cujas hipóteses teriam que ser explicitadas. Como o atual cálculo é um exemplo, e não uma estimativa precisa, preferiu-se manter a simplicidade, cujos resultados são apresentados a seguir.

Em resumo, os procedimentos utilizados para a estimativa dos efeitos prováveis de exigências de cobertura associadas ao acesso de novas operadoras nos mercados locais de TV a Cabo são listados a seguir.

Inicialmente, foi estimado um modelo para determinar em quais cidades a entrada de empresas em mercados locais seria mais provável, dados os incentivos de lucratividade.

11. Luciana Baldez Almeida, *Custo de capital do setor de TV por assinatura*, Dissertação de Mestrado, Brasília, Faculdade de Economia, Administração, Contabilidade e Ciência da Informação e Documentação, Centro de Estudos em Regulação de Mercados, UnB, 2011.

Para as diferentes cidades, foi calculada a quantidade de domicílios em cada uma das classes sociais, de acordo com as classificações da Associação Brasileira de Empresas de Propaganda (ABEP).

Ao mesmo tempo, foram calculadas a Receita Média por Usuário (Average Revenue per User), assim como o Custo Médio por Usuário (domicílio).

A partir desses valores, foi calculada a Margem de Contribuição por usuário em cada uma das classes – de A a E.

Em seguida, a partir dessas margens, foram simulados os efeitos sobre a lucratividade das empresas decorrentes de diferentes níveis de cobertura exigidos das operadoras.

Como o compromisso de cobertura obriga o investimento em domicílios com margem negativa, quanto maior o nível de exigência de cobertura, menos incentivadas são as empresas a entrar nessas cidades.

Tabela – Efeitos do Índice de Cobertura Obrigatório sobre o Investimento

Exigência de Cobertura	Cidades com Lucro > 0	Cidades com Lucro < 0	Soma dos Lucros Positivos (em R$)	Soma dos Lucros Negativos (em R$)
10%	180	0	218.647.276,13	0,00
20%	180	0	218.647.276,13	0,00
30%	180	0	218.647.276,13	(606.107,40)
40%	178	2	218.647.276,13	(8.634.781,89)
50%	164	16	218.647.276,13	(25.737.031,56)
60%	126	54	218.647.276,13	(48.328.862,84)
70%	90	90	218.647.276,13	(75.832.714,10)
80%	71	109	218.647.276,13	(107.516.550,82)
90%	53	127	218.647.276,13	(145.009.533,06)
100%	15	165	218.647.276,13	(302.035.309,30)

Fonte: Elaboração própria a partir de informações IBGE, Net Serviços e Almeida (2010).

Na Tabela, pode-se observar os efeitos sobre o incentivo à entrada decorrentes de diferentes exigências de atendimento de domicílios.

Apesar de o cálculo ser apenas um exemplo, tendo em vista o grande número de domicílios de classe D/E em relação aos de classes A/B, pode-se observar que o índice de cobertura compulsório prefigurado no "Questionário" terá um efeito fortemente negativo sobre a decisão de investir. O número de cidades onde existirá incentivo para investir tem relação inversa com o índice de cobertura. Se o objetivo da ANATEL é, como afirma, maximizar o número de municípios com prestadoras de TVC, o próprio mercado é capaz de incentivar a entrada de prestadores nos 180 municípios aqui referidos. Entretanto, se for imposto um índice de cobertura, e se ele ultrapassar 30% dos domicílios, o efeito será contrário, isto é, reduzirá o número de entrantes e consequentemente a ampliação da rede terrestre.

4.3 Antinomia e contrariedade à Lei

4.3.1 Antinomia invencível

Já em seu título, o "Questionário" mostra uma antinomia invencível. E, mais grave, uma forte contrariedade à Lei.

A antinomia está em que de imposição não decorre, não pode decorrer compromisso. Quem impõe - estando em posição legal de impor, o que não é o caso da ANATEL - comanda, ordena, por força de norma jurídica que assim o habilita. Logo não firma compromisso.

Pois o compromisso supõe a manifestação livre de vontades, o acordo entre partes, compromitente e compromissário entendendo-se. Na imposição há unilateralidade, ela tem natureza coativa, de impelir alguém a cumprir a exigência que se lhe imponha, comando que se lhe espeça, ordem que se lhe seja dada.

Estaria a ANATEL, e por meio de resolução de seu Conselho Diretor, habilitada a impor compromisso a prestadores de SeAC, titulares de redes "terrestres de telecomunicações", atuantes sob o regime privado prescrito na LGT?

A resposta é negativa, e não apenas devido à impossibilidade lógica acima apontada, de que não se conhece compromisso a resultar de imposição. Mas, sobretudo, porque seria contrário à Lei impor a ANATEL compromisso, como aquele que o "Questionário" prefigura, a qualquer prestador de serviço de telecomunicações.

4.3.2 A contrariedade à Lei

Mesmo no regime público de prestação de serviços de telecomunicações previsto na LGT não há imposição de inversão compulsória de recursos privados para ampliação de rede terrestre utilizada para ofertar serviço de telecomunicações.

Os serviços prestados em regime público, aos quais se estipulou a obrigação de universalização – expansão da oferta por meio da ampliação desigual da rede terrestre – são pactuados em contrato de concessão no qual o figurante privado essa posição (de prestador deles) alcançou após haver disputado e vencido licitação cujo edital já estipulava a obrigação de o vencedor do certame expandir a rede terrestre e assim universalizar os serviços que viesse a prestar.

Nesse contexto, o prestador de serviços executados em regime público não se viu sob a imposição de ampliar a sua rede para ampliar a oferta dos serviços os quais se obrigou a prestar: não lhe foi imposto universalizá-los. Ao contrário, aceitou ele, livremente, essa obrigação legal posta pelo poder público como condição à contratação dos serviços.

O poder público poderá entender necessário alterar o escopo de tais serviços, porém só o poderá fazer mediante a sua repactuação, jamais sob imposição.

No ordenamento jurídico brasileiro não se admite a prestação de serviços sob imposição de quem quer que seja.

Se no regime público previsto na LGT não se admite senão a pactuação das cláusulas que disciplinam a prestação desses serviços, no regime privado não se pode sequer cogitar de se impor compromisso aos prestadores atuantes em seu âmbito.

O regime privado é o de livre-iniciativa, este um princípio fundante da ordem constitucional, a alcançar todas as normas jurídicas, todo o ordenamento jurídico, todo aplicador da Lei – como é a ANATEL – que a ele não podem se opor, constranger, ignorar, distorcer. A própria LGT presta ao princípio constitucional da livre-iniciativa a devida obediência ao fixar a ANATEL destinatária da regra de seu art. 126: "a exploração de serviço de telecomunicações no regime privado será baseada nos princípios constitucionais da atividade econômica".

Ora, o princípio maior da disciplina constitucional da atividade econômica é, precisamente, a livre-iniciativa, a saber, a liberdade de o agente econômico iniciar o seu empreendimento pela forma (não defesa em Lei) que melhor entender, livremente decidindo como investir o seu capital e o risco a enfrentar.

No art. 128 da mesma LGT, cujo comando também é dirigido à ANATEL, lê-se que a ANATEL, "ao impor condicionamentos administrativos ao direito de exploração das diversas modalidades de serviço no regime privado [...] observará a exigência de mínima intervenção na vida privada, assegurando que a liberdade será a regra, constituindo exceção as proibições, restrições do poder público".

A exigência à ANATEL de obediência – de ela cumprir estritamente a regra legal – soma-se, consequentemente, a exigência de ela proceder à mínima intervenção na ordem privada, porque o legislador entendeu, como devido, ser a liberdade de iniciativa a regra determinante dos serviços prestados no regime privado. E, certamente, condicionamentos administrativos não incluem a "imposição de compromissos" de investimento por parte de acionistas de prestadores de SeAC, titulares de redes terrestres.

A imposição prefigurada no "Questionário" resultaria em um deslocamento do poder de decisão sobre a inversão de capitais privados: não mais seriam eles investidos segundo critério e risco fixados e avaliados pelos titulares desses recursos, mas segundo critério exclusivo formulado pela ANATEL, que assim estenderia sua jurisdição ao âmbito dos recursos privados dos acionistas de prestadores de serviços de telecomunicações!

Não mais decidiriam os acionistas das operadoras de rede terrestre, atuando em regime privado, como, quando e onde investir seus recursos: nos termos do "Questionário", por força de ato expedido pela ANATEL, ela própria decidiria onde tais recursos deveriam ser investidos.

5. *O poder regulamentar da ANATEL*

Sobre o limite do poder regulamentar outorgado a órgão regulador, há muito e copiosamente vêm a doutrina jurídica e a jurisprudência versando, unânimes ambas, em confiná-lo aos termos da Lei, refreando a pretensão ampliativa de agentes administrativos. É verdade que as tarefas a estes cometidas adiante de órgãos reguladores de mercados econômicos é complexa, na medida em que esses órgãos necessitam contar com instrumentos normativos que tornem eficazes a sua intervenção em tais mercados, naturalmente dinâmicos, como é o caso do mercado de telecomunicações, caudatário de inovações tecnológicas significativas que se sucedem velozmente.

O acervo de respostas a consultas públicas reunido pela ANATEL conta com diversos pareceres jurídicos e econômicos, cujo objeto é exatamente analisar e precisar o limite do poder regulamentar da ANATEL. A sua vez, a cultura jurídica desenvolvida no seio da ANATEL por parte de seus consultores jurídicos nesse e em outros temas controvertidos é de reconhecida qualidade técnica. Há, portanto, um significativo acervo doutrinário sobre este tema, o que dispensa ser ele aqui versado mais uma vez com a enumeração extensiva de argumentos e citações doutrinárias e de julgados.

Por outro lado, não parecerá despropositado indagar-se quais seriam as razões de fato e de direito a motivar a ANATEL a propor as regras que o "Questionário" prefigura.

Seria admissível à ANATEL impor a prestadoras, atuantes em regime privado, realizar investimentos segundo o seu comando? Seria admissível a ANATEL subtrair aos acionistas dessas prestadoras o direito de livremente decidir sobre a inversão de seus recursos? Seria admissível a ANATEL impor o índice de ampliação de redes terrestres e as áreas geográficas onde deveriam ser elas ampliadas? Seria admissível à ANATEL impor qual o critério a definir grandes grupos econômicos?

Em última instância, essas questões deduzem-se daquelas inscritas no "Questionário".

E qual a realidade de mercado que estaria à base da proposta contida no "Questionário"?

Ao pretender a ANATEL impor compromissos, ação de todo estranha à LGT, seria razoável esperar-se dispor a ANATEL de estudo capaz de demonstrar a sustentabilidade do investimento em rede terrestre a ser por ela imposto realizar a acionistas privados de prestadoras de SeAC, operando em regime privado.

Revelaria esse estudo de mercado áreas onde haveria demanda sustentável dos serviços de banda larga por redes terrestres, áreas as quais a iniciativa privada ainda não teria identificado, mesmo vendo, como tem sido, crescentes índices expressivos nos últimos anos?

A ANATEL, porém, não divulgou nenhum estudo que a habilitaria supor virem a ser os investimentos os quais ela pretende impor sejam feitos por prestadores de SeAC, pela forma prefigurada no "Questionário", rentáveis o bastante a remunerar a sua realização.

Ora, se a própria ANATEL, órgão regulador do setor de telecomunicações, somando já uma experiência de quinze anos nessa qualidade, não conhece tais números – ou não os divulgou à sociedade que consulta –, como esperar que a sociedade os possa conhecer, analisá-los e então responder ao "Questionário"? E mais, este sequer traz uma proposta articulada sob a forma de resolução, como é aquela relativa à Lei da SeAC, na qual o "Questionário" foi encartado.

Tanto o mercado de Banda Larga quanto o de Televisão por Assinatura, o de SeAC como o chama a nova lei, vêm crescendo a índices expressivos. E esse crescimento se deve ao acerto do legislador que na LGT prescreveu a prestação desses serviços em regime privado e assim propiciou a criação de um regime concorrencial responsável direto pela alocação dos investimentos nas redes que vem possibilitando a expansão da oferta desses serviços, a que se vem assistindo.

O desejo de dispor de serviço de Banda Larga e de Televisão por Assinatura é desejo de todos os consumidores, como antes foi o de dispor de um telefone móvel – desejo satisfeito em larga medida, como mostram os números respectivos a esse serviço, os quais seguem crescendo, como os de Banda Larga e os de Televisão por Assinatura.

Note-se que o crescimento da oferta dos serviços de telecomunicações tem sido sustentável, isto é, capaz de remunerar os investimentos que o possibilitam.

A pressão competitiva nesses mercados é a responsável pela expansão da oferta verificada nos últimos anos, que não cessa porque os preços desses serviços são cadentes, atendendo seus prestadores à regra de que só a concorrência aumenta a oferta, a qualidade e reduz preços de bens e serviços.

II – A Lei do SeAC e a Lei do Cabo

A Lei do SeAC redefiniu, inteiramente, a disciplina da televisão por assinatura no Brasil, revogando e alterando normas anteriores. Entre os aspectos frisantes do novo regime estabelecido pela Lei do SeAC acha-se a deliberada superação da divisão antes a designar a prestação desses serviços pelas diferentes tecnologias por meio das quais podem eles ser prestados. Como se sabe, eram múltiplas as regras que disciplinavam esses serviços e distintos os regimes de prestação deles.

Entre os regimes antes existentes, o relativo aos serviços de Televisão a Cabo (TVC) sob o regime de concessão estipulava a sua prestação em áreas geográficas demarcadas e ao prestador o dever de, em determinado índice, estender a sua rede à área previamente definida. Em termos correntes, fixava índices de cobertura (IC).

Não é estranha ao Direito a obrigação de universalização de serviços, cuja exploração é concedida a particular pelo poder público. A sua adoção permite a expansão da oferta quando ela se mostra inviável em regime competitivo, sendo nesse contexto o prestador o único autorizado a prestar serviços na área demarcada.

O inverso ocorre no regime de livre concorrência, a distinguir o regime privado daquele público, sob o qual, como se sabe, são prestados todos os serviços de telecomunicações, à exceção do STFC. Naquele regime, a oferta – a "cobertura" do mercado, portanto – é ditada pela dinâmica competitiva do mercado, que obriga as prestadoras decidir o investimento, e o risco a correr, a ser feito para atender à demanda por seus serviços. Nesse regime, o regulador cuida especialmente de reprimir e prevenir o abuso do poder econômico, que por alguma forma restrinja, ou possa restringir, a disputa concorrencial.

A Lei do SeAC transformou radicalmente a estrutura normativa dos serviços de televisão por assinatura, atendendo à realidade da experiência verificada nesse mercado, e o abriu inteiramente à livre concorrência, na forma da lei que a disciplina. Todos os prestadores de SeAC disputarão a preferência do usuário dos seus serviços, sob o império de uma mesma norma jurídica. E assim deverão decidir como, onde e quando investir. Do acerto dessa decisão dependerá o sucesso do prestador, pois ele se acha em disputa com concorrentes diretos, todos em busca da preferência do usuário de SeAC.

Contudo, a migração para o regime estabelecido pela nova Lei não é obrigatória. Isto é, não se acha obrigado o prestador de TVC a migrar para o regime de SeAC. O art. 37, § 2.º, da Lei do SeAC diz que:

> "as atuais prestadoras de TVC, MMDS, DTH e TVA, desde que preenchidas as condições objetivas e subjetivas necessárias, poderão solicitar à ANATEL adaptação das respectivas outorgas para termos de autorização para prestação do serviço de acesso condicionado...".

Não é, portanto, obrigatória a migração de prestadoras do regime anterior para o regime criado pela Lei do SeAC. Porém, as prestadoras que migrarem para o novo regime a ele se submeterão, integralmente: sobre eles cessa a incidência da lei anterior, vigendo apenas a Lei do SeAC.

O citado § 2.º do art. 37 da Lei do SeAC refere, impropriamente, a "adaptação das respectivas outorgas para termos de autorização". Em uma palavra, seriam as outorgas, concedidas para prestação de serviços (TVC) sob o regime anterior à Lei do SeAC, "atualizadas", e assim transmudadas em autorização para prestação do SeAC.

Essa redação contraria o sentido da Lei do SeAC.

Como visto, o regime de prestação de SeAC é radicalmente diverso daquele no qual eram prestados serviços de televisão por assinatura. O novo regime traz os seus instrumentos próprios, e o seu primeiro, habilitador do prestador de SeAC, é a autorização a ele concedida pela ANATEL. A autorização a ele confere o direito de prestar SeAC pela forma que a Lei do SeAC estabelece. Não se opera uma conversão, ou adaptação, de regimes jurídicos: existiu o anterior, que foi revogado – deixou o mundo jurídico –; vige o novo regime legal.

Assim como não se convertem ou se adaptam regimes jurídicos, não há de se adaptar, no caso, outorga, instrumento próprio ao regime vencido, à autorização, própria ao novo regime a suceder o anterior.

O citado § 2.º, em nosso entender, deverá ser lido pela seguinte forma: "... as atuais prestadoras de TVC, MMDS, DTH e TVA, desde que preenchidas as condições objetivas e subjetivas necessárias, poderão solicitar à ANATEL [...]

autorização para prestação do serviço de acesso condicionado...". Essa redação atende ao sentido da Lei do SeAC.

Não se pode imaginar duas classes de autorização no âmbito dessa Lei. Uma, autorização adaptada; outra, autorização pura e simples.

O prestador que migrar para o regime da nova Lei obviamente não estará sujeito às prescrições legais antes a ele aplicáveis. Remanescerão em vigor as outorgas e os contratos daqueles prestadores que não migrarem para o regime do SeAC, que optarem por permanecer sob o regime anterior.

Não se pode conceber prestador que migre, exerça essa opção que a Lei do SeAC lhe assegura, e consigo seja obrigado a trazer obrigações vigentes no contexto legal anterior. Admitida por absurdo essa hipótese, ter-se-ia uma classe especial de prestador, aquele a carregar duplo rol de obrigações: aquelas estabelecidas sob o regime legal vencido e as estabelecidas no regime em vigor.

Exemplo flagrante desse duplo regime seria cobrar-se de prestadora o cumprimento de cobertura de áreas antes exigidas, já vigente a Lei do SeAC. As metas então fixadas são obrigações do vencido regime, e não do atual, e assim deverão resolver-se no âmbito daquele regime.

Não pode o regulamento do SeAC inscrever tal obrigação. Embora isso possa sugerir o § 11 do art. 89 da Consulta, a sua leitura atenta não confirma essa suspeita; ao contrário, desmente-a:

> "§ 11. As prestadoras dos Serviços de TVC, MMDS, DTH e TVA que adaptarem seus instrumentos de outorga deverão se comprometer a adimplir as obrigações assumidas em suas atuais outorgas, em cada Área de Prestação do Serviço, nos prazos previstos nos respectivos instrumentos de outorga, no que não conflitar com a Lei do SeAC".

Não pode regulamento pôr na Lei o que nela não pôs o legislador; logo, não é possível a ANATEL acrescer à lei do SeAC o que o legislador ordinário nela não estipulou.

O dever de adimplir obrigações fixadas em lei ou em contrato anterior naquele âmbito se resolve. Porém, o citado § 11 do art. 89 da Consulta elimina qualquer dúvida sobre a eventual disposição ampliativa em relação à Lei, ao estabelecer em seu final que o comando nele contido não poderá conflitar com a Lei do SeAC.

Como se viu, a Lei do SeAC não estabelece, nem poderia estabelecer, a obrigatoriedade de cobertura de áreas geográficas. Essa obrigação, pactuada no regime anterior e, então, aplicável à TVC, não tem lugar em um regime de plena competição, como é o consagrado na Lei do SeAC.

Assim, não se pode admitir, na prestação de SeAC, prestadora desses serviços a carregar a obrigação de cobertura compulsória de área geográfica.

A autorização para prestar SeAC abre às prestadoras já atuantes no mercado de televisão por assinatura uma nova era, de competição não apenas entre si, mas em relação aos entrantes, aos prestadores autorizados, que se iniciam nessa atividade.

Como se sabe, em empresas competitivas, a disputa entre competidores é o fator determinante dos investimentos que fazem. E esses investimentos atendem à demanda dos usuários, a qual se amplia porque a dinâmica competitiva reduz continuamente os preços dos serviços prestados. Por essa razão, não se cogita, em mercados competitivos, de obrigação de os universalizar. Esse propósito - sempre pactuado, jamais imposto - perde o seu sentido em mercados onde vige o regime de livre concorrência. Por essa razão, no regime privado, cujo cerne é a livre concorrência, não pode ter lugar obrigação de cobertura de área, de universalização, enfim de obrigação de extensão de rede estipulada pelo regulador às prestadoras.

Vigente a Lei do SeAC, como em seu âmbito poder-se-ia inscrever obrigação de cobertura, herdada do regime anterior revogado? Inquestionavelmente, nessa nova era, sob a vigência da Lei do SeAC, a concorrência deverá ser muito mais intensa. Daí a importância de a Lei do SeAC unificar, em um mesmo plano normativo, o mercado que inaugura.

Conclusão

A imposição de compromissos prefigurada no "Questionário" de investimento é instrumento próprio de economia dirigida pelo Estado, e, assim, contraria a ordem econômica definida na Constituição. O legislador constitucional brasileiro rejeitou o dirigismo coativo, como os juristas italianos denominaram o Estado impositor de comandos à iniciativa privada. Na experiência política nacional o dirigismo coativo trouxe funestos resultados - no mercado de telecomunicações também - e, por essa razão, foi aquele regime eliminado pela atual Constituição, que outorgou ao Estado o dever de regular e fiscalizar a atividade econômica, sempre na forma da Lei.

A imposição de compromisso de investimentos - a imposição de cobertura - à prestadora de SeAC não ofenderia apenas à ordem jurídica. Ela desarticularia toda a estrutura competitiva do mercado de banda larga e de televisão por assinatura, o que resultaria em menos oferta de serviços de televisão por assinatura e de banda larga, ao contrário do que pode supor a um primeiro exame a proposta contida no "Questionário".

O efeito econômico da implementação das medidas prefiguradas no "Questionário" seria negativo. Ao contrário do pretendido pela ANATEL, a imposição de cobertura preveniria investimentos em municípios nos quais houvesse atrativo econômico a um novo entrante. Reduziria, em lugar de promover, novos investimentos em rede por parte das empresas de TVC, reduzindo em consequência o número de domicílios que poderiam ser alcançados pelo processo ordinário de expansão. A Tabela acima, mostra o impacto significativo nesse sentido, e mostra também que, maior o índice de cobertura, maior o impacto negativo sobre o investimento. Portanto, fosse o objetivo da ANATEL ampliar o número de municípios onde haveria investimento, o mercado seria capaz de incentivar a extensão dos serviços em mais 180 municípios. Todavia, fosse admissível esse propósito e a ANATEL viesse a impor índice de cobertura, e este ultrapassasse 30% dos domicílios, efeito dessa medida seria contrário ao pretendido: a entrada de prestadoras e a extensão da rede territorial terrestre seria severamente reduzida.

A Lei do SeAC, expressamente, não admite a obrigação de cobertura de áreas geográficas - de índices de cobertura. Ao contrário, ela chega como um vigoroso estímulo à livre concorrência, advertido o legislador de que esse regime não apenas é o regime prescrito na Constituição Federal e, portanto, inscrito na LGT, mas também pelo fato irretorquível de ele possibilitar a alocação rentável de recursos, o que estimula a concorrência, expandindo, assim, a oferta, como vêm mostrando os expressivos índices de crescimento registrados no mercado de televisão por assinatura. Obrigação pretérita de índice de cobertura há de ser resolvida no âmbito da Lei e, note-se, da realidade que se impôs ao seu cumprimento.

Bibliografia

ALMEIDA, Luciana Baldez. *Custo de capital do setor de TV por assinatura.* Dissertação de Mestrado. Brasília: Faculdade de Economia, Administração, Contabilidade e Ciência da Informação e Documentação, Centro de Estudos em Regulação de Mercados, UnB, 2011.

ANATEL. ABEP, Critério de classificação econômica Brasil, 2012. Disponível em: <http://www.abep.org/novo/filegenerate.ashx?id=257>. Acesso em: jul. 2012.

_____. Consulta pública n. 65. Disponível em: <http://sistemas.anatel.gov.br/SACP/Contribuicoes/TextoConsulta.asp?CodProcesso=C1550&Tipo=1&Opcao=>. Acesso em: jul. 2012.

BARRIONUEVO, Arthur; LUCINDA, Cláudio Ribeiro de. *Análise das condições de entrada no mercado brasileiro de TV a cabo*. São Paulo: Associação Brasileira de TV por Assinatura, 2010.

BRASIL. Constituição da República Federativa do Brasil. Brasília, DF: Senado Federal, 1988. Disponível em: <http://www.planalto.gov.br/ccivil_03/Constituicao/Constitui%C3%A7ao.htm>. Acesso em: jul. 2012.

_____. Lei 9.472/1997. Disponível em: <http://www.planalto.gov.br/ccivil_03/leis/l9472.htm>. Acesso em: jul. 2012

_____. Lei 12.485/2011. Disponível em: <http://www.planalto.gov.br/ccivil_03/_Ato2011-2014/2011/Lei/L12485.htm>. Acesso em: jul. 2012.

BRESNAHAN, T. F.; REISS, P. C. Entry and competition in concentrated markets. *Journal of Political Economy*, v. 99, p. 977-1009, 1991.

BRIGHAM, Eugene; EHRHARDT, Michael. *Financial management*: theory and practice. 13. ed. Ohio: Cengage Learning, 2011.

DUTRA, Pedro. Regulação econômica: trajetória e perspectivas. In: LIMA, Maria Lúcia L. M. Pádua (coord.). *Direito e economia:* 30 anos de Brasil. São Paulo: Saraiva, 2012.

VISCUSI, W. Kip; VERNON, John M.; HARRINGTON, Joseph E. *Economic of regulation and antitrust.* 2. ed. Massachusetts: The MIT Press, 1995.

INTEGRAÇÃO DE EMPRESAS NO MERCADO DE TELECOMUNICAÇÕES E A NOVA LEI DE DEFESA DA CONCORRÊNCIA[1]

Pedro Dutra

Sumário: 1. Reprivatização e regulação: causas e consequências – 2. A reprivatização das telecomunicações – 3. ANATEL e o seu regime peculiar de controle de concentração – 4. O controle de concentração nas telecomunicações e a nova Lei de Defesa da Concorrência – 5. O controle efetivo de concentração nas telecomunicações.

1. Reprivatização e regulação: causas e consequências

Expressiva parcela da doutrina recente atribuiu à privatização executada nos anos 1990 a exaustão da capacidade do Estado investir no provimento de serviços públicos e a razão da criação das agências reguladoras. As duas afirmações são imprecisas.

Jamais o Estado brasileiro teve capacidade de investir para atender à prestação dos serviços que a doutrina nacional, a exemplo da francesa pelo final do século XIX e início do século XX, denominou de serviços públicos. Quais sejam aqueles que a Lei atribui ao Estado prestá-los, outorgando-lhe, todavia, a possibilidade de cometer a terceiro a execução deles – concedendo-os. Toda a infraestrutura de serviços públicos no Brasil – luz, gás, telefonia, transporte etc. – foi implantada pela iniciativa privada sob o regime de concessão, regime que perdurou, com variações, em alguns casos até a década de 1960, embora na década anterior algumas dessas concessionárias privadas já houvessem sido estatizadas.

1. Laércio Farina et al., *A nova Lei do CADE*, Ribeirão Preto, Migalhas, 2012, p. 158 e ss.

No regime militar implantado a partir de abril de 1964, os recursos que alimentaram uma radical estatização da economia – comparável à verificada na Itália fascista dos anos 1930 – foram majoritariamente havidos por meio de empréstimos externos. Além do excessivo endividamento que levou o Brasil a uma situação de inadimplência no início da década de 1980, a prestação dos serviços públicos pelas empresas sob controle estatal, que floresceram abundantemente a partir da última metade do século passado, especialmente entre 1960 e meados de 1985, embora tenham registrado uma ampliação inicial da oferta dos principais serviços públicos (sobretudo às camadas mais favorecidas da população), não alcançou atender aos requisitos essenciais próprios a esses serviços, entre outros os padrões de universalização, inovação e modicidade tarifária.

E, pelo final da década de 1980, o modelo estatal de prestação de serviços públicos esboroava-se, corroído pela ineficiência administrativa e pela malversação de recursos públicos. Não apenas em razão da exaustão de recursos a investir, senão pela incapacidade de o Estado investir corretamente os recursos existentes deveu-se o fracasso desse modelo.

Outra causa menos observada, porém determinante desse fracasso, foi o silêncio ao qual foram submetidos os órgãos reguladores então existentes.

Já na década de 1920 era proposta regulação de serviços públicos concedidos à iniciativa privada por meio de agências reguladoras – com essa designação inclusive –, sob a forma de órgãos técnicos para esse fim criados, e imunes à influencia político-partidária do Poder Executivo. Uma refinada construção doutrinária animou a discussão então travada sobre as agências, que se estendeu inclusive à crítica ao regime jurídico de serviços públicos vigentes no Brasil, a este opondo o regime norte-americano, no qual todos os serviços são de natureza privada mas aqueles cuja prestação atenda o interesse público submetem-se à regulação de suas atividades, cumprida por meio de órgãos de Estado.[2]

Mas a ditadura do Estado Novo implantada em 1937 fulminou a possibilidade de se afirmar entre nós uma regulação técnica, e, portanto, independente, a exemplo de sua congênere e pioneira norte-americana, dos serviços públicos, cuja demanda crescia continuamente. Ao contrário, a regulação desses serviços, prestados por empresas privadas, foi cometida não a órgãos reguladores independentes mas a "órgãos ordinários da administração", os quais não

2. Cf. Pedro Dutra, Regulação econômica: trajetória e perspectivas, in: Maria Lúcia L. M. Pádua Lima (coord.), *Direito e economia*: 30 anos de Brasil, São Paulo, Saraiva, 2012, t. I, p. 326 e ss.

tardaram a serem subjugados pelo modelo centralizador autoritário, do qual a administração pública brasileira jamais conseguiu se livrar inteiramente.

2. A reprivatização das telecomunicações

A privatização iniciada na década de 1990 foi, em verdade, uma reprivatização, pois mais uma vez intentou-se atribuir-se à iniciativa privada a prestação dos serviços públicos e a função de os regular a órgãos técnicos e independentes para esse fim criados.

Entre os mercados a serem reprivatizados, o de telecomunicações mostrou-se o mais atraente. Nele o avanço tecnológico iniciado no último quartel do século passado intensificou-se notavelmente, conferindo-lhe uma dinâmica extraordinária, a qual interessou, com real possibilidade de retorno lucrativo, uma grande soma de capitais.

O principal articulador da campanha do ex-Presidente Fernando Henrique Cardoso e o mais influente integrante da sua equipe de governo assumiu a pasta das telecomunicações e comandou a reprivatização de todo o sistema Telebrás, constelado de concessionárias estatais distribuídas pelos estados da Federação. Sergio Motta percebeu a importância de dotar o mercado de telecomunicações – transferindo à iniciativa privada o controle das suas empresas – de um órgão regulador técnico e que fosse imune a pressões partidárias. Com esse propósito, foi criada a Agência Nacional de Telecomunicações – ANATEL. Contudo, o Ministro não quis abrir mão de sua influencia sobre a nova agência, e ao seu conselho diretor indicou técnicos do Ministério das Telecomunicações sob a sua chefia, acolhidos das empresas estatais então privatizadas. Por um lado, a experiência profissional desses técnicos no setor era um fator indispensável ao cumprimento pela ANATEL, ao inicio de suas funções legais, de suas atividades. De outro lado, todavia, nenhum deles trazia experiência havida em mercados competitivos e de uma atuação funcional acima dos interesses partidários que ordinariamente condicionam a ação do Poder Executivo. Tampouco o Ministro Sergio Motta abriu mão de exercer a influência que seu prestígio político lhe assegurava. Criou-se, assim, uma ambiguidade em relação à natureza da ANATEL. Dotada de independência decisória e hierárquica inscritas na Lei Geral de Telecomunicações (LGT) – acertada medida legislativa –, os dirigentes da ANATEL, e o próprio Ministro, não se achavam, porém, aclimatados a essa nova cultura administrativa. Esse contexto refletiu-se também na aplicação da LGT, em sua relação necessária com as regras da Lei de Defesa da Concorrência.

Bem redigida, a Lei 8.884/1994, que vem de expirar revogada pela Lei 12.529/2011, não isentou nenhum setor da economia, estendendo a defesa da concorrência ao mercado de telecomunicações e seus segmentos. Mas a LGT, por (equivocada) influência da burocracia do Ministério das Comunicações durante a sua redação, outorgou à ANATEL competência para exercer funções repressivas e preventivas ao abuso do poder econômico, em paralelo a estas funções, precípuas, do CADE, a ele antes outorgadas pela citada Lei 8.884/1994.[3]

A competência da ANATEL, à margem da competência outorgada ao CADE, permitiu àquela agência instruir processo sancionador – a reprimir infrações à ordem concorrencial –, substituindo por essa forma a SDE, que exercia essa função em relação a todos os demais mercados de bens e serviços.[4] E, também, permitiu à ANATEL manifestar-se sobre atos de integração empresarial – atos de concentração, em linguagem corrente[5] – firmados no mercado de telecomunicações. Essa prerrogativa distanciou a ANATEL do

---

3. Dispõe a LGT: "Art. 7.º As normas gerais de proteção à ordem econômica são aplicáveis ao setor de telecomunicações, quando não conflitarem com o disposto nesta Lei. § 1.º Os atos envolvendo prestadora de serviço de telecomunicações, no regime público ou privado, que visem a qualquer forma de concentração econômica, inclusive mediante fusão ou incorporação de empresas, constituição de sociedade para exercer o controle de empresas ou qualquer forma de agrupamento societário, ficam submetidos aos controles, procedimentos e condicionamentos previstos nas normas gerais de proteção à ordem econômica. § 2.º Os atos de que trata o parágrafo anterior serão submetidos à apreciação do Conselho Administrativo de Defesa Econômica – CADE, por meio do órgão regulador. § 3.º Praticará infração da ordem econômica a prestadora de serviço de telecomunicações que, na celebração de contratos de fornecimento de bens e serviços, adotar práticas que possam limitar, falsear ou, de qualquer forma, prejudicar a livre concorrência ou a livre-iniciativa".

   E ainda o art. 97 da mesma LGT: "Dependerão de prévia aprovação da Agência a cisão, a fusão, a transformação, a incorporação, a redução do capital da empresa ou a transferência de seu controle societário. Parágrafo único. A aprovação será concedida se a medida não for prejudicial à competição e não colocar em risco a execução do contrato, observado o disposto no art. 7.º desta Lei".

4. Substituição que, todavia, não se operou; revoltaram-se os fatos contra esta má regra da LGT: ante a inépcia repressiva da ANATEL – feitos mal instruídos e lentíssimos, que hoje contariam por várias dezenas de milhares em curso –, empresas denunciavam, e seguiram determinando condutas que entendem infrativas à ordem concorrencial diretamente à Superintendência Geral, que as processam enviando-as a julgamento ao CADE.

5. O vezo imitativo, que alcança também o direito nativo (Mário de Andrade com alegre acidez se referia a ele por macaqueação), fez com negócios jurídicos de integração empresarial, os atos de concentração de poder econômico de mercado, passassem a ser referidos por operação, denominação corrente de negócios

CADE e, contrariando a expectativa de seus defensores iniciais, da própria defesa da livre concorrência no mercado sob sua jurisdição. Não tardou a se formar no âmbito da ANATEL a noção de que, cabendo a ela funções de defesa da concorrência, sobre esta, no mercado de telecomunicações, era prerrogativa sua decidir, segundo critérios jurídicos e econômicos de sua própria eleição. O regime estabelecido pela ANATEL, para exame de atos de concentração, firmados nos mercados de telecomunicações, traduz essa orientação distorcida.

3. ANATEL e o seu regime peculiar de controle de concentração

A ANATEL, em interpretação particularíssima da LGT, nomeou de anuência prévia - figura inexistente na LGT - a análise que faz da conformidade à LGT do ato a ela notificado. E distanciou no tempo essa anuência prévia do parecer concorrencial que elaborava e remetia ao CADE juntamente com os autos do ato de concentração. Já o CADE aceitou guardar o recebimento desse parecer concorrencial expedido pela ANATEL e de autos do ato de concentração, deixando-se inerme até o momento em que a ANATEL decidisse enviá-los. Só então, recebido o parecer concorrencial da ANATEL - a cujos termos o CADE jamais dedicou séria consideração[6] -, iniciava o CADE o exame do ato em questão, conforme determina a Lei 8.884/1994.[7]

Esse regime criado pela ANATEL e aceito passivamente pelo CADE retardou consideravelmente o exame e a sua decisão sobre atos de concentração firmados no mercado de telecomunicações. Em trabalhos anteriores, analisamos esse regime particular, estabelecido pela ANATEL, e observamos:

"Não haver, a nosso juízo, fundamento legal à prática da ANATEL em a) criar a figura da anuência prévia, não prevista em Lei; e em b), decidir pela anuência prévia do ato antes de o CADE decidir se aprova ou não o mesmo ato [pois] trata-se de um único ato de concentração, cuja aprovação prévia a LGT exige deva ser feita tanto pela ANATEL quanto pelo CADE".

---

jurídicos realizados no mercado financeiro. A nova lei, um triste exemplo de má, e não técnica, redação, refere atos de concentração por "operação".

6. Apesar da dedicação dos técnicos da ANATEL, responsáveis pela elaboração desses pareceres concorrenciais, a direção da Agência jamais dotou essa área dos recursos e posição funcional devidos. A desconsideração desses pareceres pelo CADE constata-se pela instrução completa, que ele promove dos processos que recebe da ANATEL, como se pode ver das decisões neles tomadas.

7. Art. 54 da Lei 8.884/1994: "Os atos, sob qualquer forma manifestados, que possam limitar ou de qualquer forma prejudicar a livre concorrência, ou resultar na dominação de mercados relevantes de bens ou serviços, deverão ser submetidos à apreciação do CADE".

Isto porque,

"acertadamente, na LGT evitou o legislador sujeitar-se o mercado de telecomunicações ao risco [da] consumação da integração empresarial dos figurantes de ato de concentração antes de ser ele devidamente analisado pela ANATEL e pelo CADE. Nesse sentido dispôs [...]:

Dependerão de prévia aprovação da Agência a cisão, a fusão, a transformação, a incorporação, a redução do capital da empresa ou a transferência de seu controle societário".[8]

Por outras palavras:

"O ato deve ser previamente (à sua realização) levado à Agência para análise [...]. Não há outro tempo, nos termos da LGT, artigo 97, citado, de aprovação do ato de concentração, senão previamente à sua realização, como, aliás, é expresso o regime da ANATEL.[9] É nesse período, fixado em lei, que o ato deverá ser analisado pela ANATEL e pelo CADE. Decide a ANATEL, com o concurso do CADE, [...] a aprovação, ou não do ato de concentração, uma vez concluída a sua análise".[10]

E concluímos:

"Nos termos da LGT, não é admissível cindir o atendimento aos requisitos legais postos à aprovação do ato, o que ocorre, inevitavelmente, se as análises da ANATEL e do CADE forem diferidas no tempo. Ao contrário, é dever da ANATEL e do CADE harmonizarem-se no exercício de suas respectivas

8. Parágrafo único do art. 97 da LGT: "Art. 97. Dependerão de prévia aprovação da Agência a cisão, a fusão, a transformação, a incorporação, a redução do capital da empresa ou a transferência de seu controle societário. Parágrafo único. A aprovação será concedida se a medida não for prejudicial à competição e não colocar em risco a execução do contrato, observado o disposto no art. 7.° desta Lei".

9. Resolução 76, de 16 de dezembro de 1998: "Art. 3.º [...] § 1.º No caso dos atos de que trata o artigo 54 da Lei 8.884/94 que se enquadrem no previsto nos arts. 97, 98 ou 136, § 2.º, da Lei 9.472/97, *as requerentes deverão solicitar a aprovação da Anatel, previamente à constituição do ato*, por meio da prestação integral dos documentos e informações relacionadas no Anexo I, considerando as definições constantes do Anexo III, e da prestação de outros documentos ou informações que a Anatel solicitar" (grifo nosso).

10. Pedro Dutra, O controle de concentração do poder no mercado de telecomunicações, *Revista de Direito, informática e Telecomunicações*, ano 4, n. 7, p. 167 e ss., jul.-dez. 2009.

e convergentes funções legais de controlar a concentração de poder no mercado de telecomunicações".[11]

Não foi o que ocorreu. A ANATEL firmou o regime de anuência prévia, descartando-o do exame dos efeitos concorrenciais, irradiados do ato de concentração a ela submetido, a ser feito contemporaneamente pelo CADE, o que permitiu, contrariando a LGT, a consolidação da integração das empresas figurantes de ato de concentração antes de que o CADE pudesse julgar se os seus efeitos por alguma forma restringem a concorrência.

Criou-se, assim, uma exceção, em claro desrespeito à Lei. Os atos de concentração firmados no mercado de telecomunicações, embora a LGT estipule, ao lado da sua aprovação no âmbito dessa Lei, a aprovação prévia de seus efeitos concorrenciais pelo CADE, o que ocorria, de fato, era a realização do ato de concentração, com a consolidação dos efeitos dele irradiados, antes que o CADE os pudesse examinar.

Registre-se que o CADE não agiu cautelarmente, como lhe facultava a Lei 8.884/1994, e impôs medida cautelar sustando a irradiação dos efeitos desses atos de concentração e, portanto, a consolidação das empresas celebrantes desses atos. A atitude omissiva do CADE, somada ao regime particular criado pela ANATEL, protelou, com óbvias consequências nocivas, a defesa da concorrência no mercado de telecomunicações.[12]

4. O controle de concentração nas telecomunicações e a nova Lei de Defesa da Concorrência

Essa situação nociva à regulação competitiva do mercado de telecomunicações só veio a ser remediada com a vigência da nova Lei de Defesa da Concorrência (Lei 12.529/2011), que estipula, exclusivamente, a análise prévia pelo CADE dos efeitos irradiados de atos de concentração – de todos os atos de concentração, firmados em todos os mercados de bens e serviços, regulados ou não.

Ou seja, entendeu o legislador a todos os mercados esse regime jurídico, já previsto pelo legislador na LGT, como visto – e, como visto também, não cumprido pela ANATEL.

Em má redação, dispõe a nova Lei de Defesa da Concorrência:

11. Pedro Dutra, O CADE e o controle de concentração no mercado de telecomunicações. suplemente Eletrônico da *Revista Eletrônica do IBRAC*, ano 1, n. 2, p. 16 e ss.

12. Cf. Pedro Dutra, *Conversando com o CADE*, São Paulo, Singular, 2009, p. 219 e ss.

> "Art. 88. Serão submetidos ao Cade pelas partes envolvidas na operação os atos de concentração econômica em que, cumulativamente:
>
> I – pelo menos um dos grupos envolvidos na operação tenha registrado, no último balanço, faturamento bruto anual ou volume de negócios total no País, no ano anterior à operação, equivalente ou superior a R$ 400.000.000,00 (quatrocentos milhões de reais); e
>
> II – pelo menos um outro grupo envolvido na operação tenha registrado, no último balanço, faturamento bruto anual ou volume de negócios total no País, no ano anterior à operação, equivalente ou superior a R$ 30.000.000,00 (trinta milhões de reais).[13]
>
> [...]
>
> § 2.º O controle dos atos de concentração de que trata o *caput* deste artigo será prévio e realizado em, no máximo, 240 (duzentos e quarenta) dias, a contar do protocolo de petição ou de sua emenda.
>
> § 3.º Os atos que se subsumirem ao disposto no *caput* deste artigo não podem ser consumados antes de apreciados, nos termos deste artigo e do procedimento previsto no Capítulo II do Título VI desta Lei, sob pena de nulidade, sendo ainda imposta multa pecuniária, de valor não inferior a R$ 60.000,00 (sessenta mil reais) nem superior a R$ 60.000.000,00 (sessenta milhões de reais), a ser aplicada nos termos da regulamentação, sem prejuízo da abertura de processo administrativo, nos termos do art. 69 desta Lei.
>
> § 4.º Até a decisão final sobre a operação, deverão ser preservadas as condições de concorrência entre as empresas envolvidas, sob pena de aplicação das sanções previstas no § 3.º deste artigo".

O controle a que se refere o § 2.º, do item II, acima, é o exercício da função preventiva de defesa da livre concorrência cometida ao CADE. Note-se, liminarmente, que o CADE não controla integrações empresariais e sim previne os seus eventuais efeitos restritivos à livre concorrência, os quais, irradiados aos diferentes mercados de bens e serviços.

Tampouco exerce o CADE o controle de estruturas do mercado, expressão que pode fazer sentido na doutrina econômica, mas que não faz no domínio jurídico, como uma precipitada assimilação, feita por alguns doutrinadores no âmbito do direito da concorrência, pode sugerir. A estrutura dos diferentes mercados nos quais é prevenido e reprimido o abuso do poder econômico de mercado, é formada, e alterada, por iniciativa dos agentes nele atuantes. Ou

---

13. Esses valores foram alterados por portaria do Ministério da Fazenda, antes mesmo de a nova lei entrar em vigor, para setecentos e cinquenta milhões e trinta e cinco milhões, respectivamente. O controle de concentração foi, assim, severamente restrigindo.

seja, a própria dinâmica dos mercados, em sua contínua mudança, consiste a estrutura desses mercados. É certo que o CADE, ao exercer a sua função preventiva, verificando o impacto concorrencial de efeitos de atos de concentração a ele submetidos, acaba, por força de suas decisões, influindo no mercado e assim afetando a sua estrutura. Mas não o controla porque, inclusive, em um regime de livre-iniciativa e de livre concorrência, esta consectária natural daquela, não se admite o controle de mercados, seja por agente econômico nele atuante, seja por órgão público, senão por agência reguladora, nos termos e limites em que a lei autorize.[14]

Em palavra correntes, diz o citado § 3.º, do art. 88, da Lei 12.529/2011 que os atos de concentração que se enquadrarem nos índices de jurisdição estipulados nesse artigo – faturamento dos figurantes do ato – deverão obrigatoriamente ser submetidos ao exame do CADE, previamente a sua realização. Isto é, nos termos dos §§ 3.º e 4.º, do item II, do art. 88, acima, previamente à irradiação de seus efeitos, os quais terão a sua eficácia retida até a manifestação do CADE, sobre os seus efeitos no mercado afetado: se contrários à livre concorrência, não poderão eles ser ultimados, ou só poderão ser ultimados aceitas as condições impostas pelo CADE; ou, ao inverso, se os efeitos do ato não prejudicarem a livre concorrência, ele será aprovado.

Note-se, a propósito, que a marca discricionária do CADE refere-se ao espectro da análise que faz do ato de concentração a ele submetido. Porém, feita a análise do fato da concentração, sobre o qual incide a regra legal e portanto sobre o qual decidirá o CADE, esta sua decisão é vinculada por Lei: se remédio não houver que compense os efeitos negativos à livre concorrência a serem irradiados do ato, estará o CADE vinculado a negar-lhe aprovação. Igualmente, aprova-o, se houver condição, razoável e perfeitamente exequível, que lhe frustre os efeitos negativos, assim como vinculada também será a decisão do CADE de aprovação se do ato não decorrerem efeitos negativos à livre concorrência.

Os destinatários do comando do art. 88, da Lei 12.529/2011, acima, são as "partes envolvidas na operação"; em linguagem técnica, absolutamente es-

14. Esta, a distinção essencial entre a função reguladora e a defesa da concorrência. Advirta-se, porém: no direito norte-americano, tão precipitadamente absorvido entre nós, sobretudo na cópia servil de suas expressões, e não a sua essência, *regular* é corretamente referido à atuação dos órgãos de defesa da concorrência. Em verdade, usa-se, naquele sistema jurídico, o verbo *regular* em seu sentido primeiro, de disciplinar por meio de regra, o que, nesse contexto, compreende a função legal de defesa da concorrência (como, de resto, muitas outras), preservados, todavia, os sentidos distintos das funções legais.

tranha a essa lei – ao contrário da anterior, revogada – incumbe aos figurantes do negócio jurídico de integração de empresas requerer ao CADE examinar se os efeitos decorrentes desse negócio não são contrários à livre concorrência.

Cabe, portanto, aos requerentes do ato de concentração inicialmente verificar se eles se enquadram no índice de jurisdição que os obrigue a submeter ao controle prévio do CADE o ato de concentração que firmem. A seguir, se o caso, notifica-o ao CADE – sendo figurantes do ato empresas de telecomunicações, por intermédio da ANATEL.

Nos termos do § 2.º do item II do art. 88 citado, o "controle dos atos de concentração será prévio", ou seja, a ser exercido pelo CADE previamente à irradiação de tais efeitos. Devem, contudo, cuidar os requerentes do ato de concentração de absterem-se de praticar qualquer ato que possa deflagrar tais efeitos e assim alterar o estado concorrencial preexistente à celebração do ato de concentração, no mercado relevante (ou mercado) onde atuem, em atenção ao § 3.º citado, que previne seja tais atos "consumados" – perfeitos (realizados, dizia a lei revogada) – e capazes, portanto, de terem seus efeitos imediatamente irradiados. A finalidade dessa regra é a preservação do estado concorrencial anterior ao ato de concentração, em ordem a evitar traumas no mercado, na hipótese de o ato de concentração não vir a ser aprovado pelo CADE. A esse fim, devem os figurantes manter, inalterada a íntegra, a posição que neles previamente ao ato de concentração ostentavam no mercado relevante (ou mercados) em que atuavam, conforme o citado § 4.º.

5. O controle efetivo de concentração nas telecomunicações

A regra do art. 88 da Lei 12.529/2011 pôs fim ao regime da lei anterior, que abria aos celebrantes do ato de concentração a possibilidade de notificá-lo ao CADE após a sua realização, a saber, depois de os seus efeitos já estarem sendo irradiados, e em curso a integração empresarial de seus figurantes. A quase totalidade dos atos notificados ao CADE sob o regime legal superado enquadrou-se nessa última alternativa. É verdade que então corriam os figurantes desses atos o risco de o CADE os mandar desconstituir. Porém essa possibilidade afirmou-se logo árdua à maioria dos julgadores, que se via na contingência de afrontar situações empresariais estratificadas – especialmente no mercado de telecomunicações –, cuja reversão à situação anterior mostrava-se penosa sob todos os aspectos, quando não impossível. Mesmo depois de o CADE passar a impor cautelarmente proibição à realização do ato de concentração a ele notificado (os Acordes de Reversão de Operação[15]) – mas não aos

15. Cf. Pedro Dutra, *Conversando com o CADE*, cit., p. 169 e ss.

atos de concentração no mercado de telecomunicações, note-se[16] –, o problema, atenuado embora, subsistiu. As restrições impostas não eram absolutas e se mostravam de difícil fiscalização pelo CADE. Em uma palavra, não tinham o alcance, a generalidade e, sobretudo, a impessoalidade da norma jurídica (fato significativo em uma sociedade em que a independência hierárquica de órgão de intervenção na ordem econômica ainda é um valor cultural em afirmação) afinal contida na nova Lei, que prescreve a aprovação prévia pelo CADE de ato de concentração.

Ou seja, no regime legal que se inicia ficará retida a eficácia do negócio jurídico de integração de empresas – o ato de concentração – até que o CADE decida se os efeitos dele irradiados não restringem a concorrência, não importando em domínio de mercado ou em aumento arbitrário de lucros.

A nova regra tornou plena a função preventiva da defesa da concorrência exercida pela CADE, pois só há, efetivamente, prevenção pela ação prévia ao ato cuja execução se quer evitar. Encerra-se a antinomia, antes existente, de uma função prévia de ser exercida posteriormente à realização do ato, o qual, por sua natureza, fez objeto daquela função.

Como se viu acima, o regime criado pela ANATEL cindiu o exame de natureza regulatória e de natureza concorrencial; a anuência prévia é concedida e a seguir o parecer concorrencial, expedido com larga postergação pela ANATEL, é enviado com os autos do ato de concentração ao CADE, para que este, então, o decida.[17] Nesse contexto, a urgência em os figurantes do ato terem-no celeremente decidido pelo CADE não se configura. Ao contrário, durante o largo prazo aberto pela ANATEL entre a sua anuência prévia ao ato e a remessa dos autos dele ao CADE, as empresas figurantes do ato de concentração podem consolidar a integração entre si.

É certo que o CADE não pode julgar ato de concentração notificado à ANATEL que e a ele não chegue remetido por essa agência reguladora. O exame da conformação do ato de concentração à LGT precede logicamente o exame feito pelo CADE; não sendo o ato conforme à LGT, a lei que disciplina o mercado de telecomunicações, nele não pode o ato surtir efeitos: a sua contrariedade à disciplina especial do mercado onde terá lugar previne a sua reali-

16. À exceção de um ato de concentração, de larga notoriedade, e talvez o último de igual porte realizado nesse mercado. Ainda assim, a imprensa que cobriu detidamente o tema, o qualificou de "APRO brando" em relação aos demais impostos pelo CADE e pelo relator, inclusive.

17. Em 2010, por exemplo, julgou o CADE a constituição de uma operadora de telefonia, cujos autos do respectivo ato de concentração aguardaram dez anos para serem remetidos pela ANATEL ao CADE.

zação. Nesse caso, não há falar-se em apreciação de seus efeitos concorrenciais – efeitos que não surtirão, por força de reprovação do ato pela ANATEL.

Aprovando a ANATEL o ato de concentração, o CADE verificará os efeitos concorrência dele decorrentes.

No novo regime da Lei 12.529/2011, até a decisão final do CADE, os efeitos do ato de concentração firmados no âmbito do mercado de telecomunicações remanescerão retidos – como todos os atos de concentração firmados nos demais mercados relevantes – pois sobre esta situação fática incide a regra do citado art. 88 da Lei 12.529/2011. Em consequência, o prazo assinado em Lei ao CADE para este julgar ato de concentração, no caso de serem seus figurantes agentes atuantes no mercado de telecomunicações, só terá o seu cômputo iniciado da data em que os seus autos chegarem à Superintendência, remetidos pela ANATEL.

Nesse novo contexto normativo, a demora da ANATEL em remeter ao CADE os autos de atos de concentração a ela notificados não mais prejudicará o exercício da função preventiva da defesa da concorrência como até a vigência da Lei 12.529/2011 vinha ocorrendo.[18]

O regime de prevenção ao abuso do poder econômico estipulado na nova Lei de Defesa da Concorrência atende, finalmente, ao que a quase totalidade dessas normas em diferentes regimes jurídicos estatui. Cessa o Brasil de ser uma exceção, reacionária, no exercício dessa função essencial à defesa da concorrência, com a revogação da norma que admitia a notificação ao CADE de ato de concentração depois da sua realização e portanto já em plena irradiação os seus efeitos sobre o mercado ou mercados relevantes por ele afetado. E especificamente, no mercado de telecomunicações, a função preventiva da defesa da concorrência passa, enfim, a ser cumprida integralmente.

---

18. A Lei 12.529/2011 fixa prazo máximo para decisão do CADE em ato de concentração. V. art. 88 citado.

DUAS QUESTÕES: USUÁRIOS OU CONSUMIDORES; LIMITE OU TABELAMENTO DE ÍNDICE DE REAJUSTE DE PREÇO PRIVADO

Pedro Dutra

Sumário: 1. Usuários ou consumidores: uma questão técnica - 2. Fixação de índice de reajuste de preço e o regime privado - 3. Conclusão.

Divulgou a ANATEL Consulta Pública 014/2013, cujo objeto é "Regulamento de Atendimento, Cobrança e Oferta a Consumidores de Serviços de Telecomunicações", a seguir indicados.

A seguir, analisamos dois pontos da referida Consulta, um de ordem geral, outro de caráter específico, ambos, contudo, de especial significação para o mercado de telecomunicações e também para a execução da função regulatória da ANATEL, no âmbito da intervenção do Estado na ordem econômica.

1. Usuários ou consumidores: uma questão técnica

Os contratantes de serviços públicos, aqueles prestados em regime de continuidade devido à natureza própria desses serviços que alcançam expressivo contingente da população do País, são denominados usuários. Usuários porque fazem uso de tais serviços, que se acham rente às necessidades da vida ordinária desses mesmos usuários.

Os serviços de telecomunicações, em seus diferentes segmentos, cada qual com suas peculiaridades, são prestados em regime de continuidade.

A relação jurídica que se estabelece entre prestador de serviços de telecomunicações e o usuário reconhece esse fato indisputado: trata-se de uma prestação fluente, a prazo indeterminado, e não singular e eventual.

Outra é a relação de consumo, que tem a distingui-la o seu caráter episódico (ainda que possa se repetir com frequência) e se esgota no ato da compra do bem, ou na prestação imediata e não contínua do serviço.

Assimilar o usuário de serviço de telecomunicações ao consumidor em termos absolutos é uma impropriedade óbvia, seja conceitual, em razão das evidentes características distintivas das duas figuras jurídicas, seja do ponto de vista da regulação das telecomunicações.

Afaste-se, desde já, a noção, aceita em certos círculos, de que a defesa do usuário de serviços de telecomunicações só será promovida devidamente se for ele equiparado ao consumidor final.

A própria LGT traz em seu texto regras que permitem à ANATEL defender os interesses dos usuários de serviços de telecomunicações, exercendo a Agência o seu poder sancionador. Aliás, integra a função de órgão regulador a função repressiva que se destina à defesa do usuário.

Como se sabe, a regulação de determinado mercado deduz-se da natureza do serviço nele prestado, a reclamar a intervenção do Estado na economia, executada por meio de um órgão regulador, o qual, a sua vez, aplica uma lei específica a disciplinar o mercado sob a sua jurisdição.

A Lei Geral de Telecomunicações é, portanto, uma norma específica destinada a um mercado específico cujos serviços nele ofertados distinguem-se em razão da natureza e da forma de prestação deles.

Ora, como assimilar serviço de telecomunicações a bens de consumo? Como assimilar o usuário de serviços de telecomunicações ao consumidor?

Não se há de chegar ao ponto de se afirmar que, com a eventual edição das regas ora submetidas em consulta ao público, a ANATEL irá transformar-se em um órgão de defesa do consumidor, deixando de ser um órgão regulador; tampouco, não se há de dizer que as normas ora sob consulta irão tornar a ANATEL um órgão regulador híbrido, infiltrada a sua norma especial de regência por conceitos emprestados do direito do consumidor.

Todavia, não será exagero dizer que a assimilação entre usuário e consumidor, como parece surgir dos termos dessa Consulta Pública, poderá criar um elemento de perturbação ao devido discernimento por parte da ANATEL da natureza do serviço de telecomunicações, especialmente da relação entre usuário e prestador de tais serviços, que é o objeto primeiro da ação regulatória da ANATEL.

A descaracterização de um dos termos dessa relação – da figura do usuário, com suas características próprias – poderá afetar não apenas a execução da função regulatória pela ANATEL, mas também a sua ação de formuladora e proponente de políticas de telecomunicações, que a Agência executa com crescente desenvoltura normativa.

A Agência, ao identificar o usuário dos serviços que regula à figura do consumidor – o mesmo, por exemplo, que adquire ou contrata o reparo de um eletrodoméstico –, poderá ter uma visão distorcida da relação entre prestador de serviços de telecomunicações e seus usuários, precisamente por ver estes últimos sob uma perspectiva distorcida.

A sua vez, usuário dos serviços de telecomunicações será induzido a vê-los pela ótica reduzida de uma simples relação de consumo, e nivelará os serviços prestados de telecomunicações aos serviços prestados no âmbito de uma relação de consumo.

Ou seja, ao usuário parecerá ter a estrutura de oferta de serviços de telecomunicações características análogas à de bens produzidos e de serviços ofertados em série, os quais não têm a distingui-los o traço de essencialidade e continuidade a caracterizar o serviço de telecomunicações.

E, assim, por essa linha de (equivocado) entendimento, a prestação de serviços de telecomunicações não apresentaria uma complexidade maior, nem os respectivos recursos materiais e humanos necessários exigiriam maior esforço à reunião deles. Haveria, antes, uma preocupação com lucros abusivos a nortear os prestadores de serviços, lucros esses os quais seriam alcançados precisamente pela desatenção às regras especiais a assegurar os direitos do consumidor. Note-se, a propósito, que a prestação de serviço de telecomunicações requer elevados investimentos destinados à construção e operação de uma rede altamente complexa, de grande abrangência geográfica e larga escala de usuários, ao contrário da venda de um bem de consumo, cuja fábrica pode estar, inclusive, localizada em um outro país.

Essa redução evidentemente distorcida da realidade dos serviços de telecomunicações encaminhará outra, a saber: a suposta impotência da ANATEL em defender o interesse do consumidor. E a única alternativa a esse estado será a Agência adotar o padrão de defesa do consumidor.

Percebe-se a pressão nesse sentido sobre a ANATEL, vinda de setores que exacerbam o falso antagonismo entre defesa do consumidor e ação regulatória no mercado de telecomunicações.

Estende-se a esse mercado a descabida noção de que o consumidor, como mostrou Miguel Reale, seria "um ente *a se*, situado à margem da produção, da circulação e da distribuição das riquezas, e um ente em princípio vulnerável pelos demais componentes da coletividade".[1] E, em consequência, deveria o direito do consumidor sobrepor-se às demais normas a disciplinar a intervenção do Estado na econômica, desde a regulação de mercados à defesa da concorrência.

1. Miguel Reale, *Aplicações da Constituição de 1988*, Rio de Janeiro, Forense, 1990, p. 49-50.

O regime privado da prestação de serviços de telecomunicações pode ser o primeiro instituto a sucumbir à investida de uma equivocada hegemonia das regras de defesa do consumidor, a avassalar aquelas a disciplinar as telecomunicações.

Cabe à área técnica da ANATEL promover a defesa do usuário dos serviços de telecomunicações, fazendo valer as normas especiais a disciplinar esse serviço, as quais cabe à ANATEL aplicar, não se descuidando da sua função precípua, que inclui a promoção do desenvolvimento do setor de telecomunicações no País, em toda a sua extensão.

2. Fixação de índice de reajuste de preço e o regime privado

A LGT distinguiu, em regime público, o Serviço de Telefonia Fixa Comutado, objeto de concessão e que tem, portanto, a sua disciplina no respectivo contrato, no qual é fixada tarifa dos serviços e a fórmula de seu reajuste. E distinguiu a LGT, em regime privado, aqueles prestados mediante autorização da ANATEL, nos quais a oferta e preço dos Serviços Móvel Pessoal - SMP, dos Serviços de Comunicação Multimídia - SCM, e do Serviços de Televisão por Assinatura, são formados pela dinâmica competitiva existente nesses mercados.

Não por acaso, experimentaram os mercados em regime privado notável desenvolvimento, com uma crescente ampliação da oferta e decrescente preço desses serviços. A pressão competitiva afirmada nesses mercados, ditada por diferentes agentes entre si disputando o sufrágio dos usuários desses serviços, vem ampliando a oferta deles e reduzindo-lhes o preço.

E não só. Nesses mercados verifica-se uma contínua inovação tecnológica, seja na infraestrutura e técnica de operação desses serviços, como também no conteúdo e na forma deles, que se renovam sucessivamente na busca da preferência dos usuários.

É desnecessário trazer números a corroborar esses fatos notórios.

É elementar no direito da concorrência o fato de que o aumento da oferta e a redução de preços atestam uma saudável dinâmica concorrencial. Houvesse uma excessiva concentração de poder de mercado em mãos de um ou de poucos agentes econômicos, ou houvesse entre eles uma concertação para fixar preço ou oferta, o mercado em regime privado de telecomunicações não exibiria o seu atual perfil competitivo.

Em uma palavra, a dinâmica competitiva do mercado em regime privado – que só nesse regime pode ocorrer – não permite ao prestador desses serviços reajustar excessivamente seus preços, sob pena de perda de mercado para concorrente seu.

A firme competição existente nesses mercados importou em um dos seus efeitos socialmente mais significativos, ao lado da queda de preços e consequente aplicação de oferta: a educação competitiva do usuário desses serviços. Este, participando de um mercado competitivo no qual vê o prestador em busca da sua preferência para os serviços que oferta, percebe o poder de escolha que tem, isto é, o quanto é significativa a sua escolha para o prestador de serviço. Dá-se, por conseguinte, um equilíbrio de poder entre o usuário e o prestador, ciente este que aquele pode preteri-lo pelo seu concorrente, se não lhe convierem os serviços, os preços desses serviços, ou ambos.

Nesse contexto, que se deduz de uma acertada disciplina legal estipulada na Lei Geral de Telecomunicações ao criar o regime privado, em cujo âmbito são prestados o SMP, o SCM e o Serviço de Televisão por Assinatura, deve ser examinada a regra, absolutamente surpreendente, inscrita no art. 29 da Resolução que faz objeto dessa Consulta Pública:

> "Os reajustes dos valores das tarifas ou preços podem ser realizados em prazos não inferiores a 12 (doze) meses, limitados estes à variação do Índice de Serviços de Telecomunicações (IST) ou qualquer outro índice que venha a substituí-lo, correspondente ao período de reajuste".

A questão que surge óbvia e imediata divide-se em duas, e ambas têm resposta negativa: não pode a ANATEL fixar índice de reajuste de tarifas ou preços por meio de norma infralegal que expeça, nem o regime jurídico vigente admite fixação de preços, e, portanto, índice de reajuste de preços, muito menos em mercado sob regime privado, conforme os termos estipulados pela LGT.

Em regime público, como dito, a tarifa do serviço é negociada entre o prestador particular e o poder público, pela forma prescrita em Lei e firmada em contrato. Claro está, pode ser revista a tarifa conforme cláusula pactuada em contrato, observado o respectivo processo de revisão. Mas não se admite a alteração do estado da concessão por atos unilaterais, muito menos por norma infralegal, expedida por órgão da administração pública.

No caso, limitar é fixar, é pôr em tabela, escrever preço, para que este seja obrigatoriamente cobrado pelo ofertante.[2]

Quem limita índice de reajuste, na verdade, fixa preço – ainda que por forma oblíqua, indireta. Fixado o reajuste por índice a ser aplicado a todos os diferentes preços de diferentes serviços, preços até então formados pelo mer-

2. "Tabelamento: ação ou efeito de tabelar, controle oficial de preços por tabelas" (*Aurélio*, 1. ed., Rio de Janeiro, Nova Fronteira, p. 1355).

cado e reajustados por índices nele escolhido, tabelado estará o preço desses serviços.

No âmbito do regime privado, a hipótese de fixação, controle, administração, qualquer a denominação empregada de impor o poder público preço de serviços, é contraria à natureza mesma desse regime, a tal ponto que, admitida qualquer uma dessas formas de intervenção extravagante, poder-se-á cogitar da sobrevivência desse regime.

A experiência mostra que o regime privado não admite – antes: não sobrevive como tal – qualquer forma coativa de fixação de preço: nesse regime ou o preço é fixado pela dinâmica concorrencial nele verificada – e este é o caso nesses segmentos que hoje compõem o regime privado do mercado brasileiro de telecomunicações – ou, determinado o preço por outra forma, não se tratará de regime privado.

Vindo a ser reajustados os serviços prestados em regime privado todos pelo mesmo índice, esses preços não mais refletirão os diferentes custos dos diferentes insumos empregados na prestação deles. Esses diferentes insumos têm custo (preço) diferente e, mesmo sendo alguns deles comuns a todos os serviços prestados em regime privado, o preço desses serviços não terá a expressão monetária deles devidamente reajustada, de forma a lhes assegurar o seu preço competitivo que até então vinham mantendo.

Isto é, o preço desses serviços, devido ao tabelamento do reajuste deles, não será mais formado pela dinâmica competitiva do mercado, mas sim ditado pela autoridade regulatória, a qual, por certo, não irá examinar, e muito menos dizer, qual deva ser o preço dos insumos dos serviços prestados no regime privado.

O desarranjo inexorável dos preços desses serviços, a ser causado pelo tabelamento e seus reajustes, nos termos do citado art. 2.º, não os alcança apenas, mas irradia-se por toda a cadeia formativa deles, à montante. Fixado o preço do reajuste do serviço prestado ao usuário, o seu prestador poderá, razoavelmente, entender ser devido estender ao provedor de seus insumos igual regime.

Este último, todavia, poderá, não menos razoavelmente, entender não ser o insumo que oferta o objeto da regra do art. 29 citada, negando-se a cumpri-la.

Posta à autoridade regulatória essa questão, a resposta dela poderá repetir exemplo registrado na história (e que se acredita vencido): a extensão do tabelamento a todo o mercado, no caso o de telecomunicações, a toda a sua cadeia produtiva.

Os segmentos desse mercado relacionam-se cada vez mais com mercados distintos, cujos insumos, modo de produção e oferta, a sua vez, deles diferem absolutamente e, portanto, escapam, e escaparão, ao controle (mesmo pela forma ampliada aqui anotada) da ANATEL.

Note-se que não se tem exposta, como devido, a motivação da regra do citado art. 29. Como visto, a dinâmica competitiva vem regulando o preço dos serviços prestados em regime privado, e a oferta crescente deles atesta o vigor positivo desse mecanismo, evidenciando a aceitação dele pelo usuário.

Examinando-se o contexto da norma posta em Consulta Pública – a pressão que faz uma ação "consumerista" e não regulatória sobre a ANATEL –, pode-se supor que a fixação de uma única fórmula de reajuste – tal a expressa no art. 29 citado – seria o (único) meio capaz de informar o usuário do reajuste do preço dos serviços por ele contratado.

Fórmulas diferentes de reajuste, para serviços diferentes, acabariam por confundir o usuário, e este restaria sem saber qual delas estaria sendo aplicada.

Admitindo-se tal raciocínio para o fim de analisá-lo, pois é fato que o usuário é cada vez mais capaz de discernir o serviço que melhor lhe atenda, ainda assim, se o reajuste aqui referido for a solução proposta pela ANATEL a esse problema, será ela primariamente equivocada. Assim porque falta de informação corrige-se com prestação de informação, e não com tabelamento de preços, ou reajuste de preços.

Atenderá a ANATEL duplamente à vitoriosa experiência da sua ação regulatória se não fixar o índice de reajuste de preço, mas obrigar a divulgação, ampla e clara, dos índices de reajuste praticados, caso constate que ela não venha sendo feita.

Primeiro, porque a imposição do dever de informação não comprometerá o regime privado, que responde pelo espetacular crescimento, em volume e qualidade, dos serviços de telecomunicações no Brasil, na última década e meia. E, segundo, porque não adotará medida – tabelamento de preço – contrária à Lei e vencida pela experiência em diversas economias, e em especial na nossa, em que se traduziu em um nocivo fator de inibição de investimentos.

3. Conclusão

A regra proposta pela ANATEL, se adotada, frustrará o regime privado fixado na LGT, anulando a característica que o distingue entre os setores de infraestrutura: a sua dinâmica competitiva, responsável pelo seu êxito.

Ao fixar índice de reajuste de preços, fixa a ANATEL preço. Mais: tabela preço de serviços, pois fixado o índice de reajuste deles, cria-se um padrão de preço que é impactado no mercado de telecomunicações, no regime privado.

A imposição do IST – Indice de Serviços de Telecomunicações – como fator de reajuste de todos os distintos serviços de telecomunicações cega à natureza desses serviços, cada qual com seus custos específicos. Embora se possa arguir que muitos desses custos sejam comuns a todos os serviços de telecomunicações, não estão todos eles presentes em tais serviços, e mesmo aqueles que estejam podem ter peso diverso.

Assim, a extensão de um índice - o qual, como se sabe, foi concebido para reajustar a tarifa dos serviços de telefonia fixa - aos demais serviços de telecomunicações é absolutamente imprópria.

Por outro lado, inserir em um índice de reajuste fatores de custos presentes em todos os serviços de telecomunicações importaria em ter um índice que reajustaria desigualmente e, portanto, indevidamente, cada qual desses diferentes serviços.

A fixação de preços no Brasil não acha abrigo no atual regime constitucional, de livre-iniciativa, salvo as exceções regularmente admitidas. Sequer no regime de concessões há imposição de preços, pois aí acordam concessionário e poder público o preço - a tarifa, autorizada àquele a cobrar, bem como a forma de reajuste dela, ambos (tarifa e reajuste) negociados e estipulados em contrato.

A sobrevivência do serviço privado de telecomunicações, se vier a ser efetivada a fixação de índice de reajuste, importará no tabelamento de preços de todos os serviços prestados em regime privado.

ANÁLISE DAS CONDIÇÕES DE ENTRADA NO MERCADO BRASILEIRO DE TV A CABO

Arthur Barrionuevo e Cláudio Ribeiro de Lucinda

Introdução

O presente estudo tem por objetivo analisar a viabilidade econômica e as condições de entrada no mercado brasileiro de TV a Cabo, com o objetivo de subsidiar a proposta de redefinição da concessão das licenças de operação nesse mercado.

São dois os principais argumentos para a redução dos custos de entrada de TV a Cabo nos mercados locais brasileiros. O primeiro deles diz respeito ao potencial aumento de competição nesses mercados, forçando uma redução de preços e uma melhora nas características dos pacotes atualmente oferecidos. O segundo argumento estende o primeiro, enfatizando a possibilidade de entrada de novas empresas em mercados que atualmente não são atendidos.

Dada a introdução do chamado *Triple Play*, em que as operadoras de TV a Cabo passaram a ofertar conjuntamente pacotes de TV por assinatura, telefonia fixa e Internet banda larga, os argumentos do parágrafo anterior são aplicados tanto para o serviço de TV propriamente dito - como uma forma de disseminar o acesso a bens culturais e produções audiovisuais brasileiras - quanto para a disseminação de banda larga, que é projeto do atual governo, por meio do PNBL.

A universalização da banda larga tem sido internacionalmente objeto de iniciativas governamentais, tendo em vista o reconhecimento da importância que o acesso à Internet possui para os países em termos econômicos, por meio da difusão da educação e impactos sobre a competitividade e geração de empregos, além de outros efeitos sobre o bem-estar social, como a difusão da cultura e do entretenimento.

Considerando estes importantes objetivos, para que a liberalização das licenças de TV a Cabo possa efetivamente ajudar na sua concretização, todavia, é necessário responder às seguintes perguntas: *Dada a liberalização das licenças, haverá a entrada de novas empresas de cabo em mercados desatendidos? Onde ela deve ocorrer? Qual será seu impacto sobre a oferta dos serviços* triple play?

A importância deste questionamento reside no fato de que não necessariamente, com a liberalização da entrada de novas operadoras de TV a Cabo, se observará uma disseminação dos serviços mencionados. Dada a atual configuração de custos fixos e variáveis do setor, é bastante provável que áreas ainda não atendidas pelos serviços continuem sem acesso. Pode ser que a entrada adicional se dê apenas em regiões em que já existam operadoras ativas.

Para isso, no presente estudo será aplicada a metodologia desenvolvida por Bresnahan e Reiss (1991) para investigar a entrada de competidores em mercados como o de TV a Cabo. Em especial, nesta análise serão abordados dois pontos:

- Quantas empresas podem coexistir em um determinado mercado local?
- Esta conclusão se altera se, além do serviço de TV a Cabo tradicional, forem incluídos os de Banda Larga e Telefonia Fixa (o chamado *Triple Play*)?

A seguir, será detalhada a metodologia empregada. No Apêndice, uma discussão mais aprofundada da modelagem teórica que fundamenta os modelos econométricos é apresentada. Inicialmente, descreve-se a base de dados.

1. Base de dados

Para as estimações realizadas, foi empregado um conjunto de dados em corte transversal (ano de 2007) de mercados concentrados geograficamente, composto por 1.289 municípios brasileiros, onde as operadoras se deparam com diferentes níveis de demanda para os produtos em cada município. Como os produtos comercializados pelas empresas em cada município não podem ser deslocados entre os mercados, o refinamento dos dados (isolamento dos mercados) não é necessário.

Do ponto de vista de cobertura populacional, os municípios da amostra correspondem a cerca de 143 milhões de habitantes, parcela significativa (em torno de 75%) da população nacional (190 milhões em 2007), o que garante que os resultados aqui apresentados tenham generalidade.

Os dados referentes à população: Índice de Potencial de Consumo (IPC), número de domicílios pertencentes às classes de renda A e B e número de domicílios pertencentes às classes de renda C, D e E dos municípios foram coletados no *Atlas Brasileiro de Telecomunicações*, publicado em 2008. Os dados sobre rendimento real dos trabalhadores foram extraídos do Relatório Anual de Indicadores Sociais (RAIS) divulgado pelo Instituto Brasileiro de Geografia e Estatística (IBGE), em 2007. Os dados referentes às áreas geográficas também foram extraídos do IBGE e referem-se ao ano 2000.

Na Tabela 1, são apresentadas as estatísticas descritivas do conjunto de dados utilizados nas estimações.

Tabela 1 – Estatística Descritiva das Variáveis

Variáveis Municipais	Média	Desvio-padrão	Mínimo	Máximo
Número de empresas de TV por Assinatura (MMDS e Cabo) (unid.)	0,4062016	0,6986357	0	6
Número de empresas de Banda Larga (unid.)	0,7589147	0,7868304	0	5
Número de empresas de Produtos Combo (unid.)	0,0596899	0,2558908	0	2
População (100 mil habitantes)	1,153612	4,065857	0,10705	110,841
Índice de Potencial de Consumo	0,4279457	0,2298795	0,1	5
Número de domicílios pertencentes à classe de renda A e B (100 mil unid.)	0,0578827	0,0522989	0,0008943	1,172536
Número de domicílios pertencentes à classe de renda C, D e E (100 mil unid.)	0,1597322	0,0908988	0,0033326	1,987167
Rendimento Real dos Trabalhadores (R$ unid.)	430,8071	108,4219	209,8135	1304,528
Densidade demográfica	363,1389	1190,598	0,226951	13465,4
Dummy de presença de duas empresas de TV por Assinatura	0,0813953	0,2735473	0	1
Dummy de presença de duas empresas de Banda Larga	0,0976744	0,2969891	0	1
Dummy de presença de duas empresas de Produtos Combo	0,0046512	0,068067	0	1

Fonte: Elaboração própria.

No conjunto de dados, nota-se que o número médio de empresas de banda larga por município é superior ao de empresas de TV por Assinatura, MMDS ou Cabo, afinal as teles incumbentes também os ofertam. Note-se também que há um desvio-padrão maior na variável referente à banda larga do que no de TV por Assinatura. A presença média das empresas que fornecem o produto "Combo" (ao longo deste trabalho, entende-se como "Combo" a oferta conjunta de serviços de TV por Assinatura e Banda Larga) é praticamente nula quando se considera o total do território nacional.

Embora não haja dados para todos os municípios do País, a amostra possui um conjunto bastante heterogêneo de municípios, equiparando-se à realidade brasileira. Essa característica torna-se evidente a partir da análise dos elevados desvios-padrão das variáveis municipais: população, densidade demográfica, índice de potencial de consumo e número de domicílios por classe de renda.

Deve-se destacar como estão distribuídas as variáveis dependentes, número de empresas de TV por Assinatura (denominada NTVA), número de empresas de Banda Larga (NBL), número de empresas "combo" (NCOM). Na Tabela 2 abaixo, apresenta-se o número de municípios presentes nas categorias extraídas de cada série.

Tabela 2 – Quantidade de Municípios de Cada Série, por Categoria

	Categoria	Séries Analisadas		
		NTVA	NBL	NCOM
Quantidade de Municípios	0	902	528	1219
	1	269	596	65
	2	105	126	6
	3	13	31	0
	4	0	7	0
	5	0	2	0

Fonte: Elaboração própria.

Desta tabela pode-se observar que em 2007 existiam poucas cidades onde havia a oferta de serviços de banda larga por mais de uma operadora, enquanto em apenas seis cidades existiam duas empresas coexistindo que ofertavam o produto "combo". Note-se ainda que no serviço de Banda Larga aproximadamente metade dos municípios não possuía oferta.

Constata-se que 69,9% das observações que compõem a NTVA são valores nulos. Ou seja, praticamente 70% dos municípios da amostra não possuíam nenhuma empresa de TV por Assinatura em 2007. Dos 30% restantes, 20,9% possuíam uma empresa, 8,1% possuíam duas empresas e apenas 1% possuía três empresas. Nesse mercado, entretanto, deve-se considerar que nos anos de 2008 e 2009 houve a entrada de prestadores de serviço via DTH, ligados às teles.

A série NBL apresenta maior distribuição de observações entre as seis categorias. Praticamente 60% dos municípios da amostra possuem ao menos uma empresa de Banda Larga. Destaca-se, entretanto, que 40,9% dos municípios não possuíam nenhuma operadora.

A série de número de empresas que disponibilizam o produto "Combo" apresenta uma concentração elevada de observações nulas, 94,5%, o que pode viesar os resultados estimados. Outro ponto a ser destacado é o pequeno número de municípios com duas empresas "Combo", que representam apenas 0,47% das observações da série.

Como visto, uma qualidade positiva da amostra é que ela apresenta a heterogeneidade presente no conjunto de municípios brasileiros. Devido à incipiência de alguns serviços presentes no mercado de telecomunicações no Brasil, a categorização necessária para o estudo econométrico apresenta alguns problemas, como a insuficiência de dados em algumas classes. Na próxima seção, serão descritos os modelos, as estimações e os testes baseados no conjunto de dados apresentados acima.

Inicialmente será apresentada a estimação do modelo de entrada propriamente dito. Parte-se da hipótese de que a decisão de entrada em cada um desses mercados - TV por Assinatura e Banda Larga - seja independente. Portanto, a empresa poderá entrar e ofertar apenas um dos serviços, ou os dois em conjunto.

1.1 Análise econométrica

Na primeira parte do processo de estimação empregou-se a metodologia de Bresnahan e Reiss (1990). As estimações das probabilidades das empresas de TV por Assinatura, de produto "Combo" e de Banda Larga entrarem nos municípios brasileiros foram realizadas sob a hipótese de normalidade da distribuição dos erros da função lucro. Além disso, adotou-se a hipótese de que todas as firmas dentro do mercado têm os mesmos lucros não observados. Construíram-se diferentes modelos econométricos com diferentes combinações das variáveis abaixo para estimar a equação do lucro:

a) *Y*: Variáveis demográficas que afetam o número de consumidores do mercado:

População do município (POP)

b) *Z*: Variáveis demográficas que afetam a demanda do consumidor representativo:

- Índice de Potencial de Consumo do município (IPC)
- Domicílios pertencentes às classes de renda A e B (DOMAB)
- Domicílios pertencentes às classes de renda C, D, e E (DOMCDE)
- Densidade populacional (DENS)

- Rendimento médio real (SAL)

c) *W*: Variáveis que afetam os custos:

- Rendimento médio Real (SAL)
- Densidade do Município (DENS)

Na equação (1) $V_n = \alpha_1 + X\beta - \sum_{n-2}^{N} \alpha_n$, o parâmetro α mede a queda nos lucros variáveis *per capita* quando a *n*-ésima firma entra. No modelo atual, trata-se do impacto da entrada da segunda firma no mercado. A especificação utilizada assume que α não varia entre os mercados. Na especificação dos custos fixos, não foi possível obter variáveis para o período, portanto foram empregados o Rendimento médio real e a Densidade geográfica do município como *proxies* dos custos, pois o ganho médio tem relação com os custos (já que influenciam a determinação de preços) e a densidade também afeta, diretamente, os custos fixos médios.

Após obter os parâmetros estimados e utilizando as médias das variáveis, foram calculados os lucros de monopólio (V1) e a diferença dos lucros de duopólios em relação aos de monopólios (V2-V1) com o emprego da equação (1); e os custos de entrada para uma empresa (F1) e os custos adicionais da segunda empresa (F2-F1), utilizando a equação (2) $F_b = \gamma_1 + \gamma_1 W_1 + \sum_{n=2}^{N} \gamma_n$.

Considerou-se também a existência da TV por Assinatura via satélite em todos os municípios nacionais, pois o DTH cobre virtualmente todo o território brasileiro.

Determinou-se então o tamanho mínimo da população do município para a entrada de cada tipo de empresa. Posteriormente, os resultados foram agrupados, possibilitando a identificação do padrão de entrada dessas empresas de telecomunicações em todo o território nacional.

1.2 Resultados da estimação

Nesse modelo, logit multinomial, adotou-se a hipótese de que a decisão de entrada de cada firma nos municípios fornecendo um tipo de produto – TV por Assinatura, Banda Larga ou "Combo" – era inter-relacionada. Ou seja, a lucratividade de passar a oferecer o serviço de TV por Assinatura, por exemplo, dependeria do fato de a empresa já ofertar algum dos outros serviços.

Sob esse cenário, não é possível definir como os lucros variam com a entrada de cada tipo de empresa. De um ponto de vista econométrico, isso significa utilizar o modelo Logit Multinomial.[1]

1. O modelo Logit Multinomial é um modelo de escolha discreta, em que a cada um dos possíveis equilíbrios temos um valor específico para a variável dependente.

A decisão de entrada de uma empresa de TV a Cabo em um município não depende somente do mercado de TV a Cabo, mas também de outros, como o de Banda Larga e o de Pacotes "Combo". Considerando a hipótese de inter-relação entre os setores, um novo jogo foi construído.

Supõe-se que existam 2 empresas, $i = 1,2$ que podem entrar no mercado como fornecedoras de Banda Larga (BL), TV a Cabo (TVC) e produto "combo" (Combo) ou simplesmente não entrar no mercado (Nada). O lucro obtido por cada empresa depende da decisão de entrada da outra. O conjunto de possíveis estratégias é:

Tabela 2A – Matriz de *Pay-off* do Jogo Modificado

			Empresa 1			
			Nada	Cabo	BL	Combo
				a_2^A	a_2^B	a_2^O
Empresa 2	Nada		Π^1_{NN}, Π^2_{NN}	Π^1_{NA}, Π^2_{NA}	Π^1_{NB}, Π^2_{NB}	Π^1_{NO}, Π^1_{NO}
	Cabo	a_1^A	Π^1_{AN}, Π^2_{AN}	Π^1_{AA}, Π^2_{AA}	Π^1_{AB}, Π^2_{AB}	Π^1_{AO}, Π^2_{AO}
	BL	a_1^B	Π^1_{BN}, Π^2_{BN}	Π^1_{BA}, Π^2_{BA}	Π^1_{BB}, Π^2_{BB}	Π^1_{BO}, Π^2_{BO}
	Combo	a_1^O	Π^1_{ON}, Π^2_{ON}	Π^1_{OA}, Π^2_{OA}	Π^1_{OB}, Π^2_{OB}	Π^1_{OO}, Π^2_{OO}

Definindo as variáveis binárias, assim como as estratégias:

$$a_i^A = \begin{cases} 1 & se \quad Cabo \\ 0 & c.c \end{cases}$$

$$a_i^B = \begin{cases} 1 & se \quad B \\ 0 & c.c \end{cases}$$

$$a_i^O = \begin{cases} 1 & se \quad Combo \\ 0 & c.c \end{cases}$$

O lucro da empresa 1 pode ser escrito como:

$$\Pi_1 = a_2^A \times \max(\Pi^1_{NA}, \Pi^1_{AA}, \Pi^1_{BA}, \Pi^1_{oA}) + a_2^B \times \max(\Pi^1_{NB}, \Pi^1_{AB}, \Pi^1_{BB}, \Pi^1_{oB}) + a_2^O \times \max(\Pi^1_{NO}, \Pi^1_{AO}, \Pi^1_{BO}, \Pi^1_{OB})$$
$$+ (1 - a_2^A - a_2^B - a_2^O) \times \max(\Pi^1_{NN}, \Pi^1_{AN}, \Pi^1_{BN}, \Pi^1_{ON})$$

E de forma similar para a empresa 2. Rearranjando os termos:

$$\Pi_1 = \max(N) + a_2^A \times (\max(A) - \max(N)) + a_2^B \times (\max(B) - \max(N)) + a_2^o \times (\max(O) - \max(N))$$

Em que:

$$\max(N) = \max(\Pi^1_{NN}, \Pi^1_{AN}, \Pi^1_{BN}, \Pi^1_{ON})$$
$$\max(A) = \max(\Pi^1_{NA}, \Pi^1_{AA}, \Pi^1_{BA}, \Pi^1_{oA})$$
$$\max(B) = \max(\Pi^1_{NB}, \Pi^1_{AB}, \Pi^1_{BB}, \Pi^1_{oB})$$
$$\max(O) = \max(\Pi^1_{NO}, \Pi^1_{AO}, \Pi^1_{BO}, \Pi^1_{OB})$$

Para resolver a questão da existência de múltiplos equilíbrios, pode-se usar a mesma hipótese de Bresnahan e Reiss (1990) de considerar os equilíbrios não únicos como observacionalmente equivalentes. Então, há 10 resultados possíveis:

R1. Duas empresas de TV a Cabo
R2. Duas empresas de Banda Larga
R3. Duas empresas Combo
R4. Uma empresa de TV a Cabo
R5. Uma empresa de Banda Larga
R6. Uma empresa Combo
R7. Uma empresa de Banda Larga e uma empresa de TV a Cabo
R8. Uma empresa de Banda Larga e uma empresa Combo
R9. Uma empresa de TV a Cabo e uma empresa Combo
R10. Nenhuma empresa

que podem ser representados na tabela abaixo:

Tabela 3 – Matriz de Possíveis Resultados do Jogo Modificado

			Empresa 2			
			Nada	Cabo	BL	Combo
				a_2^A	a_2^B	a_2^0
Empresa 1	Nada		R10	R4	R5	R6
	Cabo	a_1^A	R4	R1	R7	R9
	BL	a_1^B	R5	R7	R2	R8
	Combo	a_1^0	R6	R9	R8	R3

No modelo de Bresnahan e Reiss (1990) existe a hipótese de que a entrada da segunda empresa, necessariamente, reduza o lucro da monopolista. Nesse jogo, não há argumentos para sustentar essa hipótese, pois não é possível afirmar se os lucros de uma empresa de TV a Cabo diminuiriam ou aumentariam com a entrada de uma empresa de Banda Larga, por exemplo, o que faz a utilização do modelo de escolha discreta ordenada inadequada.

Então, a função lucro é definida por meio de um modelo de utilidade aleatória, em que a utilidade gerada pelas escolhas pode ser resumida pela função lucro.

No modelo de utilidade aleatória, supondo uma escolha entre M alternativas ($j=1,...M$), define-se como Π_{ij} o lucro que a i-ésima empresa ($i=1,...N$) deriva da j-ésima alternativa.

A função lucro pode ser descrita como:

Em que: $$\Pi_{ij} = \sum_{r=1}^{R} \beta_{ij} X_{ir} + \sum_{s=1}^{S} \gamma_{is} W_{js} + \varepsilon_{ij} = Z_{ij} + \varepsilon_{ij}$$

- X_{ir}, $r = 1,...R$ são valores das variáveis específicas da empresa i e que independem da natureza da escolha.
- W_{js} , $s = 1,...S$ são valores das variáveis específicas da escolha, não interessando à empresa.
- ε_{ij} capta os fatores ausentes na equação e medidos erroneamente. Trata-se de um erro aleatório que dá o nome ao modelo.

Uma empresa escolhe a alternativa m se, e somente se, entre todas as escolhas possíveis, m oferecer o mais elevado nível de lucro. No trabalho em questão, as empresas escolherão dentre os 10 tipos de equilíbrios para entrar em um município, R1 a R10, o que oferecer o maior lucro.

Se Y_i é uma variável aleatória cujo valor indica a escolha feita pela empresa i, a probabilidade de escolher a alternativa m é

$$P(Y_i = m) = P(\Pi_{im} > \Pi_{ij}) \text{ para todo } j = 1,...,M \quad j \neq m$$
$$\Rightarrow P(Z_{im} + \varepsilon_{im} > Z_{ij} + \varepsilon_{ij})$$
$$\Rightarrow P(\varepsilon_{ij} - \varepsilon_{im} < Z_{im} - Z_{ij})$$

Para todo $j = 1,..., M, j \neq m$

Se os M termos de ε_{ij} (j = 1,..., M) são *i.i.d.* com distribuição *Weibull* – que não assume simetria – $F(\varepsilon_{ij}) = \exp(\exp(-\varepsilon_{ij}))$, então:

$$P(Y_i = m) = \frac{\exp(Z_{im})}{\sum_{j=1}^{M} \exp(Z_{ij})}$$

Os modelos que incorporam somente os efeitos característicos das empresas, sem os efeitos de atributo, são denominados Modelos Logit Multinomial. Nesses modelos, define-se a equação da função de lucro:

$$Z_{ij} = \sum_{r=1}^{R} \beta_{jr} X_{ir}$$

Como $\sum_{j=1}^{M} P(Y_i = j) = 1$, pode-se determinar somente $M-1$ das probabilidades. Para resolver o problema, emprega-se a seguinte normalização $\beta_{ir} = 0, r = 1,\ldots,R$

Então $Z_{i1} = 0$ e as probabilidades passam a ser calculadas como:

$$P(Y_i = 1) = \frac{1}{1 + \sum_{j=2}^{M} \exp(Z_{ij})}$$

$$P(Y_i = m) = \frac{\exp(Z_{im})}{1 + \sum_{j=2}^{M} \exp(Z_{ij})} \quad m = 2,\ldots,M$$

Pode-se obter a razão de risco (RR), que é a razão da probabilidade do resultado $j = 1$ (escolha base) e da probabilidade do resultado $j = m$.

$$\frac{P(Y_i = m)}{P(Y_i = 1)} = \exp(Z_{im}) \ (m = 2,\ldots,M)$$

Cada N observações na variável dependente Y_i $(i = 1,\ldots,N)$ trata-se de uma única realização de uma distribuição multinomial com M resultados. Então, a função verossimilhança de observar a amostra é:

$$L = \prod_{i=1}^{N} \prod_{j=1}^{M} [P(Y_i = j)]^{\delta_{ij}}$$

$$\Rightarrow \log L = \sum_{i=1}^{N} \sum_{j=1}^{M} \delta_{ij} P(Y_i = j)$$

Em que, a *dummy* $\delta_{ij} = 1$, se o indivíduo i faz a escolha j, e $\delta_{ij} = 0$, caso contrário. Os parâmetros estimados β_{jr} $(j = 1\ldots, M)(r = 1,\ldots, R)$ são escolhidos tal que maximizem a função verossimilhança. Ao incluirmos a hipótese de mercados inter-relacionados, um novo modelo será estimado, além do empregado por Bresnahan e Reiss (1990). Desse modo, a metodologia empírica do trabalho se dividirá em duas partes. No primeiro momento, sob a hipótese de independência dos mercados, estimam-se os modelos estruturais para

TV por Assinatura, Banda Larga e Produto "Combo" conforme os estudos de Bresnahan e Reiss (1990) pelo método econométrico *Probit* Ordenado. Calculam-se os tamanhos mínimos dos mercados municipais – em termos populacionais – para a entrada de uma e duas empresas de cada segmento. E, finalmente, confrontam-se os resultados encontrados com a população dos municípios brasileiros, a fim de analisar a dispersão das empresas sobre o território nacional.

Na Tabela 4 abaixo são apresentados os parâmetros estimados do modelo, ou seja, as probabilidades de cada equilíbrio, com seus respectivos *p-valores* e também o RRR.

Tabela 4 – Estimativas Logit Multinomial – Modelo B

Variável Independente: TIPOS DE EMPRESAS ESTABELECIDAS							
	Coeficientes	p-valor	RRR		Coeficientes	p-valor	RRR
Escolha		**CA/CA**		Escolha		**BL/BL**	
POP	-2,6221	0,0040	0,0726	POP	-4,6316	0,0000	0,0097
POPIPC	9,7066	0,0000	16,4227	POPIPC	13,1750	0,0000	527,0600
POPDENS	0,0007	0,0110	1,0007	POPDENS	0,0003	0,3830	1,0003
SAL	-0,0027	0,6720	0,9972	SAL	0,0020	0,4480	1,0020
Const	-5,6996	0,0470		Const	-5,1787	0,0000	
Escolha		**COM/COM**		Escolha		**CA/N**	
POP	-4,9281	0,0000	0,0072	POP	-1,6615	0,0067	0,1898
POPIPC	12,8487	0,0000	380,2920	POPIPC	6,8900	0,0010	982,4051
POPDENS	0,0009	0,0020	1,0009	POPDENS	0,0003	0,3030	1,0003
SAL	0,0068	0,0100	1,0069	SAL	-0,0012	0,6460	0,9987
Const	-9,0462	0,0000		Const	-3,1304	0,0070	
Escolha		**BL/N**		Escolha		**COM/N**	
POP	-5,1959	0,0000	0,0055	POP	-3,2048	0,0020	0,0041
POPIPC	11,8555	0,0000	140,8600	POPIPC	10,8136	0,0000	49,6920
POPDENS	0,0001	0,5920	1,0001	POPDENS	0,0003	0,3340	1,0003
SAL	-0,0050	0,5520	0,9994	SAL	0,0070	0,0000	1,0070
Const	0,1223	0,7470		Const	-8,2411	0,0000	
Escolha		**BL/CA**		Escolha		**BL/COM**	
POP	-3,9757	0,0000	0,0187	POP	-4,0203	0,0000	0,0179
POPIPC	12,3018	0,0000	220,0952	POPIPC	12,8559	0,0000	383,0700
POPDENS	0,0003	0,2250	1,0003	POPDENS	0,0002	0,3770	1,0002
SAL	0,0007	0,4760	1,0007	SAL	0,0032	0,1210	1,0033
Const	-2,0535	0,0000		Const	-5,9859	0,0000	

(continua)

(continuação)

Variável Independente: TIPOS DE EMPRESAS ESTABELECIDAS							
	Coeficientes	p-valor	RRR		Coeficientes	p-valor	RRR
Escolha		CA/COM					
POP	-3,5740	0,0000	0,0280	Base	Escolha N/N		
POPIPC	11,7869	0,0000	131,5264	N°de obs	1290		
POPDENS	0,0002	0,4520	1,0002	Log Likelihood	-1443,38		
SAL	0,0078	0,0000	1,0078	Pseudo- R2	0,2162		
Const	-7,5017	0,0000					

Fonte: Elaboração própria.

O RRR é um instrumento da razão relativa de risco, que é definido como:

$$RRR = \frac{P(Y = j / z + 1) / P(Y = k / z + 1)}{P(Y = j / z) / P(Y = k / z)} \qquad (3)$$

Ou seja, o RRR mostra o quanto a probabilidade de uma escolha varia em relação à escolha inicial como consequência da variação em uma unidade de uma das variáveis que compõem o modelo, definidas acima. Trata-se de uma medida semelhante ao cálculo da elasticidade na teoria econômica.

Discutem-se agora os resultados obtidos, apresentados na Tabela 4. Pode-se notar que a variável POP, que indica a população do município, apresentou parâmetro significante ao nível de 1% para todos os equilíbrios. Entretanto, inesperadamente, foi encontrado um sinal negativo para a variável, o que significaria que o aumento do número de habitantes em um município implicaria que a probabilidade de qualquer tipo de empresa entrar diminui.[2]

O fator renda, captado pela variável Índice de Potencial de Consumo (IPC), destacou-se por afetar positivamente e de maneira profunda a decisão de entrada de empresas nos municípios brasileiros. Como se pode notar, o parâmetro relacionado a essa variável apresentou significância ao nível de 1%. Além disso, o valor da estatística RRR é elevado para todos os equilíbrios. O sinal do parâmetro associado à variável IPC indica a direção que a variável RRR toma com um aumento da renda.

No caso dos equilíbrios[3] com duas empresas, sejam elas Cabo/Cabo (CA/CA) ou Combo/Combo (CO/CO), sua probabilidade aumenta na mesma direção da variável *densidade demográfica* dos municípios brasileiros.

2. Um efeito possível aqui é o de custos de entrada. Ou seja, com mais população, o custo de entrada é mais alto para colocar fibra nos diferentes domicílios.
3. Para os demais equilíbrios, o parâmetro não apresentou significância estatística ao nível de 10%.

A variável SAL, adicionada como indicativo de custo, não se comportou da maneira esperada, de forma que não pode ser considerada uma boa *proxy*.[4]

Após a estimação dos parâmetros da função lucro, foi possível calcular alguns parâmetros que são considerados nas decisões tomadas pelas empresas, tais como: lucros variáveis, custos fixos de entrada e tamanho mínimo viável economicamente para a entrada (em termos populacionais).

Tabela 5 - Estimativas - Lucros Variáveis, Custos Fixos, Tamanho Mínimo do Mercado, por Tipo de Escolha (média total)

	Equilíbrios 1 a 10				
Escolha	1	2	3	4	5
Tipos de Empresas	CA/CA	BL/BL	CO/CO	CA/N	BL/N
Tamanho mínimo (S)	1.007.555,66	386.999,92	681.701,76	261.275,15	108.164,53
Qtd de municípios	4	18	6	27	392
Escolha	6	7	8	9	10
Tipos de Empresas	CO/N	BL/CA	BL/CO	CA/CO	N/N
Tamanho mínimo (S)	341.136,87	125.340,19	296.489,77	268.437,63	
Qtd de municípios	12	289	27	16	

Fonte: Elaboração própria.

Apesar do tamanho elevado do mercado para viabilizar a entrada de uma empresa de Banda Larga (108,1 mil habitantes, como pode ser visto na célula 5 da Tabela 5), há uma diferença pequena em termos populacionais entre esse mercado e aquele que recebe duas empresas, uma de Banda Larga e uma de TV por Assinatura (125,3 mil, mostrado na célula 7 da mesma tabela). Esse resultado indica a complementaridade, ou, pelo menos, a não rivalidade no consumo desses dois serviços, pois, caso contrário, o tamanho do mercado mínimo deveria ser próximo ao dobro do necessário para a entrada de uma empresa de Banda Larga (em torno de 216,2 mil habitantes). Além disso, a empresa de TV por Assinatura afetaria pouco a decisão de entrada da empresa de Banda Larga e vice-versa.

A entrada de apenas uma empresa de produto "Combo", conforme os dados existentes, exige um mercado com 341,1 mil pessoas, conforme a coluna 6 da Tabela 5, bastante superior ao exigido para a entrada de uma empresa de TV por Assinatura e uma de Banda Larga (125,3 mil, coluna 7 da mesma tabela). Mas o equilíbrio CA/COM é mais provável de ocorrer do que a entrada de apenas uma empresa "Combo" (são necessárias 268,1 mil pessoas, presente na célula 9),

4. O parâmetro estimado – quando significante ao nível de 10% – possui sinal positivo. Ou seja, para os equilíbrios CO/CO, CO/N e CA/CO, aumentos salariais elevariam a demanda, compensando custos de entrada.

talvez devido à rápida possibilidade de conversão de empresas de telefonia, já presentes no município, em provedoras de pacotes "Combo". A existência de uma empresa de TV a Cabo pode estimular tanto o consumo do "Combo" quanto o fornecimento desse tipo de produto pela empresa de telefonia. O mesmo ocorre na comparação com o equilíbrio BL/COM, que para acontecer requer uma população de 296,4 mil indivíduos, mencionada na coluna 8.

Conclui-se que o fornecimento de Banda Larga ou de TV por Assinatura por um concorrente beneficia a entrada de uma empresa "Combo". Provavelmente, o concorrente seria um chamariz para o produto mais sofisticado.

Os resultados para a entrada de duas empresas do mesmo tipo indicam elevada concorrência. Caso as duas empresas optem por fornecer Banda Larga, o tamanho mínimo do mercado seria 386,9 mil pessoas, 3,5 vezes superior ao tamanho mínimo para a entrada de uma única empresa de Banda Larga.

Os combos NET e Telefônica ocorreriam, segundo o modelo, em municípios com no mínimo 681,7 mil pessoas, conforme a coluna 7. Tal número é apenas 1,99 vezes superior ao tamanho mínimo para a entrada de uma única empresa "Combo", de modo que não há elevação das barreiras à entrada para a segunda empresa. O resultado é contraditório em relação ao primeiro conjunto de modelos estimados – sob hipótese de independência dos setores. Vale destacar que, para os modelos de mercados independentes, não há controle sobre a entrada de empresas de outros nichos, o que pode ter elevado o tamanho mínimo dos mercados para as empresas "Combo".

A entrada de duas empresas fornecendo apenas TV por Assinatura, representada na célula 1 da Tabela 5, exige um mercado mínimo de 1 milhão de pessoas, valor 3,8 superior ao requisitado pela entrada de uma única empresa desse tipo. As empresas de TV por Assinatura são as que mais dificultam a entrada de um concorrente semelhante.

É interessante destacar que a entrada de duas empresas de produtos "Combo", expressa na célula 3 da Tabela 5, é mais fácil que a de duas empresas de TV por Assinatura. Isso corrobora a ideia de que a expansão do mercado de TV por Assinatura usa como auxílio o setor de banda larga. Trata-se também de um resultado bastante parecido como o encontrado por Tang (2008) na introdução de produtos digitais no mercado norte americano.

Ou seja, quando se assume a existência de mercados inter-relacionados, e, portanto, há aprofundamento da competição, a dificuldade de entrar em um único mercado aumenta. Destaque-se ainda que municípios com população inferior a 108,1 mil não possuem escala suficiente para receber nenhuma empresa.

Conclui-se, portanto, que o novo mercado, oriundo da convergência tecnológica, dificultou a entrada para qualquer tipo de empresa em um município. Além disso, o fornecimento de Banda Larga ou TV por Assinatura por um concorrente beneficia a entrada de uma empresa "Combo", portanto os produtos separados seriam um chamariz para o produto mais sofisticado. Um resultado interessante é que a entrada de duas empresas de produtos "Combo" ocorre mais facilmente que a entrada de duas empresas de TV por Assinatura. Tal resultado corrobora com a ideia de que a expansão do mercado de empresa de TV por Assinatura usa como auxílio o setor de Banda Larga.

2. Implicações de política

A partir desses resultados, quais as conclusões possíveis? Em primeiro lugar, na ausência de barreiras à entrada, a maior parte dos municípios brasileiros que não possuem nenhum tipo de serviço relacionado a empresas de Cabo – TV por Assinatura, Banda Larga ou Combo – continuará sem ter acesso a esses serviços.

A figura a seguir mostra entre os municípios (e na população total) que não possuíam nenhum desses serviços a proporção daqueles que, na ausência de barreiras à entrada, não atrairiam novos entrantes.

Figura 1 – Proporção dos Municípios sem Operadora em que não Há Entrada

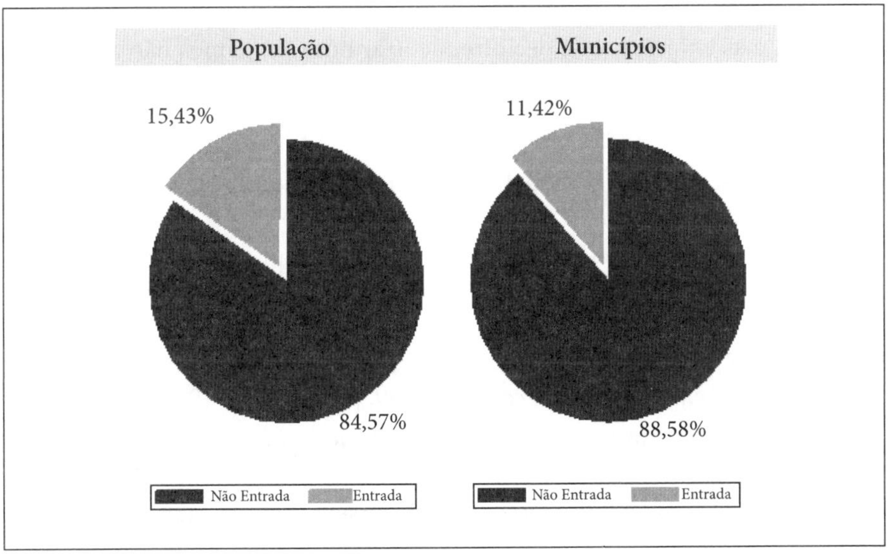

Ou seja, apenas 15% da população total da amostra – aproximadamente 3 milhões de habitantes em um total de 21 milhões – passaria a ter acesso a algum dos serviços ofertados pelas operadoras de Cabo. Os outros 85% – correspondentes aos restantes 18 milhões – continuariam desatendidos. É importante notar também que a esses 18 milhões devem ser adicionados outros

45 milhões que estão nas cidades com até 20 mil habitantes e que não estão contempladas na base de dados.

Portanto, a simples liberação das licenças para empresas de Cabo resultará em:

- um aumento marginal no número de municípios e habitantes atendidos pela entrada de novas empresas de Cabo;
- aproximadamente 63 milhões de habitantes que só poderão ter suas necessidades de acesso a conteúdo de TV atendidas por operadores de DTH ou pela TV aberta, além de não conseguirem ter acesso à Banda Larga.

Note-se que, implicitamente, o modelo acima implica que em um determinado município todas as pessoas são atendidas pelo serviço de banda larga, o que não necessariamente corresponde à realidade. Portanto, o número de habitantes não atendidos deve ser ainda maior do que o valor aqui estimado.

Algumas possíveis medidas de política que podem mitigar esse problema são:

1. Exigir do entrante em um município em que já existam empresas de TV a Cabo ou Banda Larga o fornecimento do serviço em um subgrupo dos municípios que não serão naturalmente atendidos pelas empresas;
2. Para as empresas que decidirem entrar nos municípios não atendidos, um compromisso de cobertura mínima de domicílios.

Bibliografia

BERRY, S. T. Estimation of a model of entry in the airline industry. *Econometrica*, v. 60, p. 889-917, 1992.

BERRY, S.; REISS, P. Empirical models of entry and market structure. In: Armstrong, M.; Porter, R.P. (ed.). *Handbook of industrial organization*. Amsterdam: Elsevier, 2007. v. 3, Cap. 29, p. 1845-1886.

BRESNAHAN, T. F.; REISS, P. C. Entry and competition in concentrated markets. *Journal of Political Economy*, v. 99, p. 977-1009, 1991.

_____; _____. Entry in monopoly markets. *Review of Economic Studies*, v. 57, p. 531-553, 1990.

GREENE, W. H. *Econometric analysis*. New Jersey: Prentice Hall, 2002.

REISS, P. C. Empirical models of discrete strategic choices. *American Economic Review*, v. 86, p. 421-26, 1996.

Apêndice 1 – Modelos de Entrada

O foco das análises sobre entrada e saída de empresas, entre os anos 1950 e 1970, era o de entender as diferenças entre mercados concentrados e não concentrados, no que concerne a variáveis como lucro e P&D. Na década de 1980, os modelos buscavam compreender como o comportamento estratégico poderia influenciar a estrutura de mercado.[5]

Bresnahan e Reiss (1990 e 1991) desenvolveram modelos baseados em teoria dos jogos para construir modelos econométricos estruturais de entrada. O estudo empírico inicial analisou os efeitos da entrada em mercados monopolísticos isolados quando do lançamento de novos modelos de automóveis. No segundo estudo, os setores analisados foram cinco indústrias profissionais e varejistas tais como médicos, eletricistas e veterinários. Nessa estrutura o número de empresas é um resultado endógeno de um jogo em dois estágios, que pode ser descrito da seguinte forma:

Define-se $\alpha_i = 1$, como o evento de entrada pela empresa i no mercado, e $\alpha_i = 0$, o evento de não entrada da empresa i. A matriz de *pay-off* das decisões estratégicas das empresas, está expresso abaixo.

Tabela 1A – Matriz de Pay-Off das Decisões Estratégicas das Empresas

		Empresa 1	
		$a_1 = 0$	$a_1 = 1$
Empresa 2	$a_2 = 0$	Π^1_{00}, Π^2_{00}	Π^1_{10}, Π^2_{10}
	$a_2 = 1$	Π^1_{01}, Π^2_{01}	Π^1_{11}, Π^2_{11}

Fonte: Bresnahan e Reiss (1990).

As estratégias de um equilíbrio de Nash em estratégias puras, deste jogo simultâneo são:

$$a_1^* = \begin{cases} 1, se \pi_1^* \geq 0 \\ 0, se \pi_1^* < 0 \end{cases}$$

$$a_2^* = \begin{cases} 1, se \pi_2^* \geq 0 \\ 0, se \pi_2^* < 0 \end{cases}$$

Em que π^* representa os lucros adicionais decorrentes da decisão de entrar no mercado, e pode ser obtido pelas expressões:

5. Berry e Reiss (2007).

$$\pi_1^* = (1-a_2)(\pi_{10}^1 - \pi_{00}^1) + a_2(\pi_{11}^1 - \pi_{01}^1) \quad (1)$$

$$\pi_2^* = (1-a_1)(\pi_{01}^2 - \pi_{00}^2) + a_1(\pi_{11}^2 - \pi_{10}^2) \quad (2)$$

Normalizando os lucros na eventualidade de não entrada em zero, a equação (1) pode ser escrita como:

$$\pi_1^* = \pi_{10}^1 + a_2(\pi_{11}^1 - \pi_{01}^1) \quad (3)$$

Para a estimação econométrica, será assumido que o termo π_{10}^1 da equação (3), que representa o lucro caso a empresa i fosse monopolista, é formado por elementos observáveis e pode ser expresso como, $X_i\beta_0^i - \varepsilon^i$

Já o segundo termo da equação (3), $(\pi_{11}^1 - \pi_{01}^1)$ será incluído no modelo estatístico como um parâmetro a ser estimado Δ_1^i , e trata-se da diferença nos lucros de uma empresa decorrentes da entrada da outra.

Portanto, para a estimação podem-se escrever os lucros adicionais da seguinte maneira, conforme a metodologia de Bresnahan e Reiss (1991):

$$\pi_1^* = X_1\beta_0^1 + a_2\Delta_1^1 - \varepsilon^1 \quad (5)$$

$$\pi_2^* = X_2\beta_0^2 + a_1\Delta_1^2 - \varepsilon^2 \quad (6)$$

Sob essa modelagem, há dois problemas, sendo um de ordem econométrica e outro de ordem teórica. O primeiro consiste na exigência de incluir restrições sobre o suporte da distribuição do termo ε a fim de realizar a identificação adequada dos parâmetros *β*.

O segundo deriva da possibilidade de inexistência de um equilíbrio ou ocorrência de equilíbrios múltiplos, como os equilíbrios (Π_{10}^1, Π_{10}^2) e (Π_{01}^1, Π_{01}^2) do jogo descrito na Tabela 1. A existência de múltiplos equilíbrios deriva da característica de movimentos simultâneos do jogo. Em jogos sequenciais, esse problema não ocorreria. Para mostrar essa diferença entre os mecanismos dos jogos, Bresnahan e Reiss (1990) apresentam um jogo representado na Figura 1.

Figura 1 – Resultados da Entrada de Duas Empresas em um Jogo Simultâneo

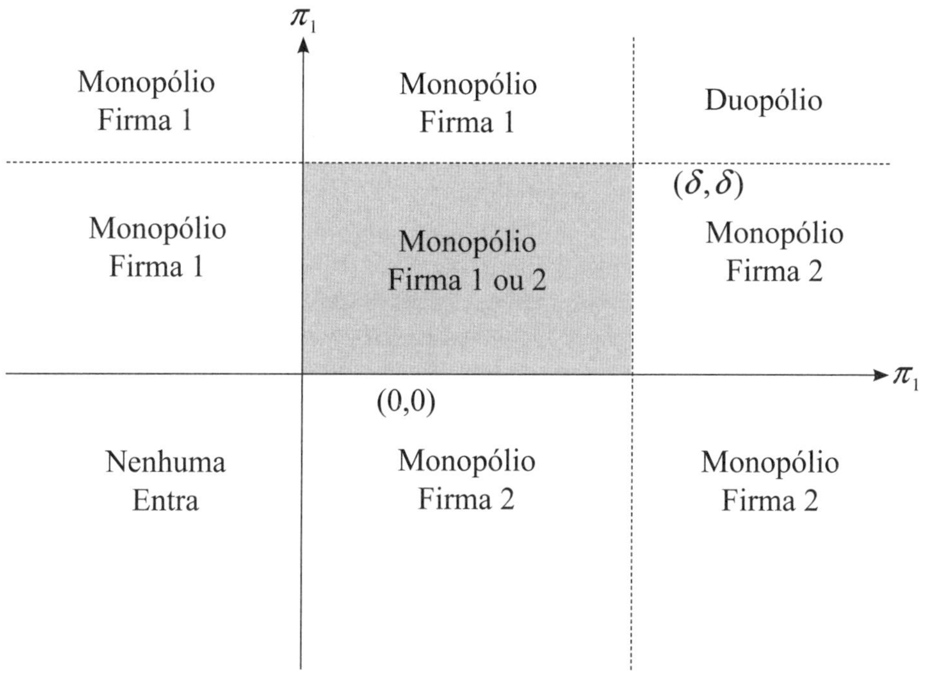

Fonte: Bresnahan e Reiss (1990).

A figura assume que os lucros de monopólio e duopólio variam por uma constante positiva δ. Então, $\pi_i^D = \pi_i^M - \delta$. A análise do primeiro quadrante, sentido horário, indica que se as duas firmas possuem lucros positivos e esses são inferiores a δ, qualquer uma das duas empresas pode ser monopolista, ou seja, não há um único equilíbrio. Caso estivéssemos em um jogo sequencial, a empresa que se movesse primeiro se tornaria a monopolista e teríamos apenas um equilíbrio.

A abordagem de Bresnahan e Reiss (1990) para resolver o problema teórico consistiu em considerar os equilíbrios não únicos como observacionalmente equivalentes. O modelo perde seu caráter sobre decisão de entrada e passa a prever o número de empresas entrantes em um mercado.

Esse modelo será estimado pelo Método de Máxima Verossimilhança, em que a função verossimilhança contém as seguintes assertivas sobre as probabilidades de ocorrência dos resultados:

$$\Pr(a_1 = 0, a_2 = 0) = \Pr(X\beta_0^1 < \varepsilon^1, X\beta_0^2 < \varepsilon^2)$$
$$\Pr(a_1 = 1, a_2 = 1) = \Pr(X\beta_0^1 + \Delta_1^1 > \varepsilon^1, X\beta_0^1 + \Delta_1^2 > \varepsilon^2)$$
$$\Pr(a_1 = 1 \forall a_2 = 1) = 1 - \Pr(a_1 = 0, a_2 = 0) - \Pr(a_1 = 1, a_2 = 1)$$

Δ_1^i determina a forma funcional específica para essas probabilidades. O modelo geral de firmas homogêneas foi formalizado da seguinte maneira em Bresnahan e Reiss (1991). Supondo $Q_i = d(Z,P) \times S(Y)$, em que a variável Q_i representa as vendas em unidades da firma, i - d é a função demanda de um consumidor representativo para o produto da firma i, $S(Y)$ representa o número de consumidores do mercado, Y e Z constituem variáveis demográficas que afetam a demanda e P são os preços potenciais dos competidores.

Além disso, supondo que $F(W)$ são os custos fixos, *MC* (q, W) os custos marginais e *AVC* (q, W) os custos médios, em que W é o conjunto de variáveis exógenas que afetam os custos, podemos definir o lucro das *n* firmas entrantes:

$$\pi_n = S(Y,\lambda)V_n(Z,W,\alpha,\beta) - F_n(W,\gamma) + \varepsilon \qquad (7)$$

$\lambda, \alpha, \beta . \gamma$: parâmetros da função lucro

Y : tamanho do mercado

Z : deslocadores de demanda *per capita*

W : deslocadores de custos

ε : termo de erro (lucros não observáveis)

Assume-se que ε é i.i.d entre os mercados e independente das variáveis observáveis. Cada firma dentro de um mesmo mercado tem o mesmo $\varepsilon \sim N(0, \sigma^2)$, implicando que os lucros das entrantes diferem somente nas variáveis determinísticas.

Admite-se que os componentes observáveis e não-observáveis dos lucros são separáveis aditivamente. Permitindo, assim, a estimação dos lucros não observáveis por uma normalização arbitrária.

Adicionalmente supõe-se que os lucros variáveis por consumidor são modelados como uma função linear do número de firmas e variáveis econômicas, $X = (W, Z)$

$$V_n = \alpha_1 + X\beta - \sum_{n-2}^{N} \alpha_n \qquad (8)$$

Em que α_n mede a queda nos lucros do monopólio quando a N -ésima firma entra. Quando a empresa é monopolista, o último termo não existe, e o lucro variável por consumidor torna-se:

$$V_1 = \alpha_1 + X\beta \quad (9)$$

Além disso, os custos fixos também são modelados por uma função linear:

$$F_b = \gamma_1 + \gamma_1 W_1 + \sum_{n=2}^{N} \gamma_n \quad (10)$$

Em que, γ_n mede a elevação nos custos do monopólio quando a N -ésima firma entra. Quando a empresa é monopolista, o último termo se anula, e os custos fixos são expressos por:

$$F_1 = \gamma_1 + \gamma_L W_L \quad (11)$$

Uma questão importante na literatura é o cálculo do menor tamanho de mercado necessário para sustentar exatamente N empresas. Para calcular esse limite de entrada, pode-se empregar:

$$S_n = {}^{F_b}\!/_{V_n} \quad (12)$$

$$F_b = \gamma_1 + \gamma_1 W_1 + \sum_{n-2}^{N} \gamma_n \quad (13)$$

Outra hipótese do modelo é que existem N entrantes quando $\pi_N > 0$ e $\pi_{N+1} < 0$. Para estimar esse modelo utiliza-se um modelo de escolha discreta ordenada em que a variável dependente é o número de firmas no mercado. Emprega-se a seguinte função verossimilhança

$$\ell_i(\alpha,\beta) = 1[\pi_1 > 0]\log[1-\Phi(\bar{\pi}_1)] + 1[\pi_n \geq 0, \pi_{n+1} < 0]\log[\Phi(\bar{\pi}_n) - \Phi(\bar{\pi}_{n+1})] + 1[\pi_n > 0]\log[\Phi(\bar{\pi}_{n\max})]$$

baseada nas probabilidades abaixo:

a) *probabilidade de mercado sem nenhuma firma*:

$$\Pr(\pi_1 < 0) = 1 - \Phi(\bar{\pi}_1)$$

$\pi_1 = \bar{\pi}_1 + \varepsilon$, em que $\bar{\pi}_1$ é o lucro esperado da firma 1 e Φ é a função cumulativa.

b) *probabilidade de N firmas no equilíbrio*:

$$\Pr(\pi_n \geq 0, \pi_{n+1} < 0) = \Phi(\bar{\pi}_n) - \Phi(\bar{\pi}_{n+1})$$

c) *probabilidade de observar número de firmas superior ao* n *máximo*:

$$\Pr(\pi_n > 0) = \Phi(\bar{\pi}_{n\max})$$

A estrutura desenvolvida surge como uma solução para a dificuldade de obter dados de empresas, tais como preços, quantidades, custos e faturamento. A formulação do problema pelos autores exige poucas variáveis: número de empresas, características demográficas e estrutura de renda dos mercados.

A hipótese mais controversa do modelo é a da homogeneidade das firmas, sendo que Berry (1992) assume que as potenciais entrantes são heterogêneas. Sob essa hipótese, as estimações, via *probit*, são inadequadas para modelar decisões de entrada, pois podem implicar múltiplos equilíbrios, ausência de equilíbrio em estratégias puras ou não identificação dos parâmetros econométricos. A saída empregada pelo autor foi o Método da Máxima Verossimilhança Simulada. Reiss (1996) aponta que há altos custos em usar esse método, como a possibilidade de ocorrer erros de especificação. No entanto, admite que seja bom para modelos de escolha com dimensões elevadas.

CONTRIBUIÇÃO À CONSULTA PÚBLICA ANATEL 4, DE 24 DE JANEIRO DE 2012

ARTHUR BARRIONUEVO

1. Introdução

O Conselho Diretor da Agência Nacional de Telecomunicações (ANATEL) submeteu a Consulta Pública (CP 4, de 24 de janeiro de 2012) a Proposta de Edital de Licitação para a expedição de autorizações de uso de Radiofrequências na subfaixa 2500 MHz a 2690 MHz e/ou na subfaixa de 451 MHz a 458 MHz e de 461 MHz a 468 MHz, associadas a autorizações para exploração do Serviço de Comunicação Multimídia - SCM, do Serviço Telefônico Fixo Comutado Destinado ao Uso do Público em Geral - STFC e do Serviço Móvel Pessoal - SMP.

A manifestação encaminhada diz respeito à identificação dos seguintes problemas na forma escolhida para realizar a Licitação de uso de Radiofrequências presente no Edital:

1. Em primeiro lugar, como dispõe o art. 6.º da LGT (Lei 9.472/1997), os "serviços de telecomunicações serão organizados com base no princípio da livre, ampla e justa competição entre todas as prestadoras, *devendo o Poder Público atuar para propiciá-la*". Entretanto, a atual forma de alocação de radiofrequências definida no Edital cria uma assimetria concorrencial entre operadoras de SMP (não cabe aqui o SCM): de um lado, aquelas detentoras de *mix* adequado de radiofrequências (como as recomendadas pela UIT, na WRC 2007, para uso na prestação de serviços móveis 4G/LTE); e, de outro, as demais, já estabelecidas ou novas entrantes, que atuarão com enorme diferen-

cial de custos em relação às primeiras, com dificuldades de opor competição efetiva às mesmas;

2. Em segundo lugar, embora as obrigações de universalização possam ser impostas apenas às operadoras que atuam no regime público, o que não é o caso dos serviços de SMP e SCM, há claramente uma diretriz governamental, o Plano Nacional de Banda Larga, que procura incentivar e/ou facilitar o acesso das classes de menor renda ao serviço de Internet rápida, em particular via banda larga móvel. Assim, o problema concorrencial apontado no item anterior, conjuminado com obrigações de cobertura definidas no Edital, provavelmente terão o efeito de afastar ou elevar os custos dos investimentos de operadoras interessadas na faixa de 2,5 GHz.

Assim, esta contribuição tratará em primeiro lugar dos efeitos do Edital que geram assimetria competitiva e, em segundo lugar, de seus possíveis impactos sobre o incentivo ao investimento.

2. A assimetria competitiva

Para apontar os efeitos do Edital sobre a concorrência no SMP, a metodologia de análise é a mesma utilizada nos casos analisados pela Lei de Defesa da Concorrência (como a descrita no Guia para Análise de Concentrações Horizontais da SEAE/SDE), que avalia fatores como a possibilidade de entrada (barreiras, *sunk costs* etc.) e a rivalidade entre as empresas estabelecidas em dado mercado relevante.

Cada indústria possui, entretanto, suas especificidades, que moldam a concorrência nos mercados relevantes que lhe são próprios. No presente caso, quando a ANATEL divulgou a Consulta Pública 4, de 24 de janeiro de 2012, explicitou que o uso das faixas de 2.500 MHz deve ser destinado ao acesso às telecomunicações em banda larga móvel de alta velocidade, com tecnologia de quarta geração.

Evidentemente, todos os serviços ofertados pelas empresas móveis devem ser afetados pelo Edital, pois ao longo do tempo haverá uma migração dos usuários das tecnologias 2G e 3G para a quarta geração, afetando a competição no conjunto dos serviços ofertados.

Assim, discutem-se a seguir os fatores gerais que afetam a competição nos serviços móveis, para focar posteriormente no efeito da distribuição de radiofrequências na dinâmica competitiva. Entre as fontes utilizadas destaca-se o painel com especialistas realizado anualmente pela FCC americana sobre as condições de concorrência no setor móvel dos EUA (*FIFTEENTH REPORT – Annual report and analysis of competitive market conditions with respect to mobile wireless, including commercial mobile services*, June 24, 2011, daqui para frente *15 Report*).

A discussão dos fatores concorrenciais seguirá a ordem: (i) inicia com a colocação das condições de entrada no mercado, (ii) posteriormente avalia os fatores que influenciam a rivalidade entre as operadoras existentes, (iii) analisa a importância da distribuição das radiofrequências para o processo competitivo e (iv) aponta como o Edital pretende tratar a licitação de radiofrequências.

2.1 Condições de entrada no serviço móvel

Iniciando a discussão dos fatores de concorrência com as condições de entrada, o *15 Report* (p. 52-55) aponta que "as principais fontes de custos de entrada que afetam a propensão para entrar incluem: (1) *custo de aquisição de licenças de espectro ou de locações de espectro*; (2) *os custos de cobertura da rede*, tais como a aquisição do *site* e os custos de preparação, construção de *sites* e custos de *leasing*, custos de equipamentos de rede, custos de transporte de *backhaul* e outros custos potenciais de interconexão e de roaming; (3) os custos de oferecer aos clientes um portfólio de *handsets* sem fio atraentes; e (4) os custos de comercialização e distribuição de serviços e dispositivos sem fio". (grifos nossos).

> "In the mobile wireless services industry, the major sources of entry costs that affect the propensity to enter include: (1) *the cost of acquiring spectrum licenses or spectrum leases*; (2) *network coverage costs* such as site acquisition and preparation costs, site construction and leasing costs, network equipment costs, backhaul transport costs and other potential interconnection and roaming costs; (3) the costs of offering customers a portfolio of attractive wireless devices; and (4) the costs of marketing and distributing wireless services and devices."

O espectro é considerado o primeiro fator a influenciar as novas entradas no serviço móvel. Note-se que no presente caso trata-se da migração de clientes das tecnologias já em uso para a quarta geração, que permite novos serviços ou o aprimoramento dos atuais, como a banda larga móvel, implicando, ou não, serviços prestados por novas operadoras entrantes. Todavia, mesmo para as operadoras já existentes, a migração tem características de nova entrada, ao exigir novos investimentos, espectro e atração de clientes para a nova tecnologia.

A entrada de novos *players*, em novos mercados/serviços, para apresentar efeitos concorrenciais, deve ser tempestiva, suficiente e viável, ou seja, deve ocorrer em um período de até dois anos (conforme definição do *Guia de Concentrações Horizontais SEAE/SDE*), em magnitude que afete o mercado e em condições tais que, ao nível de preços existente, o entrante cobrirá todos os seus custos, inclusive os de capital, remunerando seus acionistas.

Deve-se lembrar que na indústria móvel as economias de escala são importantes e que existem altos custos de expansão da rede que são fixos. Esses custos de desenvolvimento da rede em relação ao número potencial de clientes é uma variável chave para determinar o número de firmas que podem entrar e sobreviver no mercado e, portanto, o grau de competição futura no mercado.

Importante em uma entrada que seja ao mesmo tempo suficiente (de magnitude significativa) e viável é a cobertura da rede. Essa cobertura é essencial para criar uma base de novos clientes, inclusive atraindo clientes de outras operadoras.

Outra característica central da indústria, além das "economias de escala", é a de que os clientes estão sujeitos à chamada "economia de rede", onde o valor do serviço para cada consumidor aumenta com a expansão da base de clientes, seja porque viabiliza serviços que necessitam de tamanho mínimo de mercado, seja porque facilita e amplia a interação com um número maior de usuários. Ambos implicam que as operadoras necessitam não apenas de acesso a radiofrequências para poder competir, mas, como se verá adiante, de um *mix* adequado de radiofrequências.

Portanto, sabendo-se que hoje o serviço de SMP no Brasil é competitivo, com quatro operadoras com posição relativamente próxima (Vivo, TIM, Claro e Oi), e com novos entrantes em crescimento, é essencial, para que essa competição possa subsistir nos níveis atuais, que todos os *players* tenham disponibilizados os meios de fazer a migração para o 4G. Entre eles, destacam-se o acesso às radiofrequências adequadas, que geram custos de atualização de rede que não sejam artificialmente diferenciados, ou seja, por iniciativas regulatórias. Veja-se a seguir os fatores de sucesso no processo competitivo no SMP.

2.2 Rivalidade entre operadoras no serviço móvel

A rivalidade entre as operadoras são classificadas em dois tipos: a de preço e aquelas agrupadas como não preço. A rivalidade de preço inclui a oferta de diferentes planos, pré e pós-pagos, e combinações de serviços de voz e de dados, com peculiaridades, como a de chamadas intrarrede e entre operadoras diferentes. Elas dependem do custo marginal de prestação do serviço a um usuário adicional, portanto das radiofrequências disponíveis às operadoras.

Além de competirem em preço, as operadoras de serviços móveis competem em outras dimensões. O *15 Report* (p. 70-71) "identifica três grandes categorias de rivalidade não preço entre os prestadores de serviços móveis: 1) *upgrades de rede*; 2) informações e percepção sobre o produto, que incluem publicidade e marketing; e 3) a diferenciação do produto na comercialização, que inclui *handsets*/dispositivos e ofertas de aplicativos. Indicadores de rivalidade não preços, que são discutidos abaixo, incluem desenvolvimento de tecnologia e *upgrades*, gastos com propaganda e marketing, *handsets*/dispositivos e ofertas de aplicativos".

> "Identifies three broad categories of non-price rivalry among mobile wireless service providers: 1) *network upgrades*; 2) product information and perception, which include advertising and marketing; and 3) downstream product differentiation, which includes handset/device and application offerings. Indicators of non-price rivalry, which are discussed in detail below, include technology deployment and upgrades, advertising and marketing expenditures, and handsets/devices and application offerings."

No presente caso, interessa especialmente o primeiro fator, o investimento em aprimoramento tecnológico de redes que é essencial para as operadoras atenderem às demandas de seus usuários por novos serviços. O avanço tecnológico capacita à transferência de dados a velocidades cada vez maiores, o que é essencial, sabendo que a utilização de vídeos tem sido a variável chave a dirigir o exponencial aumento de tráfego de dados na Internet, fixa ou móvel. Como os serviços de voz são cada vez mais *commodities*, fundamental para as operadoras é diferenciar o serviço por meio de velocidade, cobertura e confiabilidade das redes móveis e pela capacidade dos *handsets* ou outros aparelhos, como os tablets.

Ao fazer o aprimoramento das redes, dois fenômenos devem ser ressaltados. Em primeiro lugar, quando um grande número de usuários passa a utilizar uma nova tecnologia, o crescimento rápido da demanda provoca grandes ganhos de escala em toda a cadeia produtiva, reduzindo custos dos equipamentos e acelerando a própria adoção da tecnologia, via redução de preços e de aumento do número de modelos de *handsets* disponíveis.

Em segundo lugar, a competição entre diferentes "plataformas tecnológicas" para prestar o mesmo serviço apresenta vantagens, como incrementar o desenvolvimento tecnológico e aumentar a competição por preços e a variedade e diferenciação de serviços. Um exemplo de competição de plataformas foi a corrida entre CDMA e GSM para estabelecer os padrões de 2G. Embora o segundo tenha se tornado o padrão mais utilizado, o CDMA se tornou a base para os desenvolvimentos de 3G.

Essas características da competição na indústria, propiciam a emergência de outro fator, a "vantagem do primeiro movimento". Eggers, Grajek e Kretschmer (Eggers, J. P.; Grajek, M. e Kretschmer, T. *First mover advantages in the mobile telecommunications industry*: a consumer-centric perspective.

ESMT - European School of Management and Technology Working Papers, Berlin, Germany, 2011, disponível em: <www.esmt.org>) colocam que na indústria de serviço móvel a "vantagem de primeiro movimento" tem as seguintes feições: (1) a estrutura da indústria permite uma definição clara de quem são os *first movers*; (2) a indústria de serviços móveis tem custos de mudança significativos para os consumidores; (3) os usuários do serviço móvel fazem duas decisões: primeiro, decidem se adotam, ou não, um telefone móvel e, então, decidem em termos de magnitude de uso; e (4) há coordenação sobre um padrão e seu licenciamento como meio de regular a entrada no serviço.

O motivo (1) de que a operadora "inovadora" é reconhecida pela indústria e consumidores e, especialmente, o motivo (2) possibilitam dois canais para a vantagem da empresa *first-mover*. Essas operadoras terão a possibilidade de atrair os "usuários pioneiros", aqueles que valorizam novidades, e poderão, também, atrair os usuários "pesados" que utilizam muito o serviço. Assim, o *lock-in* dos consumidores pioneiros provocará uma alta penetração, o que ocorrerá em conjunto com uma intensidade de uso mais alta do que a média, devido à atração dos consumidores que são usuários intensivos.

A "vantagem do primeiro movimento" mostra que não apenas o acesso aos meios - *mix* adequado de radiofrequências - é importante para a manutenção de uma competição acirrada, mas também o *timing* desse acesso é essencial, para evitar que se formem e consolidem posições dominantes, que serão difíceis de remover.

2.3 Rivalidade entre operadoras e radiofrequências no serviço móvel

O acesso ao espectro é condição necessária para a prestação do serviço móvel e para promover a competição, investimentos e inovação. Além disso, como observa o *15 Report* (p. 169), no que diz respeito à utilização de radiofrequências: "Como analistas do setor, fornecedores de equipamentos sem fio e outros têm observado, essas características técnicas diferentes oferecem vantagens relativas para o uso do espectro em diferentes faixas de frequência. Por exemplo, há um consenso geral de que as características de propagação mais favoráveis do espectro de frequência mais baixa permitem uma melhor cobertura em grandes áreas geográficas e no interior de edifícios, enquanto o espectro de maior frequência pode ser mais adequado para aumentar a capacidade de transmissão. Além disso, alguns observadores têm notado complementaridades importantes associadas com o fato de um provedor ter acesso a espectro em ambas as faixas de frequências baixa e alta".

"As industry analysts, wireless providers, and others have noted, these different technical characteristics provide relative advantages for the deployment of spectrum in different frequency bands under certain circumstances. For instance, there is general consensus that the more favorable propagation characteristics of lower frequency spectrum allow for better coverage across larger geographic areas and inside buildings, while higher frequency spectrum may be well suited for adding capacity. Furthermore, some observers have noted important complementarities associated with a provider having access to spectrum in both the lower and higher frequency bands."

A importância do acesso ao espectro abaixo de 1 GHz, seja de 700 MHz ou de 850 MHz, é colocada acima, o que a torna útil também para áreas rurais. Como coloca o *15 Report* (p. 170-174): "Mais especificamente, a banda de baixo espectro pode fornecer a mesma cobertura geográfica, a um custo inferior, do que as frequências de bandas altas, tais como a banda PCS 1,9 GHz, o 1,7/2,1 GHz AWS, e da banda de 2,5 GHz".

"More specifically, low-band spectrum can provide the same geographic coverage, at a lower cost, than higher-frequency bands, such as the 1.9 GHz PCS band, the 1.7/2.1 GHz AWS band, and the 2.5 GHz band."

Portanto, uma operadora que atue no espectro de alta frequência necessitará construir mais ERBs do que aquela que atua com baixa frequência para atingir o mesmo grau de cobertura.

O que leva o *15 Report* (p. 170-174) a concluir que, como apontam alguns analistas, "pode haver complementaridades importantes resultante da detenção de espectro em diferentes faixas de frequências, notando que a combinação de sub-1 GHz e espectro de frequência mais elevada pode ser a situação ótima. [...] Além disso, em áreas urbanas, tal espectro pode fornecer cobertura interna ao edifício. Em áreas urbanas, onde a concentração de tráfego de dados é alta, esta camada de cobertura pode ser complementada com o espectro de alta frequência para criar maior capacidade de transmissão. Nesse sentido, até certo ponto, o espectro de frequência mais elevada pode se tornar mais valioso ao ser combinado com o espectro de menor frequência, e vice-versa. *Dadas estas características de diferentes radiofrequências, o mix de licenças de espectro de uma operadora pode afetar sua capacidade de fornecer serviços móveis eficientes*".

As operadoras que dispuserem de um mix de frequências, atingirão um ótimo, do ponto de vista de ofertar o serviço de melhor qualidade ao custo mais baixo e, portanto, possuirão uma vantagem competitiva que não está ao alcance das demais.

2.4 A alocação de radiofrequências no edital

Em relação à Consulta Pública da ANATEL 4, de 24 de janeiro 2012, cujo objeto é a licitação das subfaixas de radiofrequências em 2.500 MHz e 450 MHz, para ampliar o acesso às telecomunicações em banda larga móvel de alta velocidade, com tecnologia de quarta geração e a cobertura de áreas rurais, pode-se dizer que apresenta as seguintes feições:

- A Licitação terá duas fases: na primeira serão licitadas as subfaixas de Radiofrequências de 450 MHz, Lote 1; caso exista um interessado, o Proponente Vencedor deverá cumprir Compromissos de Abrangência com Conexões de Voz e de Dados, conforme requisitos e condições estabelecidos no Edital.
- Caso não exista interessados na primeira fase pelo Lote 1, os vencedores da Licitação nas subfaixas de 2,5 GHz deverão receber lotes da área dedicada à cobertura por 450 MHz e cumprir os seus Compromissos de Abrangência.
- Entretanto, mesmo que exista um vencedor para o Lote 1, os vencedores da Licitação nas subfaixas de 2,5 GHz serão obrigados a disponibilizar torres, infraestrutura e transporte para o operador da faixa de 450 MHz.
- Os Compromissos de Abrangência implicam que a cobertura deverá atingir aproximadamente 30% dos municípios brasileiros até 31 de dezembro de 2013, 60% até 31 de dezembro de 2014 e 100% até 31 de dezembro de 2015.
- Além disso, até o dia 31 de dezembro de 2017, os vencedores deverão ofertar nos municípios brasileiros Conexões de Dados com, pelo menos, as seguintes características mínimas: taxa de transmissão de *download* de 1 Mbps, de *upload* de 256 kbps e franquia mensal mínima de 500 MB.
- Estabelece também obrigações de cobertura de rede de quarta geração para: 80% da área urbana dos distritos sedes dos municípios sede e subsedes da Copa do Mundo de Futebol de 2014 a ser organizada no Brasil pela FIFA, até 31 de dezembro de 2013; para as capitais de Estado, os municípios com mais de 500.000 (quinhentos mil) habitantes e, na Região II, também o Distrito Federal até 31 de maio de 2014; e para os municípios com mais de 100.000 (cem mil) habitantes até 31 de dezembro de 2015.

Em termos concorrenciais, tendo em vista a análise desenvolvida anteriormente, que mostra a importância do acesso ao *mix* adequado de radiofrequências para que a competição no SMP não seja afetada negativamente, os principais pontos a destacar, referentes ao modelo implícito no Edital, são os seguintes:

- A UIT (União Internacional de Telecomunicações) recomenda, para a implementação do 4G, além da faixa de 2.500 MHz, as de 700/800 MHz, 850 MHz e 1.800 MHz, permitindo dessa forma que as operadoras possuam um mix ótimo para a prestação do serviço, com faixas de alta e baixa radiofrequências. Este mix ótimo permite que a expansão da banda larga móvel seja realizada ao menor custo possível.
- Os leilões da privatização para o Serviço Móvel, relativos à prestação do SMC (Serviço Móvel Celular) nas bandas A e B, já distribuiu a subfaixa de radiofrequência de 850 MHz para alguns *players* que atuam no sucedâneo desse antigo serviço atualmente denominado SMP (Serviço Móvel Pessoal), de modo que alguns *players* poderão atingir o *mix* ótimo de radiofrequências e outros não, criando uma assimetria competitiva.
- O "dividendo digital" decorrente da liberação da subfaixa de 700 MHz pelo término de operações da TV analógica não foi considerado pela Anatel, mesmo com a prioridade que a expansão da oferta de banda larga móvel merece e como meio para evitar a assimetria competitiva mencionada no item anterior.
- Além disso, existem subfaixas de 700 MHz não ocupadas pelos radiodifusores em boa parte dos municípios brasileiros que poderiam ser imediatamente disponibilizadas para o 4G.
- A própria Anatel já realizou leilões combinando faixas de alta e baixa radiofrequências, como o fez no caso do 2G (1.800 MHz + 900 MHz).
- Seguir a recomendação da UIT permitirá que o País se beneficie dos ganhos de escala que a difusão mundial do 4G trará aos seus usuários.
- A experiência internacional em países europeus (p. ex. Alemanha, Espanha, Suécia, Grã-Bretanha, Portugal etc.), ou nos EUA, sobre os leilões 4G mostram que a venda combinada das faixas de 700/800 MHz e de 2.500/2.600 MHz gera os melhores resultados financeiros nos leilões para o poder concedente.

Dados esses fatos e tendo em vista atingir os objetivos de evitar que sejam estabelecidas "assimetrias concorrenciais" e seja utilizada a combinação mais eficiente de radiofrequências para o desenvolvimento da banda larga móvel, o Edital deveria sofrer as seguintes alterações:

1. A Anatel deveria incluir as subfaixas em 700 MHz, que já estão disponíveis, ou serão disponibilizadas conforme o cronograma de implementação

da TV Digital, de forma associada com as subfaixas de 2.500 MHz e 450 MHz, no processo de licitação de faixas para a prestação do 4G.

2. Ao definir os critérios de um futuro leilão da faixa de 700 MHz, critérios assimétricos de participação nesse leilão deveriam ser impostos para evitar que os *players* que já possuem 850 MHz viessem, vencendo esse leilão, a criar barreiras ao ingresso de novos entrantes que não possuem faixas de baixa radiofrequência. Esta providência seria tomada para evitar prejuízos à concorrência no mercado de SMP.

3. Finalmente, a atual detenção de frequências baixas para a subfaixa de (700 + 850) MHz deveria ser revisada em cada mercado relevante, de forma a evitar que sua propriedade gere privilégios aos seus detentores e impossibilite a entrada de novos *players*. Como já foi dito, os detentores das faixas de 850 MHz podem utilizar tais faixas em conjunto com as de 2.500 MHz para oferecer serviços 4G.

3. Efeitos do edital sobre os investimentos

O Edital cria obrigações de cobertura e desempenho de serviços para as operadoras vencedoras dos lotes de radiofrequências de 450 MHz e 2.500 MHz, que implicarão investimentos vultosos.

Infelizmente, as magnitudes necessárias de investimentos para atingir as metas definidas pelo Edital nos prazos definidos não são conhecidas, pois não foi publicada qualquer estimativa em relação aos custos de investimento das alternativas para alcançar as metas propostas, o que reduz a possibilidade de contribuições mais concretas sobre o tema.

Ainda assim, aprofundando a proposta de licitar a faixa de 700 MHz em conjunto com as de 450 MHz e 2.500 MHz, algumas observações podem ser realizadas de forma mais geral, ou utilizando a experiência internacional, basicamente sobre o respeito ao princípio da "neutralidade tecnológica" e às vantagens da licitação da faixa de 700 MHz.

O princípio regulatório da "neutralidade tecnológica" afirma que as autoridades deveriam deixar aberta à experimentação das empresas o uso de diferentes tecnologias para prestar determinado serviço ou atingir determinada meta. Assim, em vez de definir que a cobertura para oferta de banda larga móvel deve ser atendida por uma rede de 2.500 MHz, melhor seria definir quais serviços deveriam ser atendidos e em qual área do que definir o investimento em um tipo específico de rede. As faixas de 700/850 MHz podem substituir a subfaixa de 2.500 MHz na cobertura *outdoor* em áreas de menor densidade populacional e *indoor* em áreas urbanas, reduzindo as necessidades de investimento em infraestrutura de rede, e, portanto, de custos de implantação. Por que não permitir esta alternativa às empresas, que farão seus cálculos de custos buscando a maior eficiência?

Em segundo lugar, quanto à destinação da faixa de 700 MHz para o SMP, associada à de 2.500 MHz, existem dois argumentos. Inicialmente, como foi observado noPlano Nacional de Banda Larga dos EUA, é fundamental disponibilizar espectro suficiente para a expansão das redes dos prestadores de serviço móvel, pois na ausência de espectro suficiente as alternativas para suprir o serviço têm custo mais elevado, como o de aumentar o número de células, com o respectivo aumento de investimento. Para implementar o PNBL brasileiro, tal preocupação deve estar presente.

Além disso, como observou o *15 Report* (p. 170-174): "Espectro de banda de baixa frequência pode fornecer a mesma cobertura geográfica, a um custo menor, do que bandas de maior frequência, tais como a banda PCS de 1,9 GHz, a banda AWS de 1,7/2,1 GHz e a banda de 2,5 GHz. Um operador que, exclusiva ou principalmente, detém espectro de uma faixa de frequência mais alta, geralmente deve construir mais ERBs (com custo adicional) do que um operador que detém principalmente faixa de frequência mais baixa, para fornecer uma cobertura de serviço equivalente".

> "Low-band spectrum can provide the same geographic coverage, at a lower cost, than higher-frequency bands, such as the 1.9 GHz PCS band, the 1.7/2.1 GHz AWS band, and the 2.5 GHz band. A licensee that exclusively or primarily holds spectrum in a higher frequency range generally must construct more cell sites (at additional cost) than a licensee with primary holdings at a lower frequency in order to provide equivalent service coverage."

Como exemplo de tal afirmativa, aponta as estimativas da T-Mobile, que acredita que usar o espectro de 700 MHz requer aproximadamente 25 a 30% dos *sites* necessários do que se utilizasse rede de alta frequência em área geográfica comparável. Também o National Institute of Standards and Technology (NIST) desenvolveu um modelo comparando as bandas de 700 MHz, 1,9 GHz, e 2,4 GHz e concluiu que a cobertura usando a mesma potência de transmissão diferiu de forma significativa, e requeria 9 células utilizando 2,4 GHz, 4 células utilizando 1,9 GHz para 100 m2 e somente uma célula no caso de 700 MHz. Ainda conforme o *15 Report*, nos EUA, o custo de uma única célula, em média, está acima de US$ 200.000 e o aluguel mensal de uma linha para o *backhaul* varia entre algumas centenas de dólares a até US$ 6.000.

Assim sendo, além do motivo de promover a concorrência de forma isonômica, a licitação da faixa de 700 MHz serve ao objetivo, expresso no PNBL, de garantir meios para a oferta de banda larga móvel, e que será realizada ao menor custo possível.

Sumariando, as mudanças sugeridas são:

1. Respeitar o princípio da "neutralidade tecnológica", definindo os objetivos em termos de serviços a serem prestados e permitindo às operadoras definirem qual a radiofrequência que utilizarão para prestá-lo, se 450 MHz ou 700/850 MHz.

2. Licitar a faixa de 700 MHz além das de 450 MHz e de 2.500 MHz, estabelecendo critérios de assimetria regulatória em benefício dos não detentores de 850 MHz, em função de objetivos concorrenciais, para obter isonomia entre os *players*.

3. Reforçar a proposta de licitar a faixa de 700 MHz além das de 450 MHz e de 2.500 MHz, em função do objetivo de viabilizar o PNBL com um custo ótimo de investimento.

AVALIAÇÃO DOS CONCEITOS CONCORRENCIAIS E DA ATRIBUIÇÃO DE PODER DE MERCADO SIGNIFICATIVO NO PLANO GERAL DE METAS DE COMPETIÇÃO (PGMC)

Arthur Barrionuevo

1. Introdução

O presente estudo tem o objetivo de avaliar a aplicação dos conceitos concorrenciais, em particular o da atribuição de Poder de Mercado Significativo (doravante denominado PMS), na Consulta Pública 41 da Anatel, cujo objeto é o Plano Geral de Metas da Competição (doravante denominado PGMC). O PGMC prevê a adoção de medidas assimétricas para grupos econômicos com PMS considerando os seguintes termos:

> "CONSIDERANDO a necessidade de estimular a competição ampla, livre e justa entre as empresas exploradoras de serviços de telecomunicações, com vistas a promover a diversidade dos serviços com qualidade e a preços acessíveis à população, conforme disposto no art. 3.º, IX, do Decreto n. 4.733, de 10 de junho de 2003;

CONSIDERANDO a necessidade de tornar a regulamentação mais precisa quanto à definição de assimetrias regulatórias definidas com base em detenção de poder de mercado significativo (PMS) em cada mercado relevante".

Além da Consulta Pública 41, para realizar este trabalho foram utilizados documentos auxiliares, como a "Análise dos Mercados Relevantes tratados no Plano Geral de Metas de Competição - PGMC" de Outubro de 2010 (doravante denominado Relatório Anatel), que é a aplicação das diretrizes estabelecidas na consulta pública do PGMC.

Para complementar as análises deste estudo, foram utilizadas também as seguintes diretrizes da Comissão Europeia, que tratam de concorrência em serviços de telecomunicações:

a) *Directive* 2002/21/EC, conhecida como "*Framework Directive*";

b) *Directive* 2002/20/EC, conhecida como "*Authorisation Directive*";

c) *Directive* 2002/19/EC, conhecida como "*Access Directive*";

d) *Directive* 2002/22/EC, conhecida como "*Universal Service Directive*";

e) *Directive* 1997/66/EC, conhecida como "*Data Protection Directive*";

f) *Directive* 2002/C165/03, que relaciona todas as demais diretrizes em um corpo homogêneo.

É importante situar o leitor em relação aos parâmetros que serão analisados. O Relatório Anatel expõe a aplicação prática dos possíveis mercados relevantes previamente estabelecidos no Título II da Consulta Pública 41 do PGMC, quais sejam:

- *Mercado do Atacado:*
  - Mercado Relevante de Transporte Local;
  - Mercado Relevante de Transporte de Longa Distância;
  - Mercado Relevante de Acesso Móvel;
  - Mercado Relevante de Acesso Fixo;
  - Mercado Relevante de Interconexão Móvel;
  - Mercado Relevante de Interconexão Fixa.
- *Mercado do Varejo:*
  - Serviços Fixos – Até 64 kbps;
  - Serviços Fixos – Mais de 64 kbps;
  - Serviços Móveis – Até 64 kbps;
  - Serviços Móveis – Mais de 64 kbps;
  - Televisão por Assinatura.

Desses mercados, por diversas razões, a Anatel decidiu que apenas um subconjunto deveria ser analisado. A figura a seguir, do Relatório Anatel, apresenta esses mercados:

Figura 1 – Mercados Relevantes do Setor de Telecomunicações

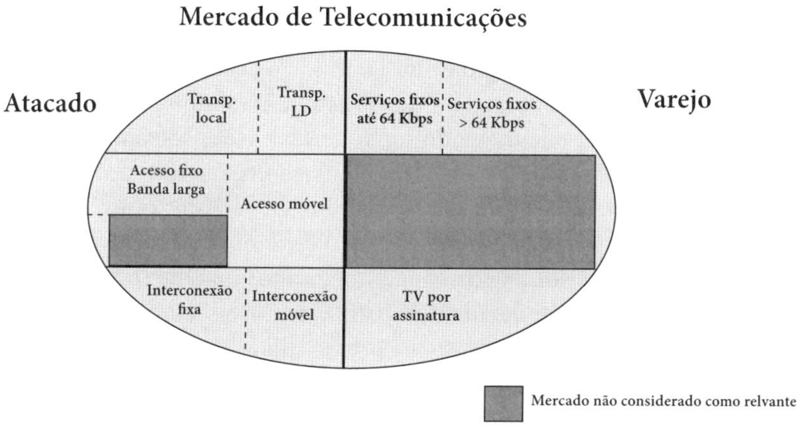

Fonte: Anatel.

A partir dessa delimitação de mercados, para atingir o objetivo do estudo, os seguintes temas são tratados: na próxima seção, discute-se a atribuição de PMS a empresas ou grupos econômicos que atuam em mercados relevantes evidentemente competitivos, quando o conceito de PMS é derivado de mercados com baixa competição e onde o poder de mercado de algum incumbente é o responsável pela falta de competição.

Na seção três, discutiremos a escolha da Anatel em analisar o PMS baseada em grupos econômicos e não em empresas que atuam em mercados relevantes específicos. Nas seção quatro, analisamos o mercado relevante de acesso móvel e se existe PMS nesse mercado. A quinta seção trata do tratamento assimétrico dado pela Anatel a *players* com condições de mercado extremamente similares e finalmente conclui.

2. PMS em mercados concorrenciais

Esta seção trata do conceito de Poder de Mercado Significativo, como este conceito é desenvolvido no PGMC e nas regras da União Europeia. Interessa particularmente entender se é consistente com a prática de defesa da concorrência considerar a existência de PMS em mercados onde a concorrência já é vigorosa.

2.1 Conceito de PMS no PGMC

A definição de PMS de acordo com o art. 3.º do Título I da Consulta Pública 41 - PGMC é:

> "posição que possibilita influenciar de forma significativa as condições do Mercado Relevante".

Em princípio esta definição é similar à de Posição Dominante no direito da concorrência, onde se considera dominante uma empresa que pode agir e influenciar as condições de mercado sem que suas ações sofram restrições por parte de concorrentes ou consumidores. Entretanto, quando a Anatel avança no sentido de operacionalizar o conceito, pode-se verificar que PMS torna-se um conceito bastante distinto, e, mais, que o domínio de mercado não é uma conclusão a que a metodologia da Anatel chega após a análise de cada mercado relevante, mas, que ela é deduzida de fatores estruturais, como se verá a seguir.

A metodologia estabelecida pelo PGMC para a atribuição de PMS em Grupos Econômicos encontra-se no Anexo II da Consulta Pública 41. De forma resumida, os passos presumidos seriam os seguintes: o primeiro seria a análise do mercado e a definição dos mercados relevantes em suas dimensões, produto e geográfica; a seguir, a próxima etapa seria definir se algum dos *players* do mercado relevante possui PMS, como se lê no item IV do Anexo II da Consulta Pública 41 - PGMC:

> "IV - Análise das condições necessárias para que o grupo apresente PMS
>
> Analisar as condições necessárias para que um Grupo apresente PMS, considerando ainda que mercados relevantes cujas tendências de evolução sejam claramente decrescentes não deverão ser objetos de assimetrias para os seus detentores de PMS.
>
> Os critérios analisados para determinação de que um Grupo apresenta PMS em certo mercado relevante serão:
>
> 1. Participação de mercado:
>
> 1.1 Este critério diz respeito à detenção de uma participação maior do que 20% do Mercado Relevante.
>
> a) O critério de participação de mercado não será por si só um critério absoluto, mas serão considerados ainda a estabilidade desta participação de mercado no tempo e a diferença entre as participações de mercado entre o Grupo detentor de PMS e o conjunto de Grupos não detentores de PMS.
>
> 2. Presença de economias de escala:
>
> [...]
>
> 3. Presença de economias de escopo:

[...]

4. Controle sobre infraestrutura cuja duplicação não seja economicamente viável:

[...]

5. Poder de negociação nas compras de insumos, equipamentos e serviços:

[...]

6. Atuação concomitante nos mercados de atacado e varejo:

[...]

7. Acesso privilegiado a fontes de financiamento:"

Aparentemente, a metodologia tem uma base sólida que utiliza conceitos de defesa da concorrência; todavia, quando aplicada para a situação brasileira, a análise do Relatório Anatel peca pela excessiva simplicidade, o que a levou a atribuir PMS a empresas que atuam em mercados competitivos, além de avaliar – de forma diferente – grupos ou empresas com *market share* e condições competitivas equivalentes, atribuindo PMS a alguns e não a outros, criando condições assimétricas para concorrentes com situações de mercado equivalentes.

Tabela 1 – Escore de Cada Player para a Definição de PMS no Mercado Relevante de Interconexões Móveis - Região III do PGO

Região III							
Critério/Grupo	Algar	Claro	Nextel	Outros SME	Oi	Tim	Vivo
Participação de Mercado	0	1	0	0	0	1	1
Economias de Escala	0	1	0	0	1	1	1
Economias de Escopo	1	1	1	I	1	I	1
Controle sobre Infraestrutura	1	1	1	1	1	1	1
Atuação Concomitante Atacado e Varejo	1	0	0	0	0	0	1
Fontes de Financiamento	0	1	0	0	1	1	1
Poder de Negociação	0	1	0	0	1	1	1
Escore	3	6	2	2	5	6	7

Concretamente, o método para atribuição de PMS adotado pelo Relatório Anatel consistiu na criação de uma lista (v. Tabela 1) contendo os critérios predefinidos pelo PGMC. Para cada mercado relevante apontado na Figura 1, a Anatel aplicou esta lista. Os grupos que preenchessem todos critérios da lista seriam considerados como possuidores de PMS nesse mercado (cf. a Tabela 1, extraída do Relatório Anatel, p. 98).

Por exemplo, no caso apresentado na Tabela 1, como o Grupo Vivo obteve 7 pontos, lhe foi atribuído PMS na Região III do PGO para o mercado relevante de interconexões móveis. Ao mesmo tempo, dois outros grupos obtiveram 6 pontos, e nenhum problema concorrencial foi apontado.

Implicitamente, esse método considera que os critérios têm o mesmo peso. Mais ainda, eles não são integrados na análise da concorrência em um mercado relevante, são apenas justapostos, não se constrói um quadro concorrencial a partir dos fatores estruturais observados. O método tão somente estabelece uma lista, sem que os itens sejam hierarquizados ou integrados, e ela funciona como um *check list*, onde aquela empresa que atingir os 7 pontos, "ganha" a classificação de PMS.

Note-se que uma análise concorrencial correta poderia - ou não - atribuir PMS para a empresa com 7 (ou menos) pontos no mercado sob exame. Entretanto, pelos critérios da Anatel a empresa, ou grupo, é automaticamente classificado como PMS se atingir *score* 7, e sem PMS se atingir menos do que 7.

Pior ainda, dessa forma, mercados competitivos são classificados como não competitivos, pois se deduz que, havendo uma empresa com PMS, o mercado - logicamente - não pode ser competitivo. E, sendo o mercado - por dedução - não competitivo, tal sorte leva à intervenções da agência, pois empresas ou grupos com PMS devem sofrer algum tipo de intervenção para "corrigir" a "falha de mercado" não concorrencial.

Há, portanto, uma lógica perversa entre a lista que classifica empresas com PMS e a intervenção que gera obrigações para a empresa (ou o Grupo Econômico), sejam elas de compartilhamento, mesmo sem deter capacidade ociosa, sejam de descontos em tarifas de interconexão, ou de obrigações de realizar ofertas no atacado para acesso a sua infraestrutura etc.

O que a metodologia da Anatel não leva em consideração é que a existência dos fatores expostos na lista pode não ter força para gerar um desequilíbrio entre os competidores. Assim, por exemplo, por que haveria de um competidor com 7 pontos na lista ter uma posição competitiva significativamente diferente de algum outro com 6 ou 5 pontos? Basta analisar com cuidado a evolução e o *market share* atual das operadoras para verificar que na absoluta maioria dos mercados relevantes citados há, de fato, uma competição saudável.

Se a Anatel tivesse realizado uma análise mais profunda, considerando a evolução histórica do *market share*, dos preços, do *turnover* de clientes dessas empresas, da utilização da portabilidade numérica, conforme definido no terceiro item do Anexo II do PGMC, em que se citam as diretrizes para a análise do PMS, verificaria o mesmo resultado: a maior parte dos mercados de telecomunicações é competitiva.

A universalização incompleta de alguns serviços de telecomunicações tem como motivo outros fatores além da falta de competição em alguns mercados de atacado, quais sejam a baixa renda e dispersão geográfica de uma parcela significativa da população, a alta carga tributária, seja para os serviços, seja para os investimentos etc. Tais problemas não serão resolvidos com atribuição de PMS a operadores ou grupos de operadores de serviços de telecomunicações.

A análise concorrencial defeituosa leva a contradições: por exemplo, no caso específico do mercado de acesso móvel, a Anatel realizou um estudo tentando prever as condições futuras do mercado, o que faz sentido, por tratar-se de uma regulação *ex ante*. Entretanto, estabeleceu PMS apenas para três das quatro maiores operadoras de serviço móvel, e, quando fez a recomendação final, a Anatel foi contrária à aplicação de qualquer medida assimétrica às empresas, ou Grupos, com PMS. Em outras palavras, a agência concluiu que empresas com PMS não representam risco para a competição futura nos mercados relevantes citados.

De fato, a existência de empresas com PMS pode não ser o principal fator de baixa competição em um mercado. Entretanto, na lógica da análise da Anatel, há uma contradição, pois como não há avaliação da competição efetivamente existente por mercado relevante, e o grau de concorrência em cada mercado é deduzido da existência, ou não, de empresa com PMS, o que, por sua vez, implica a necessidade de medidas intervencionistas corretivas, a existência de empresas com PMS deveria implicar medidas intervencionistas mandatórias.

Provavelmente, a inexistência de recomendação de medidas ocorreu porque a atribuição inicial de PMS, resultado da aplicação do *check list*, é tão questionável, que a única maneira de conciliar a realidade observável com o método no PGMC, foi o de quebrar algum dos seus elos, no caso não estabelecendo obrigações assimétricas a empresas com PMS.

Entretanto, o fato de se atribuir PMS – equivocadamente – a algumas empresas as colocará como reféns da situação, pois, partindo da presunção de que o PMS existe, deriva-se que o mercado não é competitivo, logo a imposição de medidas compensatórias, de acordo com a visão do PGMC, deveria ser uma obrigação mandatória. Tornou-se, pelo menos, uma questão de conveniência e oportunidade. Obviamente, tal situação aumenta a insegurança jurídica e desestimula investimentos.

No tópico a seguir, discute-se como a União Europeia realizou uma regulação com remoção de barreiras concorrenciais, respeitando a análise de defesa da concorrência e os direitos das operadoras.

2.2 Conceito de PMS na União Europeia

O modelo europeu baseia suas análises antitruste no conceito de Posição Dominante, definido pela Corte Europeia, como sendo:

> "Uma posição de força econômica que permite à empresa agir de forma calculada, independente de competidores, compradores e até mesmo consumidores finais".

Este conceito, quando aplicado em um contexto de regulação *ex ante*, tem o seguinte significado:

> "[...] in an ex-ante environment, market power is essentially measured by reference of the power of the undertaking concerned to raise prices by restricting output without incurring a significant loss of sales or revenues" (*Directive* 2002/C165/03, p. 15).

Para definir empresas com PMS, primeiramente as agências regulatórias europeias analisam a participação de mercado dos *players* no mercado relevante previamente definido, com os seguintes limites: (i) até 25% de participação no mercado relevante, não é considerado como tendo Posição Dominante; (ii) acima de 40% de participação no mercado relevante, há suspeita de que a empresa sozinha exerce uma Posição Dominante; (iii) acima de 50% de participação no mercado relevante, há forte evidência de que a empresa sozinha exerce uma Posição Dominante. Portanto, ao contrário dos tradicionais 20% estabelecidos pelo Sistema Brasileiro de Defesa da Concorrência, os europeus são relativamente mais tolerantes desde o início de sua análise.

Os europeus também analisam a evolução histórica das participações dos *players* no mercado relevante. Um *market share* estável ou crescente representa uma possível evidência de Posição Dominante. Já um *market share* instável ou decrescente representa uma forte evidência de competição no mercado.

Por se tratar de uma legislação *ex ante*, a análise detalhada das condições futuras do mercado relevante é considerada fundamental para se tomar qualquer decisão a respeito de imposições de obrigações:

"In carrying out the market analysis under the terms of Article 16 of the framework Directive, NRAs will conduct a forward looking, structural evaluation of the relevant market, based on existing market conditions. NRAs should determine whether the market is prospectively competitive, and thus whether any lack of effective competition is durable by taking into account expected or foreseeable market developments over the course of a reasonable period" (*Directive* 2002/C165/03, p. 15).

Por fim, a análise das agências europeias, além da participação de mercado, baseia-se em uma série de critérios auxiliares, vistos a seguir.

Tabela 2 - Comparação entre os critérios europeus e os do PGMC

	UE	PGMC
a. Tamanho geral da empresa	Sim	
b. O controle da infraestrutura pode ser duplicado	Sim	Sim
c. Superioridade ou vantagens tecnológicas	Sim	
d. Ausência ou pouco poder de barganha dos compradores	Sim	
e. Acesso facilitado ou privilegiado aos recursos financeiros	Sim	Sim
f. Portfólio de produtos/serviços (*bundlirg* ou *tying*)	Sim	
g. Economias de escala	Sim	Sim
h. Economias de escopo	Sim	Sim
i. Integrações verticais	Sim	Sim
j. Rede de distribuição e de vendas desenvolvida	Sim	
k. Ausência de concorrência potencial	Sim	
l. Barreiras à entrada	Sim	
m. Poder de barganha na compra de insumos, equipamentos e serviços		Sim

Fonte: Anatel; *Directive* 2002/C165/03 - Comissão Europeia.

A Tabela 2 compara os critérios europeus com os definidos na Consulta Pública 41 do PGMC. É interessante notar que, nesse contexto, uma operadora pode possuir PMS sem automaticamente ter Posição Dominante, embora, se tiver Posição Dominante, necessariamente possuirá PMS.

Dessa forma, em uma avaliação concorrencial de poder de mercado, o primeiro passo para os europeus seria definir o mercado relevante em questão e, depois, determinar se haveria concorrência, ou não, nesse mercado relevante por meio da análise do *market share*, considerando a situação presente, a evolução histórica e as perspectivas futuras do mercado em questão.

Se detectarem que há assimetrias entre os *players*, analisarão então as razões que explicam tais assimetrias, por meio dos critérios complementares citados anteriormente. Ou seja, tentariam explicar por que um *player* tem vantagem competitiva sobre os outros, em vez de utilizar os fatores auxiliares como critério direto de decisão sobre PMS.

A partir dessa análise, determinam o risco de que tal *player* possa exercer seu poder mercado para realizar condutas anticompetitivas. Por fim, se considerarem que o *player* possui posição dominante em seu mercado relevante, aplicarão medidas assimétricas para mitigar tal risco.

É importante ressaltar que o europeus são muito cautelosos em relação à aplicação de medidas assimétricas. O art. 16.º da *Framework Directive* é muito claro:

> "Where a national regulatory authority concludes that the market is effectively competitive, it shall not impose or maintain any of the specific regulatory obligations [...] In cases where sector specific regulatory obligations already exist, it shall withdraw such obligations placed on undertakings in that relevant market".

Pode-se concluir, então, que a análise europeia para atribuição de PMS é praticamente idêntica àquela das autoridades antitruste para definir se existe Posição Dominante em determinado mercado relevante. Daí, após definir o mercado relevante de produto e geográfico, procura estabelecer se a dinâmica competitiva permite afirmar se existe, ou não, concorrência naquele mercado. Os fatores adicionais são exatamente isso: variáveis que ajudam a justificar a assimetria entre os *players*, se alguma assimetria existir. Essas variáveis adicionais não têm "vida própria" na análise, não definem por meio de um *score* o grau competição efetivo em determinado mercado.

O ponto a seguir trata da constatação da existência de Posição Dominante conforme a análise de defesa da concorrência.

2.3 Definição de posição dominante e PMS

O abuso de Posição Dominante é tratado em um dos dois principais artigos dedicados à defesa da concorrência do Tratado de Roma (1957), o art. 82 (atual 102), que afirma:

> "Any abuse by one or more undertakings of a dominant position within the common market or in a substantial part of it shall be prohibited as incompatible with the common market in so far as it may affect trade between Member States".

Tais abusos consistem, como colocam Bishop e Walker (2010, p. 223), em:[1]

> "a) directly or indirectly imposing unfair purchase or selling prices or unfair trading conditions;
>
> b) limiting production, markets or technical development to the prejudice of consumers;
>
> c) applying dissimilar conditions to equivalent transactions with other trading parties, thereby placing them at a competitive disadvantage;
>
> d) making the conclusion of contracts subject to acceptance by the other parties of supplementary obligations which, by their nature or according to commercial usage, have no connection with the subject of such contracts".

Abuso de Posição Dominante é diferente da "tentativa de monopolizar", que está na Seção II do *Sherman Act* dos EUA, mas guarda um parentesco com ela. Também está no art. 20 da Lei 8.884/1994 (Lei de Defesa da Concorrência) no Brasil.

Para detectar a existência de Posição Dominante, a Comissão Europeia e o Judiciário têm partido do *market share* da empresa: quando possui mais de 50% do mercado, presume-se a dominação, embora outros fatores possam alterar tal presunção. Ao avaliar os *market shares* dos *players*, uma atenção especial é dada à posição dos competidores da empresa dominante: quanto menores forem os seus *market shares*, maior é a probabilidade de confirmar a Posição Dominante da grande empresa.

Os europeus reconhecem as dificuldades práticas de implementar o art. 82, pois é necessário definir "dominação" e "abuso". Dominação está relacionada à capacidade da empresa de se comportar independentemente da ação de seus competidores e consumidores. Ou seja, competidores e consumidores não conseguem restringir a atuação da empresa dominante, por exemplo, a capacidade de uma empresa de aumentar seus preços independentemente de como ajam seus competidores.

Posição Dominante não é ilegal, todavia seu abuso sim. Como é difícil definir abuso, só haverá abuso se a conduta em questão "it differs from normal competitive behaviour" (Bishop e Walker, 2010, p. 230). Exemplos de abuso são: distribuição exclusiva, venda casada, preços predatórios e "esmagamento de margem". É sempre necessário verificar também se tais condutas trazem danos aos competidores e à concorrência.

Na regulação europeia, o conceito de PMS, mesmo sendo utilizado em regulação *ex ante*, convergiu para o de Posição Dominante utilizado na defesa

1. S. Bishop e M. Walker, *The economics of EC competition law: concepts, application and measurement*, 3. ed., London, Thomson Reuters, 2010.

da concorrência. Assim, seria útil, ao definir PMS para alguma empresa que atue em um mercado relevante específico, verificar se ela possui tal capacidade de ação, e mais, se há qualquer indício de abuso passado.

É difícil crer que nos mercados de serviços móveis, ou de TV por Assinatura, no varejo ou no atacado, tal condição exista para a maior parte dos mercados. Todavia, tal análise não foi realizada pela Anatel, pois não houve uma análise da competição efetiva em cada mercado relevante. De modo que a existência do poder que caracteriza a Posição Dominante não foi aferida em cada mercado relevante onde se atribuiu PMS.

O tema de atribuição de PMS é estendido na próxima seção, pois o Relatório Anatel, além de não caracterizar o poder de mercado, baseado em análises dos mercados relevantes de telecomunicações, ainda ampliou a definição de agente com PMS da empresa para o "Grupo Econômico".

3. Atribuição de PMS a grupos econômicos

Após a atribuição de PMS sem uma análise concorrencial de cada mercado relevante, outra questão é levantada pela metodologia do Relatório Anatel e do PGMC, qual seja: deve-se considerar a atribuição de Poder de Mercado Significativo (PMS) a "Grupos Econômicos" em vez de realizar tal atribuição por empresa, em cada mercado relevante afetado?

3.1 Aplicação do conceito de grupo econômico pela Anatel

O relatório da Anatel explica nos seguintes termos sua decisão para adotar o uso de Grupos Econômicos em vez de empresas:

> "Conforme relatado, pode-se sentenciar que firmas com integração vertical necessariamente devem ser analisadas em conjunto, no sentido de preservar as condições de competição em determinado mercado relevante.
>
> Basicamente isto suporta a decisão de estruturação do conceito de Grupo, respaldado também pela Resolução n. 101, sendo possível a identificação das empresas prestadoras de serviço de telecomunicações vinculadas por relação de controle e, então, podendo-se realizar a correta alocação de ativos e custos necessária à implementação de modelo de custos na interconexão em rede móvel.
>
> Como já citado acima, a maioria dos possíveis problemas concorrenciais no âmbito de condutas anticoncorrenciais verticais em setores regulados está condicionada pela estrutura vertical desses setores.
>
> A literatura antitruste aponta que as firmas verticalmente integradas, com poder de mercado da rede local, são capazes de adotar condutas anticompetitivas de caráter vertical como a discriminação do preço de acesso com o objetivo de elevar os custos das empresas concorrentes e aumentar as barreiras à entrada nos mercados de serviços finais.
>
> Cabe ressaltar que o poder de mercado deve estar presente no mercado origem da conduta anticompetitiva, não sendo necessária a presença do mesmo no

mercado alvo da prática. Os riscos no âmbito da defesa da concorrência ligados a práticas restritivas verticais ao longo da cadeia produtiva, referem-se à possibilidade de que firmas que detenham poder de mercado no mercado a montante adotem ações prejudiciais à concorrência no segmento a jusante, conforme depreende-se das disposições da Resolução n. 20/99, que estabelecem as diretrizes de análises de condutas anticoncorrenciais" (p. 70).

Atribuir PMS a Grupos Econômicos é uma atitude que não encontra paralelo em outras jurisdições, como a União Europeia, e causa estranheza nos especialistas em regulação e defesa da concorrência.

Além disso, a aplicação do conceito no Relatório Anatel não é clara e dificulta a análise dos mercados realizada no próprio Relatório. Cite-se o caso em que o grupo NET, e não a Embratel, é o grupo analisado para o mercado relevante de transporte de curta e de longa distância. No item que trata especificamente dos *players* do mercado, a NET é citada como *player* do setor, mas a análise de participação de mercado é feita a partir do Grupo Econômico Telmex da Embratel, que sequer é citado nas definições iniciais.

Outro exemplo é o Grupo Econômico da Vivo no mercado de interconexão móvel, que excluía a Telefônica no item que trata dos *players* do mercado relevante. Contudo, na análise de integração vertical, que foi decisiva para que fosse atribuído PMS à Vivo na Região III do PGO, a Telefônica foi convenientemente adicionada ao Grupo Econômico da Vivo.

O mínimo que se esperaria é que a Anatel tivesse estabelecido os critérios para a definição de Grupos Econômicos em um capítulo do PGMC. Assim, poder-se-ia julgar quais são os grupos econômicos participantes de cada mercado relevante e da propriedade de tal definição, pois não fica claro por que algumas empresas fazem parte de determinado Grupo em um determinado mercado relevante mas não de outro.

Com efeito, o mais adequado, em termos de análise concorrencial, seria eliminar a referência a Grupos Econômicos com PMS da Consulta Pública do PGMC, pois este é um conceito inadequado para a definição de poder de mercado. Senão vejamos, a própria justificativa para o uso do conceito de Grupo Econômico é falha. Como já foi visto:

> "Conforme relatado, pode-se sentenciar que firmas com integração vertical necessariamente devem ser analisadas em conjunto, no sentido de preservar as condições de competição em determinado mercado relevante.
>
> Basicamente isto suporta a decisão de estruturação do conceito de Grupo, respaldado também pela Resolução n. 101, [...].
>
> Como já citado acima, a maioria dos possíveis problemas concorrenciais no âmbito de condutas anticoncorrenciais verticais em setores regulados está condicionada pela estrutura vertical desses setores.

A literatura antitruste aponta que as firmas verticalmente integradas, com poder de mercado da rede local, são capazes de adotar condutas anticompetitivas de caráter vertical [...]."

A análise antitruste de *abuso de poder econômico determinado pela integração vertical*, em setores regulados, ou não, detendo rede local, ou não, *independe da definição de "Grupo Econômico"*. Os próprios critérios para aferir PMS na União Europeia ou no PGMC já estabelecem que a *integração vertical* e o *controle de infraestrutura não duplicável* devem ser considerados na análise.

De modo que em cada mercado relevante faz sentido analisar a competição considerando a integração vertical, ou horizontal, entre empresas com o mesmo controle, todavia não faz o menor sentido considerar participações acionárias onde inexista alguma forma de integração horizontal ou vertical, como as mencionadas, seja para definir poder de mercado, seja para estabelecer obrigações para "Grupos" com PMS.

A preocupação com relacionamento apenas acionário lembra os anos 1960, quando houve uma discussão sobre "fusões conglomeradas", e a conclusão a que se chegou foi a de que conglomerados, ou Grupos Econômicos, envolvendo empresas não relacionadas não eram importantes para avaliar poder de mercado e infrações à ordem econômica, como se pode ver a seguir.

3.2 Grupo econômico e conglomerados na defesa da concorrência

Conforme Hovenkamp (1999, cap. 3),[2] fusões conglomeradas são aquelas que envolvem empresas que não têm relacionamento horizontal ou vertical, e seu efeito é avaliado como: "Today, conglomerate mergers are not generally regarded as the competitive threat that they were perceived to be in the 1970s".

Basicamente se acreditava no passado que as fusões conglomeradas poderiam criar dois tipos de problemas anticoncorrenciais: o primeiro, eliminar a "concorrência potencial", ou seja, mesmo que as empresas que se fundissem operassem em mercados totalmente diferentes, hipoteticamente, uma poderia entrar no mercado da outra, e a fusão eliminaria essa possibilidade. Em segundo lugar, imaginava-se que a conglomeração poderia facilitar práticas anticompetitivas, tais como reciprocidade, venda casada ou preço predatório, porque a empresa conglomerada teria mais linhas de produtos e mais caixa para sustentar tais condutas.

Entretanto, as autoridades passaram a não desacreditar que tais condutas sejam facilitadas pela existência de conglomerados. A existência da ligação acionária entre as empresas não capacita seus membros a realizá-las. Ou seja, sua probabilidade de ocorrência seria semelhante com, ou sem, a conglomeração. A única razão para desafiar fusões conglomeradas passou a ser a de evitar a eliminação de "entrantes potenciais", ainda assim em casos muito especiais.

2. H. Hovenkamp, *Federal antitrust policy: the law of competition and its practice*, St. Paul (Minn.), West Group, 1999.

No caso do PGMC não se trata de fusões, todavia quando se pretende dar importância a "Grupo Econômico" como detentor de poder de mercado, alguma razão deve ser invocada. E, como se viu, a não ser que as empresas sejam horizontal ou verticalmente integradas, a base para tal presunção é rarefeita.

O raciocínio posto pela Anatel no PGMC supõe que a simples participação acionária entre empresas implica a transferência de poder de mercado de uma para outra. De fato, muitas vezes a conglomeração leva ao resultado oposto. Ou não há transferência de sinergias entre empresas que atuam em diferentes mercados relevantes, ou até ocorre perda de eficiência operacional devido ao peso administrativo da corporação.

Seja qual for o caso, a análise baseada em Grupos Econômicos deveria ocorrer no âmbito da análise da integração vertical e não deveria ser ponto de partida para definição de poder de mercado e de intervenção, como ocorre no PGMC.

Com efeito, o que ocorre na verdade como consequência da metodologia instituída pelo PGMC é que há um "contágio" (tanto da atribuição de PMS, como das obrigações impostas por haver PMS) de uma empresa que, eventualmente, pode de fato ter PMS para outra empresa que não tem PMS, mas que faz parte do mesmo Grupo Econômico, o que demonstra a inadequação do conceito.

A seção seguinte trata da atribuição de PMS em um caso concreto, o de mercado de atacado, de acesso móvel.

4. PMS no mercado de acesso móvel

A atribuição de PMS a três das maiores operadoras (e Grupos Econômicos) no mercado de acesso móvel levanta a questão: deve-se atribuir PMS a empresa (ou Grupo Econômico) em mercado de infraestrutura de acesso quando os mercados de serviços que utilizam essa infraestrutura são competitivos?

4.1 PMS em mercados competitivos

Conforme descrito na segunda seção deste trabalho, a aplicação mecânica pela Anatel do conceito de PMS fez que fosse atribuída tal condição a empresas que atuam em mercados competitivos.

No caso descrito na Tabela 1 acima, como o Grupo Vivo obteve 7 pontos, lhe foi atribuído PMS na Região III do PGO para o mercado relevante de interconexões móveis. Todavia, essa análise não levou em consideração que tais diferenças não tiveram força para gerar assimetria entre os competidores. Basta analisar com moderação a evolução de *market share* das operadoras para verificar que na absoluta maioria dos mercados relevantes citados há, de fato, uma competição saudável.

No caso específico do mercado de acesso móvel, a Anatel realizou um estudo tentando prever as condições futuras do mercado. Apesar de classificar empresas com PMS, a recomendação final da Anatel foi contrária à aplicação de qualquer medida assimétrica, o que, como já foi visto, é inconsistente com sua própria metodologia, que "deduz" falta de concorrência a partir da existência de empresa com PMS. A seguir verificam-se os indicadores sobre a existência de competição no mercado de acesso móvel.

Note-se que é inconsistente constatar uma forte competição no mercado de varejo, com o exercício de PMS no mercado de atacado de infraestrutura, pois seria impossível às empresas competirem no varejo se ou já possuíssem infraestrutura própria (ou alugada de terceiros), ou tivessem acesso à infraestrutura dos concorrentes.

4.2 Competição no mercado de acesso móvel

O Relatório Anatel definiu que a participação de mercado no mercado de acesso móvel seria mensurada pelo total de estações rádio base (ERBS) que cada *player* possui em cada mercado relevante. Como a participação de mercado e sua evolução é o critério inicial para avaliar se há competição em um mercado relevante, este será o ponto de partida da presente análise.

Tabela 3 – Participação de Mercado (ERBs)

Participação de mercado em Qte de ERB		
	ERB	%
Vivo	12155	25,8
Claro	11779	25
Oi*	12022	25,5
Tim	10557	22,4
CTBC	330	0,7
Sercomtel	51	0,1
Unicel	194	0,4
TOTAL	**47088**	**100**

Fonte: Anatel.

O Relatório Anatel apresenta a participação de mercado baseado no número ERBs para cada mercado relevante geográfico de acesso móvel no Brasil em abril de 2010. Salvo algumas poucas exceções, a maioria das áreas de referência apresenta um equilíbrio semelhante ao que se verifica nas estatísticas nacionais, o que por si só já é uma forte evidência de que há simetria e, portanto, competição nesse mercado.

Para confirmar essa evidência, o ideal seria observar a evolução histórica da participação de mercado das empresas nesses mesmos mercados relevantes. Quanto mais competitivo um mercado, mais a participação de mercado dos principais *players* oscila ao longo do tempo.

Infelizmente o dado não está disponível. Contudo, deve-se notar que se um *player* possui posição dominante no mercado de atacado, está capacitado a alavancar esse poder de mercado para o mercado de varejo. De modo que assimetria no mercado de varejo pode indicar desequilíbrio no mercado de atacado.

A seguir são apresentados os dados anuais para a evolução de *market share* por número de assinantes no mercado nacional.

Tabela 4 – Participação de Mercado no Brasil – SMP

Market Share	2000	2001	2002	2003	2004	2005	2006	2007	2008	2009	2010	2011
Vivo	53,2%	54,9%	54,1%	49,7%	44,7%	38,4%	32,5%	30,9%	29,8%	29,7%	29,7%	29,5%
Claro	25,7%	24,8%	22,7%	20,6%	20,7%	21,6%	23,9%	25,0%	25,7%	25,5%	25,4%	25,4%
TIM	16,7%	16,0%	15,4%	18,0%	20,7%	23,4%	25,4%	25,8%	24,2%	23,6%	25,1%	25,1%
Oi	3,3%	3,2%	6,8%	10,8%	13,2%	16,0%	17,7%	17,9%	19,9%	20,7%	19,4%	19,7%
CTBC	0,9%	0,9%	0,8%	0,7%	0,5%	0,4%	0,4%	0,3%	0,3%	0,3%	0,3%	0,3%
Sercomtel	0,2%	0,2%	0,2%	0,2%	0,1%	0,1%	0,1%	0,1%	0,1%	0,1%	0,0%	0,0%
Aeiou	—	—	—	—	0,1%	0,1%	0,0%	0,0%	0,0%	0,1%	0,1%	0,0%
Celular (mil)	100%	100%	100%	100%	100%	100%	100%	100%	100%	100%	100%	100%

Fonte: Teleco.

Verifica-se que a Vivo possuía, em 2000, 53% do mercado, e que tal participação caiu para 29% no 1.º trimestre de 2011. Do mesmo modo, a Claro, que possuía, em 2000, 25,7% do mercado, teve sua participação reduzida para 20% em 2003 e 2004, e depois uma recuperação para 25% no 1.º trimestre de 2011. A participação da TIM, por sua vez, no período entre 2000 e 2011, foi de 16,7% para 25%, o que demonstra que as empresas estão competindo entre si.

Além do número de assinantes, outro indicador é a participação de cada operadora no faturamento do total do mercado. A Tabela 5, extraída do Relatório da Teleco, mostra a participação na receita líquida por operadora de SMP no Brasil.

Tabela 5 – Receita Líquida das Operadoras

OPERADORA	2000	2001	2002	2003	2004	2005	2006	2007	2008	2009	2010
Vivo	55,7%	56,5%	56,1%	50,9%	45,3%	39,3%	33,6%	32,3%	33,1%	33,2%	33,6%
Claro	24,0%	24,3%	22,1%	19,8%	19,7%	20,7%	23,2%	23,3%	24,1%	20,6%	19,6%
TIM	15,6%	14,5%	15,2%	19,0%	23,4%	26,5%	28,1%	29,0%	27,5%	27,5%	26,9%
Oi	3,6%	3,4%	5,2%	9,1%	10,9%	12,7%	14,5%	15,0%	14,9%	18,2%	19,4%
CTBC	1,0%	1,0%	1,1%	0,9%	0,5%	0,7%	0,5%	0,4%	0,4%	0,4%	0,4%
Sercomtel	0,1%	0,1%	0,1%	0,0%	0,2%	0,2%	0,1%	0,1%	0,1%	0,1%	0,1%
TOTAL	100%	100%	100%	100%	100%	100%	100%	100%	100%	100%	100%

Fonte: Retirado do Relatório da Teleco.

A variação é semelhante, todavia as participações na receita líquida são diferentes daquelas dos números de assinantes, o que deve demonstrar uma receita média diferente por usuário e a existência de competição por preços.

Gráfico 1 – Rentabilidade das Operadoras em 2009 (em R$ milhões)

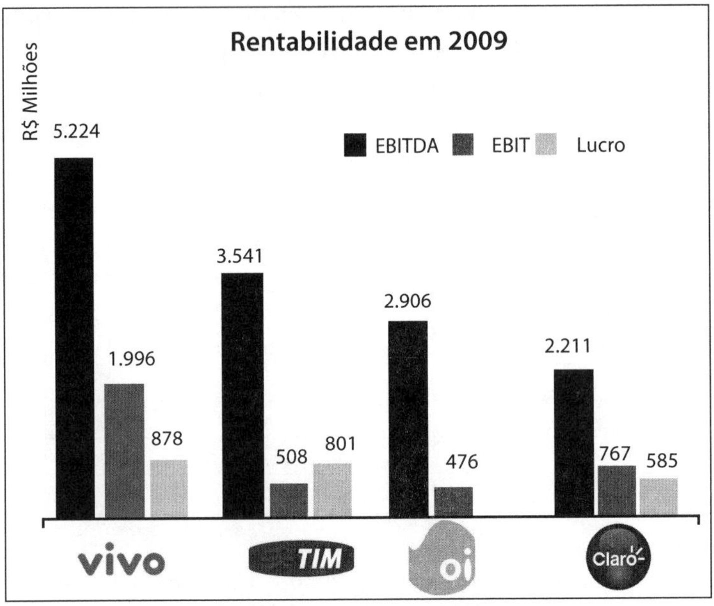

Fonte: Retirado do Relatório da Teleco.

Gráfico 2 – Rentabilidade das Operadoras em 2010 (em R$ milhões)

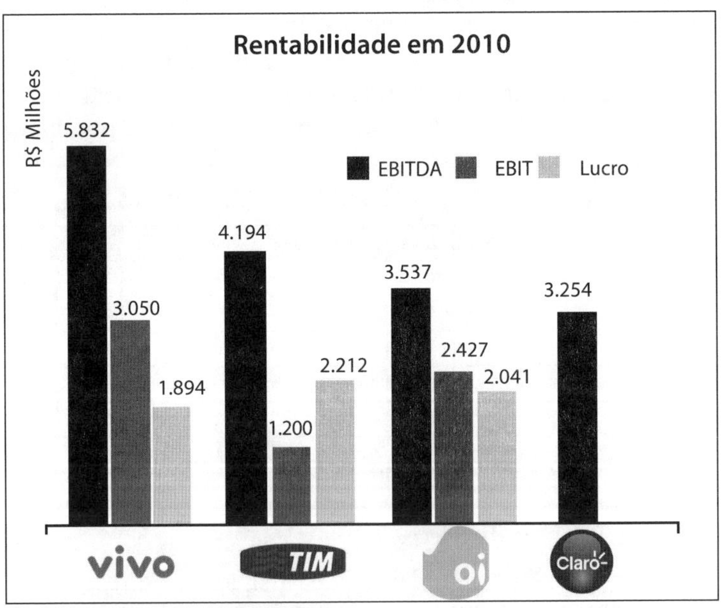

Fonte: Retirado do Relatório da Teleco

Um terceiro indicador relevante para determinar se há competição entre as operadoras é seu desempenho econômico-financeiro. Os dados da Teleco referentes à rentabilidade das operadoras em 2009 e em 2010 estão nos Gráficos 1 e 2.

Note-se que entre 2009 e 2010, houve mudança de posições relativas, outro indicador de que há competição no setor. Isto fica mais evidente no Gráfico 3, que mostra a evolução histórica da margem EBITDA das operadoras.

Gráfico 3 – Evolução da Margem EBITDA

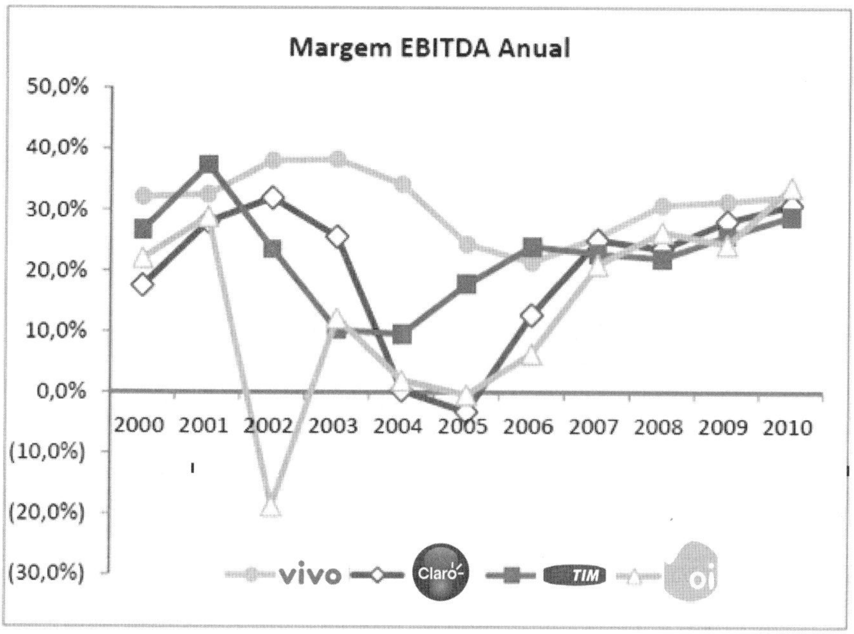

Fonte: Retirado do Relatório da Teleco

A margem de lucro operacional (aqui mensurada pela margem de EBITDA) é um indicador muito importante do ponto de vista da teoria econômica sobre a concorrência, pois a capacidade de fixar preços reflete-se diretamente na margem de lucros operacionais sobre vendas. A variação dessa margem mostra que o setor não apresenta estabilidade na posição das empresas participantes do mercado. Além disso, como o EBITDA serve para cobrir custos fixos e gerar resultados, uma margem muito elevada poderia ser indicador de poder de mercado, o que não é o caso.

Por fim, um indicador usual de competição é o índice HHI (Herfindahl-Hirschman Index), que mensura a concentração do setor. Se utilizado o modelo Cournot de oligopólio, pode-se deduzir uma relação inversa entre margem de lucro e índice HHI. Esse índice varia entre 0 e 1, ou entre 0 e 10.000, a diferença sendo apenas uma questão de escala, se o *market share* de cada empresa é considerado entre 0 e 1 ou entre 0 e 100. Quando o índice assume valores próximos de 0, o mercado é perfeitamente competitivo, ao passo que, se o valor é 1, indica um monopólio.

A partir dos dados da Tabela 4, calculou-se que o índice HHI para mercado de SMP no Brasil no primeiro trimestre de 2011 atingiu 0,2531. A seguir, está a comparação internacional no mesmo período:

Tabela 6 – Comparação Internacional – HHI

País:	HHI:
Brasil	0,25
Argentina	0,32
China	0,51
Alemanha	0,27
Reino Unido	0,21
Estados Unidos	0,24

Fonte: Merril Lynch – Global Wireless Matrix 1Q11.

Portanto, o mercado brasileiro de SMP não apenas é competitivo, como sua concentração não destoa do *benchmarking* internacional.

5. Tratamento assimétrico de grupos econômicos similares

O objetivo desta seção é dirimir a seguinte dúvida: visto que existe competição no mercado de SMP e que não seria factível a existência de competição se os *players* não possuíssem infraestrutura de acesso, e, mais, supondo que o critério de "Grupo Econômico" para a atribuição de PMS fosse adequado, ainda assim, poder-se-ia classificar de forma diferente (com e sem PMS) empresas (ou grupos) que possuem praticamente o mesmo *market share* e também os mesmos fatores considerados como critérios para atribuir PMS? E, em particular, quando se consideram os quatro maiores grupos que atuam em telefonia móvel?

Existem duas falhas essenciais nos critérios da Anatel sobre a atribuição de PMS e suas obrigações. Em primeiro lugar, há o próprio método, que não analisa o grau efetivo de competição em cada mercado relevante e confia em um *check list* para atribuir PMS e derivar de tal condição a existência de concorrência. Tal procedimento leva a uma "inflação de PMS", com empresas que atuam em mercados competitivos sendo, injustificadamente, sujeitas a obrigações.

Em segundo lugar, em função do exposto no primeiro item e por atribuir PMS a "Grupo Econômico", a própria Anatel cria assimetrias competitivas ao tratar desigualmente grupos que apresentam as mesmas condições de competir, impondo obrigações para alguns e não para outros. Esse tema é tratado para o mercado de acesso móvel a seguir.

5.1 Fundamentos da assimetria

Como descrito anteriormente no segundo tópico, a aplicação mecânica pela Anatel do conceito de PMS fez que ela atribuísse tais condições a Grupos Econômicos em mercados competitivos.

No caso do mercado relevante de acessos móveis, essa metodologia levou à impressão de tratamento desigual entre os diferentes Grupos Econômicos, o que pode ser verificado na Tabela 7 a seguir, que estabelece os mercados relevantes onde existe PMS.

Tabela 7 - Total de Mercados Relevantes com PMS - Acesso Móvel

Grupo Econômico	Vivo	Claro	Tim	Oi	CTBC	Sercomtel	AEIOU
Mercados Relevantes com PMS	16	6	1	25	—	—	—

Fonte: Autoria própria baseada em dados da Anatel.

Como se pode notar, enquanto o grosso das atribuições de PMS se concentrou nos grupos Oi e Vivo, a TIM foi considerada como tendo PMS em apenas um dos 67 mercados relevantes analisados.

Se a Anatel considerasse como critério apenas a participação de mercado, a TIM teria participação de mercado superior a 20% em 55 dos 67 mercados relevantes de acesso móvel.

Todavia, como o método Anatel consiste na atribuição de PMS para Grupos Econômicos que preencham todos os sete critérios de sua lista, então, se uma empresa não possui um dos critérios, seu "PMS" será reduzido. Assim, a atribuição de PMS para a TIM despencou de 55 mercados relevantes para apenas um. O fator que fez a diferença foi o critério "Controle sobre a infraestrutura", termo utilizado pela Anatel no relatório como sinônimo de *Essential Facility*. Como o próprio Relatório Anatel observa, a Secretaria de Direito Econômico do Ministério da Justiça (SDE) define *Essential Facility* como:

> "Diz-se que um determinado ativo constitui uma essential facility quando o mesmo é vital para a viabilidade competitiva de algum agente econômico, ou seja, se uma empresa não tem acesso a esse ativo (o qual pode ser, inclusive, um bem intangível), não pode competir de modo efetivo num dado mercado relevante. Para a caracterização da essential facility, é também necessário que, aos competidores do controlador desse ativo, seja inviável ou não razoável duplicá-lo (por exemplo quando se trata de um monopólio natural sujeito a significativos ganhos de escala) e que o controlador do mesmo tenha condições de prover o acesso dos seus competidores ao referido ativo. Também podem ser consideradas como essential facilities ativos criados como parte de um regime regulatório específico (mesmo que não se trate de um monopólio natural) ou ainda estruturas de propriedade do governo e cuja criação ou manutenção é subsidiada (ver Hoverkamp, H., Federal Antitrust Policy - The Law of Competition and its Practice, West Publishing Co., St. Paul, 1994, p. 274)".

Ainda segundo o Relatório Anatel, entre as implicações das *Essential Facilities*, estão:

> "(i) que, sem o acesso àquela estrutura, não exista chance de competição, isto é, que a estrutura seja indispensável à concorrência;
>
> (ii) que não seja economicamente eficiente, nem possível, para novos entrantes duplicarem a estrutura;
>
> (iii) que o controle da estrutura gere ao seu titular o potencial de eliminar a concorrência;
>
> (iv) que a facilidade seja efetivamente essencial, como dispõe a literalidade da expressão, e não mera conveniência ou oportunidade menos dispendiosa para o concorrente;
>
> (v) que a recusa de disponibilização da essencialidade não possua razão econômica ou jurídica justificável e razoável" (p. 67).

Pretendendo aplicar esse conceito no mercado relevante de acessos móveis, a Anatel concluiu:

> "Com a evolução da tecnologia digital, a possibilidade da portabilidade numérica e a obrigatoriedade de compartilhamento da infraestrutura de torres e a eventual exploração industrial da radiofrequência, novos espaços foram abertos à competição, permitindo tanto a construção de infraestruturas concorrentes quanto a existência de operadoras móveis virtuais - MVNOs.
>
> Entretanto, embora haja hoje uma maior facilidade em construção de uma infraestrutura de acesso móvel, observa-se que ainda assim há, na construção dessa infraestruturas, alguns gargalos que representam uma

grande vantagem concorrencial para o seu detentor, que trata-se da rede de transporte utilizada pela prestadora para interligação das ERBs.

Essa estrutura faz parte da rede de acesso, na medida em que é usada para interligar as ERBs, bem como ligá-las ao seu controlador. Em geral as prestadoras que não detêm tal infraestrutura, ou detêm em baixa capacidade ou capilaridade, alugam meios de terceiros para a sua utilização, ou investem grande monta para a sua construção, quando viável.

Portanto, embora o enlace de comunicação usuário final – empresa possa ser duplicado, por meio de novas ERBs, a Infraestrutura e Redes de Transporte permanecem como uma essencial facility, quando observado o mercado de atacado de infraestrutura de acesso de maneira que esse é um critério importante a ser avaliado no que diz respeito à existência de PMS" (p. 68).

O critério adotado pela Anatel neste caso encontra-se a seguir:

"Na presente análise, como o universo é uma Área de Registro, avaliou-se a presença de rede de transporte como direcionador para esse critério. Assim, considerou-se que os prestadores que detenham rede de transporte disponível em 90% dos municípios de uma determinada AR possuem uma infraestrutura de difícil duplicação, de forma a ser considerado no cômputo de análise de PMS" (p. 68).

Ou seja, o único fator a determinar a suposta *Essential Facility* é a interligação entre as ERBs, que a própria Anatel reconhece que pode ser feita por rede própria ou de terceiros e que, normalmente, é realizada por tecnologia sem fio, onde o espectro está disponível para essa finalidade! Mais ainda, que representa um investimento muito menor do que o da ERB. Note-se que seria impossível prestar o serviço, e mais ainda aumentar o número de usuários e a participação de mercado se a operadora não possuísse interligação entre as ERBs.

Na página seguinte, encontra-se a Tabela 8, extraída do Relatório Anatel, que mostra em quais Áreas de Registros (AR) os Grupos Econômicos possuem uma "rede de transporte disponível em 90% dos municípios". A seguir está a Tabela 9, que mostra a Atribuição de PMS por Área de Registro (AR) por Grupo Econômico.

Deve-se notar que uma tabela é espelho da outra, o que deixa claro como o critério "controle sobre a infraestrutura" foi determinante para a atribuição díspar de PMS entre os grupos econômicos.

Ou seja, a única razão para determinar a existência de PMS em um mercado que já é competitivo não é o de número de ERBs, que representam o grosso do investimento para capilarizar a rede, mas a interligação entre estas, o que pode ser feito via rede de terceiros, ou ainda com tecnologia sem fio, utilizando radiofrequência disponível para tal fim. Aqui estão presentes as vicissitudes do método utilizado pela Anatel para definir PMS: a concorrência no mercado não é analisada, e o *check list* aplicado de maneira acrítica leva a conclusões totalmente desvinculadas da realidade do mercado em questão.

Tabela 8 – *Essential Facilities* – Mercado Relevante de Acesso Móvel

	PMS VIVO	PMS CIARO	PMS TIM	PMS OI	PMS CTBC	PMS SERCOMTEL	PMS AEIOU
11	1	1	0	0	0	0	0
12	1	0	0	0	0	0	0
13	1	0	0	0	0	0	0
14	1	0	0	0	0	0	0
15	1	0	0	0	0	0	0
16	1	1	0	a	0	0	0
17	1	0	0	0	0	0	0
18	1	0	0	0	0	0	0
19	1	1	0	0	0	0	0
21	1	1	0	1	0	0	0
22	1	0	0	1	0	0	0
24	1	0	0	1	0	0	o
27	1	0	0	1	0	0	0
28	1	0	0	1	0	0	0
31	0	0	0	1	0	0	0
32	0	0	0	1	0	0	0
33	0	0	0	1	0	0	0
34	0	0	0	0	1	0	0
35	0	0	0	1	0	0	0
37	0	0	0	0	0	0	0
38	0	0	0	1	0	0	0
41	0	0	0	1	1	1	0
42	0	0	0	1	1	1	0
43	0	0	0	1	1	1	0
44	ü	0	0	1	1	1	0
45	0	0	0	0	1	1	0
46	0	0	0	1	1	1	0
47	0	0	0	1	0	0	0
48	0	0	0	1	0	0	0
49	0	0	0	1	0	0	0
51	1	0	0	1	0	0	0

	PMS VIVO	PMS CIARO	PMS TIM	PMS OI	PMS CTBC	PMS SERCOMTEL	PMS AEIOU
53	1	1	0	1	0	0	0
54	0	0	0	1	0	0	0
55	0	0	0	1	0	0	0
61	1	0	0	1	0	0	0
62	0	0	0	1	0	0	0
63	0	0	0	1	0	0	0
64	0	0	0	1	0	0	0
65	0	0	0	1	0	0	0
66	0	0	0	1	0	0	0
67	0	0	0	1	0	0	0
68	0	0	0	1	0	0	0
69	0	0	0	1	0	0	0
71	1	1	1	1	0	0	0
73	0	0	0	1	0	0	0
74	0	0	0	1	0	0	0
75	0	0	0	1	0	0	0
77	0	0	0	1	0	0	0
79	0	0	0	1	0	0	0
81	0	0	0	1	0	0	0
82	0	0	0	1	0	0	0
83	0	0	0	1	0	0	0
84	0	0	0	1	0	0	0
85	0	0	0	1	0	0	0
86	0	0	0	1	0	0	0
87	0	0	0	1	0	0	0
88	0	0	0	1	0	0	0
89	0	0	0	1	0	0	0
91	0	0	0	1	0	0	0
92	0	0	0	1	0	0	0
93	0	0	0	1	0	0	0
94	0	0	0	1	0	0	0
95	0	0	0	1	0	0	0
96	0	0	0	1	0	0	0
97	0	0	0	1	0	0	0
98	0	0	0	1	0	0	0
99	0	0	0	1	0	0	0

Fonte: Anatel com adaptações.

Tabela 9 – PMS por área de registro por grupo econômico

AR	Vivo	Claro	Tim	Oi	CTBC	Sercomtel	AEIOU
11	Vivo	Claro	-	-	-	-	-
12	Vivo		-	-	-	-	-
13	Vivo	-	-	-	-	-	-
14	Vivo	-	-	-	-	-	-
15	Vivo						
16	Vivo	Claro	-	-	-	-	-
17	Vivo		-	-	-	-	-
18	Vivo	-	-	-	-	-	-
19	Vivo	Claro	-	-	-	-	-
21	Vivo	Claro	-	Oi	-	-	-
22	Vivo			Oi			
24	Vivo	-	-	Oi	-	-	-
27	Vivo	-	-	Oi	-	-	-
28	Vivo	-	-	Oi	-	-	-
31	-	-	-	Oi	-	-	-
32	-	-	-	-	-	-	-
33	-	-	-	-	-	-	-
34	-	-	-	-	-	-	-
35	-	-	-	-	-	-	-
37	-	-	-	-	-	-	-
38	-	-	-	-	-	-	-
41	-	-	-	Oi	-	-	-
42	-	-	-	Oi	-	-	-
43	-	-	-	-	-	-	-
44	-	-	-	-	-	-	-
45	-	-	-	Oi	-	-	-
46	-	-	-	-	-	-	-
47	-	-	-	Oi	-	-	-
48	-	-	-	Oi	-	-	-
49	-	-	-	-	-	-	-
61				Oi			
53	Vivo	Claro	-	Oi	-	-	-
54				Oi			
55	-	-	-	Oi	-	-	-
61	Vivo	-	-	Oi	-	-	-
62	-	-	-	Oi	-	-	-
63	-	-	-	-	-	-	-
64	-	-	-	-	-	-	-
65	-	-	-	Oi	-	-	-
66	-	-	-	-	-	-	-
67	-	-	-	Oi	-	-	-

AR	Vivo	Claro	Tim	Oi	CTBC	Sercomtel	AEIOU
68	-	-	-	Oi	-	-	-
69	-	-		Oi	-	-	-
71	-	Claro	Tim	Oi	-	-	-
73							
74	-	-	-	-	-	-	-
75	-	-	-	-	-	-	-
77	-	-	-	-	-	-	-
79	-	-	-	Oi	-	-	-
81	-	-	-	-	-	-	-
82	-	-	-	-	-	-	-
83	-	-	-	-	-	-	-
84	-	-	-	-	-	-	-
85	-	-	-	Oi	-	-	-
86	-	-	-	-	-	-	-
87	-	-	-	-	-	-	-
88	-	-	-	-	-	-	-
89	-	-	-	-	-	-	-
91	-	-	-	-	-	-	-
92	-	-	-	Oi	-	-	-
93	-	-	-	-	-	-	-
94	-	-	-	-	-	-	-
95	-	-	-	-	-	-	-
96	-	-	-	-	-	-	-
97	-	-	-	-	-	-	-
98	-	-	-	-	-	-	-
99	-	-	-	-	-	-	-

Fonte: Anatel com adaptações.

5.2 ERBs e backhaul *geram PMS?*

Questiona-se este critério, todavia como foi ele que separou empresas com e sem PMS, deve ser avaliado mais detidamente. Primeiro porque, como descrito nos tópicos anteriores, há competição no mercado relevante de varejo de SMP, e, portanto, o acesso móvel deve estar disponível para os *players*. No mercado de acesso móvel, conforme a definição utilizada pela Anatel, o critério para definir a participação de mercado se dá pela participação relativa do número de Estações Rádio Base (ERBs).

Tomando como exemplo a Claro, na Tabela 10 estão dispostos o total de ERBs por mercado relevante em que foi atribuído PMS a esta empresa.

Tabela 10 – Número de ERBs por AR

Grupo	AR 11	AR 16	AR 19	AR 21	AR 53	AR 71
Claro	1.531	296	393	1.022	99	273
Vivo	1.441	253	413	330	101	192
Tim	1.247	190	333	907	69	229
Oi	1.476	242	373	950	92	290

Fonte: Anatel.

Como se pode notar, há um relativo equilíbrio entre o número de ERBs de cada Grupo Econômico nos mercados relevantes citados. Como é impossível haver uma ERB sem o *backhaul*, rede de transporte que a Anatel considera como sendo uma *essential facility*, conclui-se que o suposto controle da infraestrutura nos termos dados pela Anatel aparentemente não afeta a capacidade operacional das empresas.

Outro indício que corrobora este ponto é a participação de mercado no varejo de SMP. Se houvesse por parte do incumbente que controla a infraestrutura uma vantagem não replicável, com certeza tal vantagem se refletiria no mercado de varejo. Conforme pode-se notar na Tabela 11, a seguir, este não é o caso.

Tabela 11 – *Market Share* no Mercado de Varejo de Telefonia Móvel

Grupo	AR 11	AR 16	AR 19	AR 21	AR 53	AR 71
Claro	23,0%	52,3%	42.2%	34,2%	34,7%	29,2%
Vivo	13,3%	6,3%	3,0%	19,9%	13,7%	30,2%
Tim	25,2%	19,3%	22,0%	17,3%	21,7%	22,9%
Oi	32,9%	13,5%	27.7%	23,6%	24,3%	17,7%

Fonte: Claro.

Um problema adicional se refere à coleta de dados da Anatel. No mercado relevante de acesso móvel a Anatel enviou às operadoras um pequeno ofício em que simplesmente lhes perguntava quantas ERBs detinham, pergunta que não permite conhecer a infraestrutura de interligação entre as ERBs, já que existem vários tipos de interconexão entre ERBs: elas são conectadas por Fibra, por Rádio, por Satélite etc. Não se pode afirmar que as ERB conectadas por Fibra são similares às conectadas por Rádio, na medida em que estas últimas são mais baratas, mas têm um alcance muito menor, e a maioria absoluta das ERBs da Claro nas regiões em que foi apontada como possuindo PMS são na verdade ERBs que utilizam radiofrequência. Além disso, a maior parte das

ERBs nos mercados relevantes em que lhe foi atribuído PMS são alugadas, o que implica que outros operadores poderiam replicar tal infraestrutura.

A razão pela qual muitas dessas ERBs são alugadas contraria o argumento da Anatel de que o controle sobre o *backhaul* seja mais difícil de replicar do que a construção das ERBs. Segundo dados apresentados pela Claro, o custo para a construção de suas ERBs são superiores a R$ 500 mil, ao passo que o custo médio do investimento nos meios para fazer a interligação das ERBs à rede da Claro variam entre R$ 50 mil e R$ 70 mil. Dessa forma, nota-se que o maior investimento em CAPEX ocorre na construção das ERBs. Nesse sentido, não é de surpreender que as operadoras optem muitas vezes por despesas de OPEX, alugando a rede.

Vale ressaltar ainda que, mesmo que o *backhaul* fosse verdadeiramente uma *essential facility*, o mercado de acesso móvel não tem apresentado conflitos. A oferta de infraestrutura no mercado de acesso móvel, no primeiro semestre deste ano, mostra que parcela ínfima dos pedidos de compartilhamento de *sites* foi negada, e por razões técnicas. Tal fato decorre do próprio interesse das operadoras em compartilhar para reduzir o custo dos investimentos, e de que tal infraestrutura não lhe proporciona posição monopolista, já que os rivais podem duplicá-la.

Por fim, para concluir este tópico, é interessante ressaltar como a análise realizada pela Anatel do "Grupo Embratel" causa o efeito oposto ao que se propõe, conforme descrito na p. 9 do Relatório Anatel:

> "Este plano, também citado em outros instrumentos normativos, deve *objetivar o incentivo e promoção da competição* entre Grupos de prestadoras de serviço de telecomunicações de interesse coletivo com a adoção de medidas que visam assegurar o direito de escolha dos usuários por meio da diversificação das ofertas e *fomento ao investimento setorial*".

Contudo, ao atribuir PMS a Grupos que utilizam sua própria infraestrutura para interconectar suas ERBs, o que a Anatel faz na prática é penalizar esses Grupos Econômicos justamente por terem investido, enquanto o uso da infraestrutura de terceiros é incentivada, pois não gera PMS.

Bibliografia

ANATEL. Análise dos mercados relevantes tratados no Plano Geral de Metas de Competição – PGMC. Brasília: 2010. Disponível em: <http://sistemas.anatel.gov.br/sacp/Parametros/ArquivosAnexos/25072011_165700_Analise%20dos%20Mercados%20Relevantes%20PGMC.pdf>. Acesso em: 25 ago. 2011.

______. Consulta pública n. 41 – Plano Geral de Metas da Competição. Brasília: 2011. Disponível em: <http://www.anatel.gov.br/>. Acesso em: 25 ago. 2011.

BANK OF AMERICA – MERRILL LYNCH. Global Wireless Matrix 1Q2011.

BISHOP, S.; WALKER, M. *The economics of EC competition law: concepts, application and measurement*. 3. ed. London: Thomson Reuters, 2010.

HOVENKAMP, H. *Federal antitrust policy: the law of competition and its practice*. St. Paul (Minn.): West Group, 1999.

SEAE. Índices de *concentração*. Brasília, 2002. Disponível em: <http://www.google.com.br/url?sa=t&source=web&cd=1&ved=0CBgQFjAA&url=http%3A%2F%2Fwww.seae.fazenda.gov.br%2Fcentral_documentos%2Fdocumento_trabalho%2F20021%2Fdoctrab13.pdf&rct=j&q=hhi%20seae&ei=MeRgTuTtOo2twfn9_wb&usg=AFQjCNHuxKZSgaOnoNSBj1U5js75KbiJWQ&sig2=9oLSWZ9WjuC8UvyOP8OVCg&cad=rja>.

TELECO. *Telefonia Celular no Brasil 2011*. São Paulo, 2011.

THE EUROPEAN PARLIAMENT AND THE COUNCIL OF THE EUROPEAN UNION. Commission guidelines on market analysis and the assessment of significant market power under the Community regulatory framework for electronic communications networks and services (2002/C165/03). *Official Journal of the European Communities*. Bruxelles, 2002.

THE EUROPEAN PARLIAMENT AND THE COUNCIL OF THE EUROPEAN UNION. Directive 97/66/EC concerning the processing of personal data and the protection of privacy in the telecommunications sector. *Official Journal of the European Communities*. Bruxelles, 2002.

THE EUROPEAN PARLIAMENT AND THE COUNCIL OF THE EUROPEAN UNION. Directive 2002/19/EC on access to, and interconnection of, electronic communications networks and associated facilities (Access Directive). *Official Journal of the European Communities*. Bruxelles, 2002.

THE EUROPEAN PARLIAMENT AND THE COUNCIL OF THE EUROPEAN UNION. Directive 2002/20/EC on the authorisation of electronic communications networks and services (Authorisation Directive). *Official Journal of the European Communities*. Bruxelles, 2002.

THE EUROPEAN PARLIAMENT AND THE COUNCIL OF THE EUROPEAN UNION. Directive 2002/21/EC on a common regulatory framework for electronic communications networks and services (Framework Directive). *Official Journal of the European Communities*. Bruxelles, 2002.

THE EUROPEAN PARLIAMENT AND THE COUNCIL OF THE EUROPEAN UNION. Directive 2002/22/EC on universal service and users' rights relating to electronic communications networks and services (Universal Service Directive). *Official Journal of the European Communities*. Bruxelles, 2002.

DISTORÇÕES CONCORRENCIAIS OCASIONADAS PELO *BILL AND KEEP*

ARTHUR BARRIONUEVO

1. Introdução

O presente estudo analisa as propostas para regular o mercado de interconexão em redes de telefonia móvel no Brasil, segundo o Plano Geral de Metas de Competição (PGMC) – que propõe a adoção de um sistema híbrido, com a reintrodução do *Bill and Keep* (BAK) parcial para as maiores empresas, o BAK total para as empresas entrantes e a determinação pelo custo, no caso das ligações fixo-móvel –, e discutir, tendo como substrato as recomendações emitidas pela União Europeia (UE) e uma revisão da literatura sobre o tema, qual seria uma regulação com o melhor resultado para o bem-estar social.

Em segundo lugar, discute os efeitos do BAK sobre a competição, em particular da criação de uma assimetria concorrencial decorrente da utilização do BAK parcial para as empresas com Poder de Mercado Significativo (PMS) e BAK total para as empresas móveis sem PMS. Tal diferença provocará uma grande distorção na concorrência, favorecendo por tempo indeterminado empresas que terão um incentivo a acomodar-se, ao mesmo tempo em que prejudica as empresas que mais investiram na rede móvel.

Finalmente, avalia a forma utilizada para reduzir o diferencial de preços de chamadas *on-net* (entre usuários da mesma operadora) comparativamente às *off-net* (entre usuários de operadoras diferentes), considerando seu impacto para os usuários e que a redução do efeito "clube exclusivo" pode ser realizado sem as distorções que o método BAK e as regras tarifárias restritivas introduzirão.

2. Efeitos e metodologias para a definição do preço da terminação

Quando um usuário de uma rede "A" origina uma ligação para outro, de uma rede "B", gera custos associados à interconexão entre as redes, pois a rede "B" também é utilizada para que a chamada seja completada. A taxa de interconexão ou terminação (*termination rate, access charge*) é aquela paga por uma das redes (a que origina a chamada) à outra (a que recebe a chamada) devido a esses custos.[3]

O sistema brasileiro é baseado no princípio de *calling party pays* (CPP), em que o usuário que origina a chamada paga pelo serviço, que é utilizado em quase todo o mundo - excetuando os Estados Unidos e o Canadá.[4] Com isso gera externalidades (*call externalities*) associadas ao fato de que, apesar de apenas o usuário que origina a chamada pagar, ambas as partes, quem chama e quem recebe, são beneficiadas pela ligação.[5]

Apesar de competir vigorosamente por novos assinantes, o entendimento dos reguladores hoje em dia é o de que as empresas de telefonia celular possuem um monopólio sobre as chamadas recebidas por seus assinantes. Assim, podem praticar um preço acima do que seria dado em um mercado com competição (igual ao custo marginal), e usar a receita adicional para subsidiar *handsets* e menores tarifas para seus assinantes,[6] já que o valor da terminação colabora com o pagamento de custos fixos.

Dado que as operadoras possuem poder de mercado e, portanto, incentivo para praticar preços supracompetitivos, a regulação econômica do setor, em face do mercado de atacado de interconexão, tem objetivado controlar tais preços. Assim, depois de uma fase de "livre negociação", tais preços passaram a ser definidos pelas autoridades regulatórias. A regulação objetiva diminuir os preços praticados nesse mercado para que se aproximem dos seus custos,

3. V. Mark Armstrong, *The theory of access pricing and interconnection*,Oxford, Nuffield College, Mai. 2001.
4. V. Julian Wright, *Competition and termination in cellular networks*, Auckland, University of Auckland, Jan. 25, 2000.
5. V. Ulrich Berger, *Bill-and-keep vs. cost-based access pricing revised.* Vienna University of Economics, Jul. 9, 2004.
6. V. Mark Armstrong, op. cit.

quando então, acredita-se, o bem-estar econômico seria maximizado.[7] Tal resultado, porém, não decorre apenas da aproximação entre preço e custo de terminação *per se*, mas sim dos efeitos do valor da terminação sobre o excedente do consumidor e a lucratividade de novos entrantes, que são os objetivos de uma política regulatória bem-sucedida.[8]

Assim, possibilitar temporariamente a pequenos provedores de serviço uma terminação acima do valor eficiente e estipular uma taxa para os grandes baseada em alguma estimação de custo deveria beneficiar o consumidor, na medida em que estimula a entrada no mercado.[9]

Além disso, quando as taxas de terminação sobem, cresce também a lucratividade marginal de um consumidor para uma empresa (ou seja, ele gera receita tanto pelas chamadas que origina quanto por aquelas que recebe). De modo que as operadoras móveis tendem a competir mais acirradamente pelos assinantes, diminuindo preços de ligações *on-net* (feitas dentro de uma mesma rede) e preços de assinatura – beneficiando o consumidor.[10] Isso implica que a renda adicional obtida por aumento na taxa de terminação é contrafeita em certo grau pelo aumento na competição de preços por assinantes.[11] Portanto, praticando preços acima do custo marginal na terminação, as receitas das empresas passam a ser positivamente correlacionadas com o tamanho de suas respectivas redes, fazendo que elas foquem na obtenção de novos clientes.[12]

Este efeito é especialmente benéfico aos países onde a rede ainda é pequena, pois o ganho social da expansão da rede, tendo em vista as externalidades de incorporação de novos usuários, é maior do que o ganho privado, de operadoras e usuários. Não há dúvida de que, no Brasil, o valor da terminação, possivelmente acima de seu custo, foi um fator importante para incentivar a difusão do serviço, que possuía 23 milhões de assinantes em 2000 e aumentou para 202,9 milhões em 2010.

7. V. Thiago C. H. Botelho, Market power and welfare analysis in the mobile market in Brazil, *Revista Brasileira de Economia de Empresas*, v. 11, n. 1, jan-jun. 2011.
8. V. Martin Peitz, *Asymmetric access price regulation in telecommunications markets*, Mannheim: University of Manheim, Mar. 18, 2003.
9. V. Claudio Boreggi, Henry Ergas e Eric Kodjo Ralph, *Asymmetric termination charges to support small networks*. Fev. 3, 2009.
10. V. Julian Wright, *Access pricing under competition: an application to cellular networks,* Auckland , University of Auckland, Abr. 12, 2002.
11. V. Julian Wright, *Competition and termination in cellular networks*, cit..
12. V. Thiago C. H. Botelho, op. cit.

Todavia, a fixação da terminação acima de seu custo também provocou distorções. Um deles, apontado no PGMC, é o da grande diferença entre preços de chamadas *on-net* e *off-net*, que gera o efeito "clube exclusivo", em que os assinantes de uma operadora comunicam-se, principalmente, com usuários da mesma operadora, e em que há um incentivo para o usuário tornar-se assinante (vários chips) de várias operadoras para realizar apenas ligações *on-net*, como mostra a evolução do MOU (*Minutes of Use*), que é a média mensal em minutos por usuário (tráfego originado e terminado), que passou de 82 minutos em 2007 para 120 no 4.º trimestre de 2011 (um aumento de 46% em 4 anos).

Em face disso, o PGMC propõe reintroduzir a metodologia do BAK como forma de diminuir a assimetria entre ligações *on-net* e *off-net*. Todavia, tal escolha não é desprovida de percalços. Assim sendo, discute-se a seguir, criticamente, o BAK e seus efeitos. E se discorre sobre a proposta da União Europeia para a redução da terminação e das distorções oriundas das diferenças entre chamadas *on-net* e *off-net*.

2.1 Características e distorções do Bill and Keep *(BAK)*

Segundo definição da OCDE (Organização para a Cooperação e o Desenvolvimento Econômico), BAK é uma forma de definir preços de interconexão de duas vias, em que a taxa de terminação é zero. Isso quer dizer que as partes concordam em não cobrar nada por terminar ligações.

O sistema do BAK, conforme descrito anteriormente, pode, em teoria, estimular a competição no mercado de telefonia móvel, uma vez que a ausência de tarifas de terminação pode reduzir os custos de uma empresa, permitindo que ela pratique menores preços finais para seus clientes. Esse benefício, porém, decorre de um subsídio por parte da empresa que recebe a ligação, mas não é remunerada pelo uso de sua rede, e consequentemente por seus custos.

De outro lado, como argumenta Wright (2000), tarifas de terminação acimá do custo da operadora podem ser eficientes, pois permitiriam a prática de menores preços para o usuário final, já que a empresa possuiria mais de uma fonte de faturamento, não precisando reduzir sua receita por usuário para aumentar seu *market share*.

Além disso, conforme Gans e King (1999), em um sistema de tarifas de duas partes e discriminação de preços, tarifas de interconexão incapazes de remunerar o custo da operadora podem servir para reduzir a competição entre elas e, consequentemente, um sistema baseado em BAK poderia gerar incentivos ao conluio.

O sistema BAK é, portanto, discutível em princípio, pois, ao eliminar as tarifas de terminação, ainda que possa estimular a concorrência por preços, a teoria econômica indica que deve sim existir remuneração pelos custos para que as redes sejam utilizadas de forma eficiente. Também no que se refere apenas ao processo concorrencial, o BAK provoca assimetrias concorrenciais e um fenômeno denominado "desvio de tráfego" (ou *by-pass*).[13] Ocorre um *by-pass* quando, p. ex., um assinante de STFC, ao fazer uma ligação para um usuário móvel, a operadora fixa que deve realizá-la, em vez de utilizar sua rede fixa, utiliza uma rede móvel, com o qual tem algum tipo de acordo, para cursar a chamada. O objetivo da operadora fixa é apenas o de não pagar a terminação móvel, todavia para isso comete uma ilicitude, pois não possui autorização para operar rede móvel e deveria cursar a chamada por meio de sua própria rede, que é STFC.

Além disso, o BAK é menos transparente que o *Full Billing*, pois elimina os processos de controle que são realizados para conciliação de contas, pois a ele só interessa o tráfego total e o saldo de minutos excedentes de cada operadora.

A seguir se examina um tipo específico de BAK, o BAK parcial, que o PGMC pretende implantar para as empresas detentoras de PMS.

2.1.1 Bill and Keep *parcial*

O BAK parcial implica que uma operadora de telefonia móvel pague tarifa de terminação para outra operadora apenas quando houver um desbalanceamento de tráfego que exceda um determinado percentual.[14] Por exemplo, se o percentual for de 60% (como se propõe no PGMC), uma empresa A irá pagar à B somente se as ligações originadas em A e terminadas em B forem responsáveis por mais de 60% do tráfego entre as duas empresas – pagando somente o excedente.

Para ilustrar, supondo que o tráfego de A para B seja de 80% do tráfego total entre as duas empresas, a empresa A pagaria o valor da terminação na magnitude correspondente a 20% (80-60%) das ligações.

No Brasil, atualmente, conforme a Resolução 406/2005 da ANATEL, o BAK parcial foi instituído para operadoras de Serviço Móvel Especializado

13. Cf. a OCDE, o *by-pass* é definido como: "Arrangements or facilities whereby a customer can access long-distance, international, or other services without using the local operating company's switched network, thus avoiding payment of access charges. More generally, any means whereby customers avoid usage of a monopoly service or facility" (disponível em: <http://stats.oecd.org/glossary/detail.asp?ID=4964>).

14. Glossário de Internet e Telecomunicações da *MZ University*. Disponível em: <http://www.mzweb.com.br/mzuniversity/web/arquivos/GlossarioInternet&Telecom.pdf>.

(SME)[15] em sua relação com as operadoras móveis. A utilização do BAK parcial para essas operadoras e a mudança para o sistema *Full Billing* (onde se paga a tarifa de terminação sobre todos os minutos) para as empresas de SMP, definida em 2006, representou uma assimetria concorrencial avaliada na seção 5.

2.1.2 Distorções do Bill and Keep *parcial*

Como consequência do pagamento de apenas uma parcela das ligações, onde não há uma reciprocidade de tráfego entre operadoras, o preço pago por minuto pela operadora de onde provêm as ligações excedentes possuirá uma vantagem no custo unitário da tarifa de interconexão.

Tomando o exemplo anterior, onde o volume do tráfego da empresa A para a B correspondia a 80% do total, com um *benchmark* de 60% para o BAK parcial, dado um preço de interconexão, e um volume total de ligações (em minutos) entre A e B, o total pago pela empresa A para a empresa B é calculado da seguinte maneira:

$$(80\text{-}60)\% \times V_t \times v$$

Considerando o preço de interconexão, o total economizado pela empresa A é a diferença entre o total que ela pagaria caso fosse cobrir os custos associados às interconexões e o quanto ela está realmente pagando:

$$[(80\text{-}20)\% \times V_t \times v\,] - [(80\text{-}60)\% \times V_t \times v] = V_t \times v \times 40\%$$

De fato, ao pagar a terminação por apenas 20% do tráfego, em vez de receber 80% e pagar 20%, na prática isso corresponde a um desconto de 40% no valor total de minutos trafegados () que deveria pagar de terminação, caso cobrisse o custo que gera para a empresa que recebe as chamadas, como demonstra o exemplo acima.

Esse valor representa um subsídio para a empresa A por parte da empresa B. Essa distorção gera incentivos perversos para a empresa A, como redução de investimento em rede e em eficiência, pois é menos afetada pelo custo que gera para B. Por outro lado, a empresa B é prejudicada, uma vez que os custos em que incorre para terminar as ligações são apenas parcialmente cobertos. E quanto mais aumentar o tráfego de A para B, pior será a situação, pois implicará maiores custos para B, dificultando a manutenção da qualidade do serviço em sua rede.

---

15. O Serviço Móvel Especializado (SME), ou *Trunking*, é um serviço muito semelhante ao serviço celular, mas é destinado a pessoas jurídicas ou grupos de pessoas caracterizados pela realização de atividade específica. Não pode ser oferecido a pessoas físicas individualmente.

Portanto, com essas proporções mantidas no tempo, o resultado será o de manter a empresa B em desvantagem competitiva e a empresa A acomodada. Quem perde é o consumidor, com serviços menos eficientes e possivelmente mais caros – uma vez que não havendo receita de interconexão as empresas buscarão outras fontes, como assinaturas e ligações *on-net* mais caras.

2.2 Bill and Keep*"híbrido"*

No PGMC, propõe-se um outro tipo de BAK – um BAK assimétrico, denominado "híbrido". Trata-se de uma mistura entre o BAK pleno e o BAK parcial. Determinadas operadoras, nesse modelo, atuam com suas interconexões pelo sistema de BAK pleno e outras pelo de BAK parcial.

Para determinar em qual sistema uma determinada empresa será enquadrada, utiliza-se como critério a existência de Poder de Mercado Significativo (PMS), sendo que aquelas que possuem PMS se enquadram no BAK parcial e as demais no pleno.

Esse sistema, como já ocorreu no Brasil antes de 2006, dada a possibilidade de tarifação zero para proporções de tráfego abaixo de 60% (de saída ou entrada), entre as PMS, cria incentivos para a prática ilícita do *by-pass*.[16] Mais importante do que isso, contudo, é que as taxas de interconexão abaixo do custo para empresas sem PMS reduzem os incentivos para a ampliação de suas próprias redes, de sua eficiência e do seu *market share*.

Com essa vantagem competitiva, essas empresas sem PMS tendem a se especializar em um nicho, em geral o de maior margem, realizando o chamado *cream-skimming* (aproveitar apenas a parte suculenta do mercado). Adquirem poder de arbitragem nesse mercado, e os seus custos mais baixos possibilitam barrar a entrada de outros *players*, em particular as próprias empresas com PMS. Portanto, a assimetria beneficiará tanto aquelas que precisam de um tempo para sua viabilização, quanto aquelas que construirão "posições entrincheiradas" em certos nichos de mercado, como o corporativo.

Essa vantagem impossibilita a competição, situação que se agrava com a perenidade da política, uma vez que se sabe que as condições que possibilitam essa vantagem competitiva não irão mudar – ceifando os incentivos ao crescimento das empresas que se encontram nesse regime.

Não por acaso a maioria dos países que usava o BAK substituiu este regime, como se vê a seguir.

16. Utilizando desvios para empresas sem PMS, na quantidade suficiente para que suas proporções de entrada e saída na interconexão sejam aquelas que permitem a tarifação nula.

CPNP countries	Switched from B&K to CPNP	B&K and other models
Australia	Venezuela (1991)	Albania
Áustria	Brazil (1994)	Barbados
Belgium	Colombia (1994)	Cameroon
Belize	Israel (1994)	Canada (MPP)
Denmark	Dominican Republic (1995)	China
Estonia	Uruguay (1995)	Croatia
Finland	Costa Rica (1996)	Hong Kong, China
Germany	Czech Republic (1996)	Mauritius
Greece	Mongolia (1996)	Russia
Hungary	Peru (1996)	Singapore
Iceland	Cambodia (1996)	St. Kitts and Nevis
Ireland	Panama (1997)	Ukraine
Italy	Ecuador (1998)	United States (CPNP/B&K)
Japan	Romania (1998)	
Korea	Argentina (1999)	
Lithuania	Bolivia (1999)	
Luxembourg	Chile (1999)	
Madagascar	El Salvador (1999)	
Malaysia	Guatemala (1999)	
Malta	Mexico (1999)	
Moldova	Antigua and Barbados (2000)	
Netherlands	Honduras (2000)	
New Zealand	Jamaica (2000)	
Norway	Cayman Islands (2001)	
Philippines	Pakistan (2001)	
Poland	Trinidad and Tobago (2001)	
Portugal	Dominica (2002)	
Slovak Republic	Grenada (2002)	
Slovenia	Saint Lucia (2002)	
Spain	St. Vincent (Grenad.) (2002)	
Sweden	India (2003)	
Switzerland	France (2004)	
Turkey	Sri Lanka (2010)	
United Kingdom		

Fonte: OECD, 2012.

3. Recomendações da União Europeia

No dia 7 de maio de 2009, a Comissão da União Europeia emitiu uma Recomendação sobre a Regulação das Tarifas de Terminação (denominada *Recomendação* daqui para frente).[17] De acordo com a *Recomendação*, uma simetria na regulação das tarifas de terminação é desejável e ela deve ser formada utilizando o método de apuração de custos, como se verá a seguir.

Na *Recomendação*, a Comissão Europeia determina que as autoridades reguladoras nacionais devem buscar a simetria nas taxas de interconexão. O uso de regulação assimétrica para diferentes *players* deve ser utilizado somente para estimular a concorrência, de modo a criar incentivos a novos entrantes para que estes sejam capazes de se estabelecer no mercado.

Um entrante no mercado de telefonia móvel inicialmente não possui ampla cobertura, base de clientes, qualidade de serviço e reputação como os *players* mais antigos. Além disso, os novos *players* não possuem economias de escala e possivelmente incorrem em custos diferenciados. Estes são os fatores que justificam a regulação assimétrica, que deve se basear em custos exógenos – aqueles fora do controle de um entrante.

A regulação assimétrica pode ser positiva no longo prazo, quando estimula novos *players* a fazerem os investimentos necessários à entrada, e no curto prazo quando a entrada de um *player* gera uma queda nos preços ao consumidor. Porém, recomenda-se que as autoridades tenham cautela para não permitir a instalação de *players* ineficientes cuja permanência no longo prazo dependa exclusivamente desses benefícios assimétricos.[18] Em regra, deve-se buscar uma simetria na regulação.

Sendo assim, o tratamento simétrico deve refletir os custos de interconexão.[19] Medidas assimétricas que permitam que novos entrantes possuam uma

---

17. The Commission of the European Communities, *Commission Recommendation of 7 May 2009 on the Regulatory Treatment of Fixed and Mobile Termination Rates in the EU (2009/396/EC).*
18. V. Martin Peitz, op. cit.
19. Para a determinação de um preço de terminação referencial visando a uma política regulatória simétrica, a comissão recomenda que os reguladores se baseiem nos custos de interconexão. No cálculo de uma estimativa desses custos, as autoridades devem proceder com uma análise *bottom-up* e *top-down*, comparando os resultados em busca de uma maior robustez. As análises se diferenciam no escopo dado ao objeto (no caso, o custo) estudado. No caso da adoção de um modelo *bottom-up*, procura-se inferir um custo estimado a partir dos dados obtidos por meio de fornecedores, de modo a simular um empresa eficiente. Já no caso do modelo *top-down*, tem-se a derivação dos custos a partir de dados auditados das

tarifa de terminação superior ao valor regulado devem ser justificadas e não devem durar por mais de 4 (quatro) anos – tempo necessário para que as assimetrias concorrenciais sejam corrigidas.

Segundo Confraria et. al (2008), um dos aspectos mais importantes para a implementação de uma política regulatória baseada em custos é a necessidade de uma sinalização correta para o mercado, buscando uma eficiência de entrada, investimentos adequados e inovação. Além disso, ao se basear em custos, os reguladores cumprem seu papel substituindo a competição na determinação dos preços e reduzem as assimetrias de informação entre regulador-operadora regulada.

4. Efeitos do modelo de terminação baseada em custos

A diretriz regulatória de definir a terminação baseada em custos tem como meta fazer que os preços se encaminhem para aqueles que seriam praticados em um mercado de competição ideal. Como essa política é aplicada, ou seja, qual o tratamento dado aos entrantes e às empresas já estabelecidas, é um importante aspecto que influencia os resultados. Uma série de estudos aponta as vantagens de implementação desse modelo.

Peitz (2003) encontra como resultado que a política que maximiza o bem-estar é aquela que se baseia nos custos, tanto para uma empresa incumbente quanto para uma entrante – permitindo, porém, uma margem para que o entrante possa se estabelecer devido às assimetrias.

Armstrong (2001) aponta os benefícios de uma política regulatória baseada nos custos de interconexão. Segundo o autor, é relativamente simples de implementar, ou tão simples quanto estimar os custos de uma empresa incumbente (o que seria necessário para qualquer política de preços razoável) – não sendo necessário cálculos de demanda ou características de entrantes. Além disso, essa política também dá o sinal de *make-or-buy* correto para os entrantes, sem causar incentivos para construção de novas redes quando se poderia estar utilizando a rede de uma empresa incumbente, o que seria ineficiente. O autor também inclui como benefício o fato de ser uma política "justa", em que empresas já estabelecidas não poderiam promover preços discriminatórios para diferentes entrantes. Portanto, uma política que aproximasse a taxa de terminação dos custos seria ótima quando não houvesse necessidade de correções devido a assimetrias.

---

operadoras atuantes no mercado. O valor obtido pelo modelo *top-down* deve ser utilizado apenas para calibragem, sendo o guia o inferido a partir de um modelo *bottom-up* – baseado no método LRIC.

Existem motivos, entretanto, para que, temporariamente, a taxa de interconexão socialmente ótima esteja acima dos custos, como quando existem fortes externalidades de rede, como visto anteriormente.[20]

5. Assimetrias de terminação no Brasil

Desde 2006 o Brasil convive com dois sistemas de preços de terminação móvel. Um para as empresas de Serviço Móvel Especializado (SME) e outro para as empresas de Serviço Móvel Pessoal (SMP). As empresas prestadoras do SMP negociam a tarifa de terminação com as demais prestadoras de serviços de telecomunicação de interesse coletivo, caracterizando um regime *Full Billing*, no qual a prestadora de SMP tem seus custos remunerados. Apesar da livre negociação, a ANATEL tem poder de fixar o preço caso ache o obtido via acordo entre duas operadoras abusivo ou uma das prestadoras solicite processo de arbitragem. Já as prestadoras do SME convivem com um sistema de BAK parcial e, portanto, possuem condições diferenciadas de competitividade. Tais condições permitem que operem com um custo menor, uma vez que não arcam com pagamento de parte das tarifas de terminação.

Além da assimetria indevida – uma vez que é permanente – existente nos preços de terminação, observa-se que no Brasil tais tarifas são elevadas, tendo atingido em 2010 valores de cerca de R$ 0,40 por minuto[21] (reduzidas posteriormente). Isso faz que a diferença entre o preço das ligações *on-net* e *off-net* (entre redes de operadoras diferentes) seja elevado. Com os preços *on-net* sendo inferiores aos *off-net*, os clientes de determinada rede se beneficiam do tamanho dela, uma vez que quanto maior ela for, menores serão seus gastos.

5.1 Assimetria no PGMC

A proposta apresentada no PGMC trará um tratamento assimétrico entre empresas com e sem PMS. Isso decorre do fato de o sistema adotado ser o do BAK híbrido. Conforme explicado anteriormente, as empresas com PMS atuarão, entre si, com base no BAK parcial de 60%. Já as interconexões envolvendo empresas sem PMS terão tarifa zero, ou seja, um BAK pleno.

Para calcular a vantagem de uma operadora A, sem PMS, pode-se considerar a diferença entre o que ela pagaria caso atuasse sobre um sistema de BAK parcial (caso das com PMS) ou de *Full Billing* e o que ela paga, ou seja, nada.

---

20. V.: Thiago C. H. Botelho, op. cit.; e Barrionuevo e Lucinda, *Externalidades de rede e tarifas de interconexão na rede móvel: o caso brasileiro*, São Paulo, Fundação Getulio Vargas, 2005.
21. Market power and welfare analysis in the mobile market in Brazil (Anatel/2010).

Comparando com o BAK parcial:

$$[(V_{\%A\text{-}B} - 60\%) \times V_t \times v] - 0$$

Comparando com um regime de *Full Billing*:

$$[(V_{\%A\text{-}B} - V_{\%B\text{-}A}) \times V_t \times v] - 0$$

onde $V_{\%i\text{-}j}$ é o percentual do volume do total de ligações originadas da operadora *i* terminando na operadora *j*.

O valor obtido devido ao tratamento assimétrico pode ser utilizado pelas prestadoras sem PMS para subsidiar preços menores para ligações *off-net* e, assim, tomar nichos de mercado que utilizem esse tipo de ligação mais intensamente, como ocorre no caso do mercado corporativo. Esse efeito é denominado *cream-skimming*, e sua consequência adversa é a formação de uma barreira de entrada a novos competidores no nicho tomado por uma operadora.[22]

Esse efeito piora se as medidas assimétricas não possuírem um prazo de existência. As consequências adversas de um tratamento regulatório assimétrico persistente foram apontadas por diversos autores. Ele traz efeitos distorsivos que prejudicam, em última instância, o próprio consumidor.

Boreggi, Ergas e Ralph (2009) escreve: "o resultado é que, mesmo sem pensar nos inevitáveis custos de regulação, taxas de interconexão assimétricas tendem a causar mais danos do que trazer benefícios" (tradução livre). Segundo o autor, os malefícios trazidos por uma política assimétrica se agravam quando são considerados os custos regulatórios.

A política proposta pelo PGMC é, então, prejudicial do ponto de vista concorrencial - principalmente se for perene. O objetivo da proposta, qual seja diminuir a diferença entre o preço cobrado no varejo para ligações *off-net* e *on-net*, pode ser atingido por meio de outras políticas regulatórias – as quais evitam os efeitos prejudiciais trazidos pelo BAK híbrido.

5.2 *Diferenças nos preços* on-net/off-net

A diferenciação de preços de chamadas internas (*on-net*) com relação a preços de chamadas externas (*off-net*) é um fato que preocupa autoridades regulatórias. Primeiramente porque pode ser usada por operadoras líderes de mercado para gerar barreiras a novos entrantes (*foreclosure*). A intensidade desse efeito é tanto maior quanto maior a diferença entre preços, pois maiores serão as externalidades positivas para os clientes associadas ao tamanho de uma rede – aumentando as desvantagens para um entrante.

Outro efeito, decorrente da diferença de preços de varejo entre chamadas *on-net* e *off-net*, é o do "clube exclusivo" – tendência à comunicação móvel se

22. V. Martin Peitz, op. cit.

dar exclusivamente *on-net*. Isso pode ser constatado a partir de dados disponíveis na análise dos mercados relevantes que fundamenta o PGMC, no "primeiro trimestre de 2012, mais de 80% das chamadas originadas no SMP eram chamadas *on-net*". Portanto, uma diminuição da diferença de preços é buscada pela autoridade reguladora – como exposto no PGMC.

Não há, porém, apenas uma maneira de obter tal redução. Segundo PGMC, a proposta da ANATEL para tal redução é a implementação de um regime de BAK híbrido e a efetiva proibição dessa diferenciação tarifária. No entanto, tal proposta gera as distorções concorrenciais vistas acima, com o incentivo à entrada de empresas que se acomodarão em um nicho e não terão incentivos para investir em redes próprias, ficando, portanto, dependentes dessa "vantagem regulatória".

Uma alternativa é a regulação baseada em custos, como propôs a Comissão Europeia, o que significaria custos similares para chamadas *on-net* e *off-net*, de tal forma que a concorrência aproximaria os preços de ambas.

Além disso, uma transição suave do valor atual da terminação para o modelo de custos minimizaria o efeito "cama-d'água", onde uma redução do valor da terminação e das chamadas *off-net* provocaria um aumento do preço das chamadas *on-net*, utilizadas particularmente pelos usuários de menor renda.

Ainda no que se refere aos efeitos do BAK, a assimetria entre empresas do SMP, que utilizam o *Full Billing* para determinar a terminação e as empresas de SME, que utilizam o BAK parcial, apresenta comprovado potencial desestabilizador. Utilizando o método descrito para calcular a vantagem de uma operadora sem PMS, tanto pelo sistema atual como por aquele proposto no PGMC, há e continuará havendo um subsídio para a empresa que origina mais do que recebe e é sujeita ao BAK (a operadora de SME) em detrimento da operadora de SMP, que é sujeita ao *Full Billing* e depois ao BAK total.

O subsídio obtido devido ao tratamento assimétrico pode ser utilizado pelas prestadoras sem PMS, como a operadora de SME, para fixar preços menores para ligações *off-net* e, assim, tomar nichos de mercado que utilizem esse tipo de ligação mais intensamente, como ocorre no caso do mercado corporativo.

6. Conclusão

Como principal conclusão, pode-se frisar que todas as distorções geradas pelo BAK serão aprofundadas com as novas regras sugeridas pelo PGMC para a fixação do valor da terminação. De modo que colocamos como contribuição para o aperfeiçoamento dessas regras medidas que podem atingir os fins propostos pela ANATEL, minimizando os problemas que o BAK traz.

Desde 2006 existem duas regras para a fixação da terminação: o BAK parcial para as operadoras de SME e o *Full Billing* para as de SMP. Tal assimetria implicou uma vantagem competitiva para as operadoras de SME *vis-à-vis* as de SMP, pois as primeiras pagam apenas um pequena fração do valor da terminação, e as segundas, o valor cheio, impossibilitando às empresas de SMP concorrerem nas chamadas *off-net* com as de SME. O custo marginal de uma chamada *off-net* é muito maior para as empresas de SMP, o que já levou, como se viu acima, a um desbalanceamento do tráfego entre operadoras de SME e SMP (grosso modo, a originação de chamadas é de 70% contra 30%).

Essa assimetria não tem mais a justificativa de viabilizar um novo entrante, pois foi instituída por tempo indeterminado e será ainda mais acentuada nas novas regras. O que os dados mostram é exatamente o que a teoria econômica prevê: a especialização dos *players* beneficiados em nicho de mercado, utilizando tecnologia defasada em relação às operadoras de SMP. Ou seja, as empresas que têm a responsabilidade de atender a imensa maioria dos clientes e implantar novas tecnologias subsidiam as empresas (pela redução da terminação) que estão sendo isoladas da competição em seu nicho.

As novas regras, com a instituição do BAK parcial para as empresas com PMS e BAK pleno para as não PMS, inclusive as de SME, reduzirá ainda mais o valor da terminação para as empresas não PMS, intensificando as tendências apontadas acima.

Não se pode discordar da ANATEL quando, no PGMC, pretende reduzir a diferença entre os preços das chamadas *on-net* e *off-net* para evitar o efeito "clube exclusivo", ou quando pretende reduzir o valor da terminação, que é indispensável para atingir a redução de preços mencionada.

Todavia, a proposta do BAK híbrido não é a melhor alternativa para atingir tais objetivos, pois agravará problemas que já existem na indústria móvel, em particular o da segmentação do mercado e da perenização da "carona" na rede das operadoras de SMP.

Assim, as desvantagens do BAK híbrido proposto pelo PGMC podem ser sumariadas como:

1. a redução abrupta do valor da terminação pode gerar o efeito "cama-d'água", aumentando o valor das chamadas *on-net*, utilizadas especialmente pelas classes de menor renda;

2. sem remuneração pela terminação das chamadas, as empresas móveis com PMS terão menos incentivos para angariar novos clientes, uma vez que o lucro marginal por uma expansão em sua rede será menor;

3. a falta de remuneração pela terminação da chamada provoca desincentivo à manutenção/expansão e qualidade de serviço da rede das empresas com PMS que recebem a chamada;

4. a assimetria permanente gera incentivos para que empresas sem PMS se especializem em nichos, podendo barrar a entrada de novos *players*, além de não haver motivação para o crescimento e investimento em inovação e expansão para outros setores - que é um efeito desejado para uma política regulatória, uma vez que eleva a concorrência num escopo mais amplo, gerando benefícios para um maior número de consumidores;

5. o BAK incentiva o *by-pass* irregular, já que empresas sem PMS podem ser utilizadas como intermediárias para completar, de forma irregular, a cota dentro da faixa dos 60%, determinada pelo BAK parcial;

6. O *mark-up* dado às empresas entrantes para a correção de assimetrias geradas por custos exógenos não estará sobre o controle da ANATEL, podendo ser discrepante com relação ao que seria necessário para incentivar uma competição justa.

A alternativa para reduzir o diferencial entre chamadas *on-net* e *off-net* é diminuir o valor da terminação e, ao mesmo tempo, garantir uma competição com isonomia e manter os incentivos corretos para o investimento em expansão e qualidade da rede é a de seguir os princípios definidos pela União Europeia para o cálculo da terminação:

i) definir o valor da terminação pelo seu custo, eliminando a diferença entre o custo adicional de ligações *on-net* e *off-net*;

ii) reduzir o valor da terminação ao custo em um tempo e magnitude predeterminados e suficientes para que as operadoras possam se adaptar;

iii) definir como regra geral a simetria do valor da terminação, aceitando diferenciais apenas quando houver - fundamentado - o objetivo temporário de ajudar a viabilizar um novo entrante;

iv) o auxílio ao novo entrante, além de limitado no tempo, para não criar o efeito "carona" e a distorção da concorrência, deve apenas contrabalançar os custos exógenos (fora do controle) do entrante, tais como a escala mínima para viabilizar economicamente a nova empresa.

Bibliografia

ANATEL. Plano Geral de Metas de Competição - PGMC. Análise dos Mercados Relevantes. 2012.

ARMSTRONG, Mark. *The theory of access pricing and interconnection*. Oxford: Nuffield College, Mai. 2001.

BARRIONUEVO, Arthur; LUCINDA, Claudio R. *Externalidades de rede e tarifas de interconexão na rede móvel: o caso brasileiro*. São Paulo: Fundação Getulio Vargas, 2005.

BERGER, Ulrich. *Bill-and-keep vs. cost-based access pricing revisited*. Vienna University of Economics, abr. 8, 2004.

BOREGGI, Claudio; ERGAS, Henry; RALPH, Eric K. *Asymmetric termination charges to support small networks*. Feb. 3, 2009.

BOTELHO, Thiago C. H. Market power and welfare analysis of the mobile market in Brazil. *Revista Brasileira de Economia de Empresas*, v. 11, n. 1, p. 45, jan.-jun. 2011.

CONFRARIA, J.; NORONHA, J.; VALA, R.; AMANTE, A. *On the use of LRIC models in price regulation*. Lisboa: Instituto das Comunicações de Portugal, 2008.

EUROPEAN COMMISSION. Commission recommendation on the regulatory treatment of fixed and mobile termination rates in the EU – (2009/396/EC). Mai. 7, 2009.

GANS, Joshua S.; KING, Stephen P. Using 'Bill and Keep' Interconnect Arrangements to Soften Network Competition. University of Melbourne, dez. 7, 1999.

MZ UNIVERSITY. Glossário de Internet e telecomunicações. Disponível em: <http://www.mzweb.com.br/mzuniversity/web/arquivos/Glossario Internet&Telecom.pdf>.

OECD. Developments in mobile termination. *OCDE Digital Economy Papers*, OCDE Publishing, n. 193, 2012.

PEITZ, Martin. *Asymmetric access price regulation in telecommunications markets*. Mannheim: University of Mannheim, Mar. 18, 2003.

WRIGHT, Julian. *Access pricing under competition: an application to cellular networks*. Auckland: University of Auckland, Abr. 12, 2002.

_____. *Competition and termination in cellular networks*. Auckland: University of Auckland, Jan. 25, 2000.

A INTERCONEXÃO NO SETOR MÓVEL NO PLANO GERAL DE METAS DE COMPETIÇÃO (PGMC)

ARTHUR BARRIONUEVO

Recentemente a ANATEL aprovou a versão final do PGMC (Plano Geral de Metas de Competição), publicado como Resolução 600, de 8 de novembro de 2012. Trata-se de uma série de medidas regulatórias que tem como objetivo incentivar e promover a competição nos serviços de telecomunicações, em particular no setor móvel.

O objetivo do presente artigo é avaliar as medidas propostas pelo PGMC para a interconexão no setor móvel. Dentre os mercados relevantes de atacado, objeto de medidas de compartilhamento, encontram-se os serviços de infraestrutura e acesso a redes, tais como *roaming*, interligação e interconexão. As medidas em regra criam assimetrias entre as empresas com Poder de Mercado Significativo (PMS) e as outras, sem PMS, inclusive as prestadoras de Serviço Móvel Especializado (SME).

A divisão entre detentoras e não detentoras de PMS é determinada a partir da definição do mercado relevante em cada mercado e descrita no segundo anexo da Resolução 600. Um grupo é considerado detentor de PMS de acordo com a constatação de domínio da empresa em dado mercado relevante. Deve-se frisar que houve um considerável avanço na versão final do PGMC em relação a sua versão inicial, no que se refere à análise concorrencial. A primeira versão definia a existência de PMS de forma mecânica, baseada apenas na participação no mercado de cada operadora em cada mercado geográfico. Agora, a análise é integrada, e os diferentes fatores, tais como economias de escala e escopo, controle sobre infraestruturas não duplicáveis e atuação vertical nos mercados de atacado e varejo servem apenas como insumos para entender o quadro concorrencial.

Houve também, com relação ao trato regulatório do mercado de interconexão, avanços em comparação com a versão preliminar do documento.

Anteriormente propunha-se um BAK (*Bill and Keep*) pleno[1] entre empresas com PMS e BAK parcial[2] para as empresas não possuidoras de PMS. Como se sabe, o BAK incentiva o surgimento de distorções, como o desvio de tráfego, e sua adoção já foi tentada e abandonada no Brasil em função dos problemas que gerou. Porém, na versão final do PGMC, a proposta do BAK total entre as empresas com PMS foi abandonada, foi mantido o *full billing*[3] e prevaleceu a convergência, em quatro anos da tarifa de interconexão, para um valor que será baseado em modelo de custos.

Permaneceram, entretanto, duas imperfeições no PGMC no que se refere ao modelo de valores de interconexão. Em primeiro lugar, no serviço móvel pessoal, as empresas sem PMS terão, durante a fase de transição ao modelo de custos, como forma de calcular a interconexão no seu tráfego com as empresas com PMS, o BAK parcial.

Vigorará o BAK parcial entre grupos sem e com PMS de 80%/20% entre 2013 e o início de 2015, e de 60%/40% entre 2015 e 2016, passando a partir daí a vigorar o regime de custos onde a tarifa integral é paga sempre que ocorra a interconexão.

O que significam esses percentuais? Vamos supor o tráfego total entre uma empresa sem PMS e outra com PMS examinando as seguintes situações: na primeira, a empresa sem PMS teria 80% do tráfego e a com PMS tem 20%; na segunda, teríamos o contrário e; na terceira, o tráfego seria simétrico, 50% para cada uma. Quanto cada uma pagaria à outra com o BAK parcial de 80%/20%?

No primeiro caso, nenhuma empresa pagaria nada, pois a empresa sem PMS não paga nada até o valor de 80% do tráfego, e a empresa com PMS também não precisa pagar nada até 20% do valor do tráfego. No segundo caso, em que o tráfego seria de 20%/80%, a empresa sem PMS não paga nada até o valor de 80% do tráfego (20% < 80%). A empresa com PMS, por sua vez, como o va-

1. O BAK pleno ocorre quando o usuário de uma operadora liga para um usuário de outra operadora e a operadora que originou a chamada não paga nada pela utilização da rede da operadora que recebeu a chamada. Também não recebe nada, quando for destinatária de uma ligação.
2. O BAK parcial ocorre quando a operadora que gerou a chamada paga parte do custo de uso da rede da operadora que recebe a chamada. Ele é normalmente assimétrico, ou seja, uma empresa tem o "direito" de fazer – proporcionalmente – mais ligações do que a sua contraparte, antes de começar a pagar pelo uso da rede alheia.
3. O *full billing* ocorre quando a operadora que origina a chamada paga integralmente o custo de uso da rede da operadora que recebe a chamada.

lor de 80% do tráfego supera o limite de 20%, pagaria o valor de 60% do tráfego excedente. Para um valor da VU-M de R$ 0,37/min., vigente no início de 2013, a empresa com PMS pagaria o equivalente a R$ 0,28/min, ou seja, 60/80 x R$ 0,37. Se o tráfego fosse simétrico, 50% para cada uma, a empresa sem PMS não pagaria nada (50% < 80%) e a empresa com PMS pagaria 60% da VU-M, R$ 0,22/min ((50 – 20)/50 x R$ 0,37).

Note-se que quanto maior o tráfego entre elas, maior o ganho da empresa sem PMS. Embora medidas assimétricas a favor de entrantes, por tempo limitado, sejam parte do ferramental regulatório, a proporção 80%/20% parece excessiva. A ANATEL deveria ter tornado públicos os cálculos para que se pudesse estimar o valor do "subsídio" que as empresas com PMS estão transferindo aos entrantes.

No entanto, embora grave, esse problema ainda tem a vantagem de ser temporário e de incentivar empresas que entrarão com tecnologias 3G e 4G para competir no mercado de serviço móvel pessoal. Já o segundo problema do PGMC, a interconexão entre empresas com PMS e empresas de serviço móvel especializado (SME), é bem mais grave.

Há uma ambiguidade no texto a respeito da relação entre empresas do SME com as de serviço móvel pessoal no que diz respeito à interconexão. Todavia, o art. 42 parece determinar que a remuneração dos custos de interconexão entre essas empresas permanecerá como está, ou seja, regulada pela Resolução 406 – em que as operadoras de SME são beneficiadas por um BAK parcial de 55%/45%.

Continuando a regulação anterior, se mantêm por tempo ilimitado uma assimetria que favorece as prestadoras de SME, que já existem há mais de quatro anos e detêm 4,1 milhões de assinantes, logo não podem mais ser consideradas como "novos entrantes". Também, ao contrário dos novos *players* em telefonia móvel, nesse caso o "subsídio" na interconexão perpetuará uma tecnologia já considerada ultrapassada – a utilizada no SME. A velocidade de transferência de dados é muito menor do que a presente nas redes mais modernas (3G e 4G). A própria Sprint Nextel planeja desativar por volta de junho de 2013 essa tecnologia nos EUA, uma vez que ela não é adequada para usuários de *smartphones.*

Ela também não resolve outro problema apontado pela ANATEL, o da diferença de preços entre ligações *on-net* e *off-net*, uma vez que as ligações *on-net* entre usuários de SME não custam nada e as *off-net* para operadores de serviço móvel têm valor significativo.

Portanto, apesar da evolução observada na versão final do PGMC, ainda há falhas a serem corrigidas. Na elaboração de políticas regulatórias, é preciso monitorar e analisar os impactos das vigentes e antigas. Para tanto, seria interessante a existência de um setor na ANATEL responsável pela análise econômica e financeira do impacto dessas políticas sobre o mercado.

Este livro foi composto
na fonte Minion Pro, corpo 11
e impresso em off-set.

Impresso por:

Graphium
Gráfica e editora

Tel: (11) 2769-9056